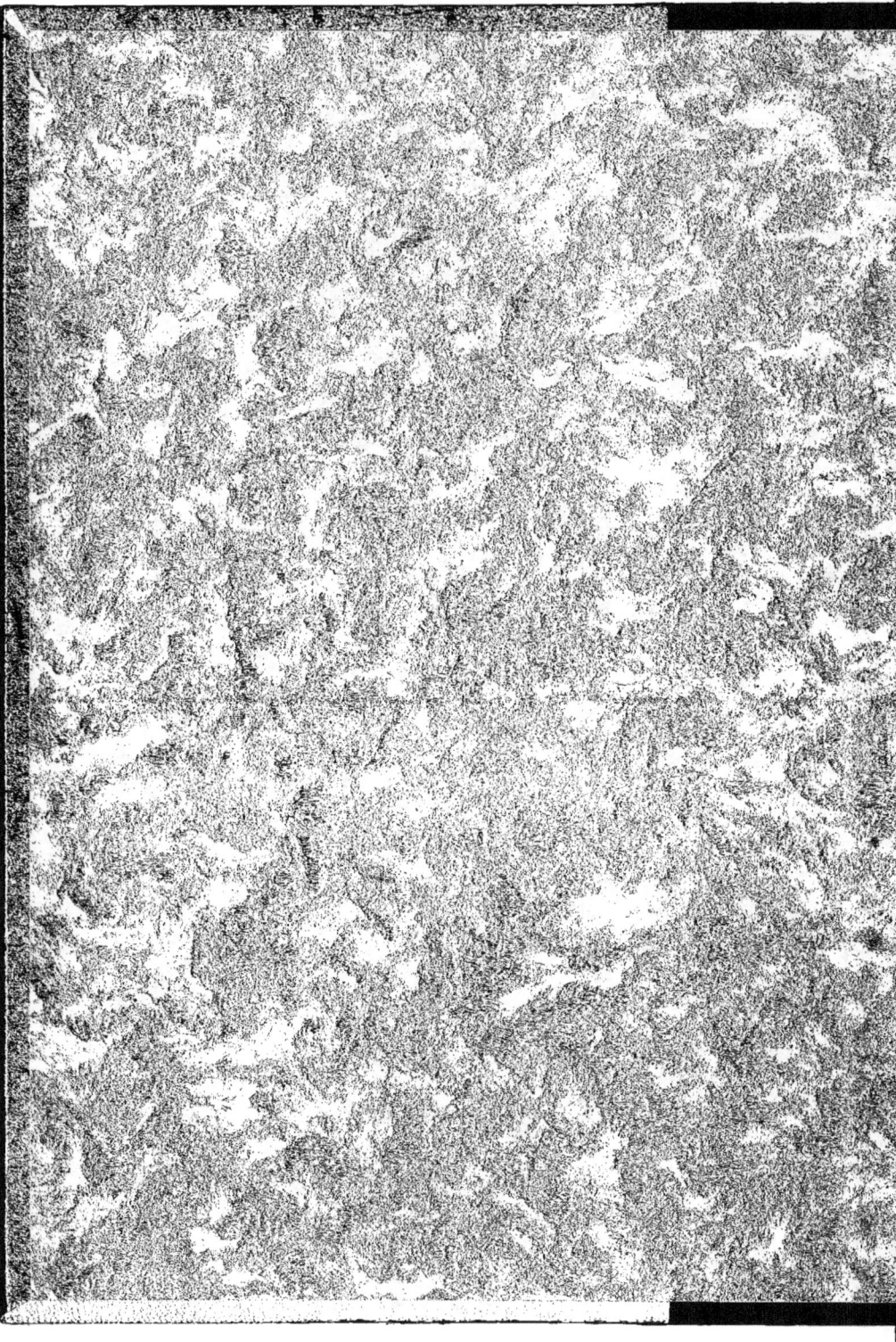

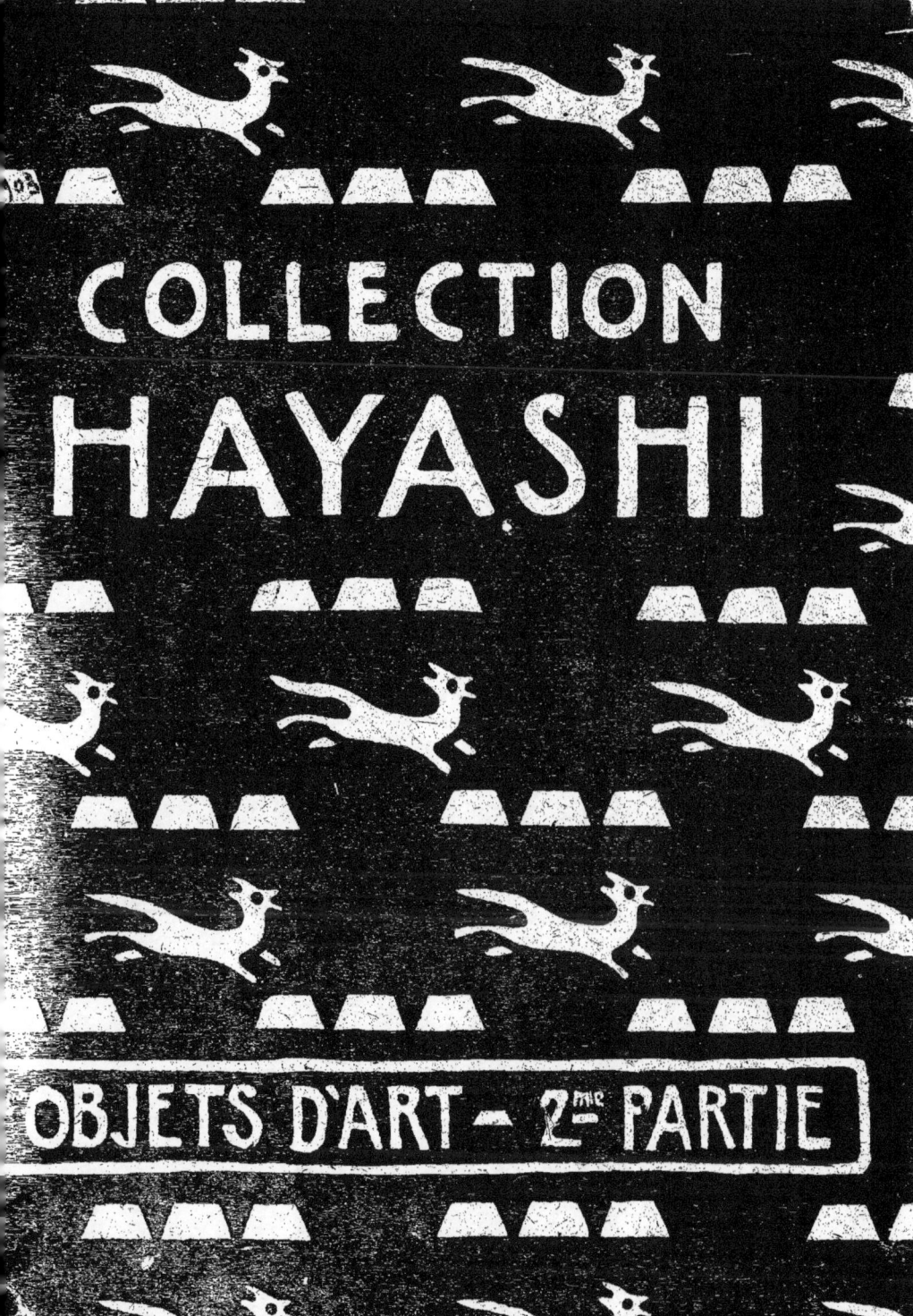

COLLECTION
HAYASHI

Objets d'Art = Deuxième partie

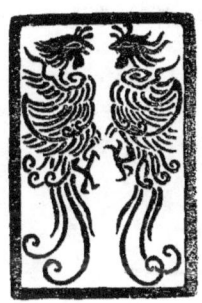

PARIS — 1903

CONDITIONS DE LA VENTE

Elle sera faite au comptant.

Les acquéreurs payeront 10 p. 100 en sus des enchères.

Certains objets, notamment les laques, ne pourront être mis en mains au moment de la vente, à cause de leur extrême délicatesse.

Le titre des métaux précieux n'est pas garanti.

OBJETS D'ART
ET PEINTURES
de la Chine et du Japon

RÉUNIS

PAR T. HAYASHI

ANCIEN COMMISSAIRE GÉNÉRAL DU JAPON A L'EXPOSITION UNIVERSELLE DE 1900

DEUXIÈME PARTIE

DONT LA VENTE AURA LIEU

Du lundi 16 février au samedi 21 février 1903 inclus

A l'HOTEL DROUOT, Salles nos 7 et 8

Commissaire-Priseur : Mᵉ P. CHEVALLIER, 10, rue Grange-Batelière.

Expert : M. S. BING, 22, rue de Provence.

EXPOSITIONS :

PARTICULIÈRES : Chez M. S. Bing, du 5 au 10 février 1903.
Et à l'Hôtel Drouot, le 14 février 1903. *Entrée rue Grange-Batelière.*
PUBLIQUE : A l'Hôtel Drouot, le 15 février 1903 ,de 2 heures à 6 heures.

TABLE DES MATIÈRES

SCULPTURES

Sculptures en matières diverses	3
Bois sculptés :	5
Masques	12
Laques du xɪᵉ siècle	17
— xɪɪɪᵉ —	17
— xɪvᵉ —	17
— xvᵉ —	18
— xvɪᵉ —	19
— xvɪɪᵉ —	25
— xvɪɪɪᵉ —	54
— xɪxᵉ —	65
Inro	69
Peignes	97

CÉRAMIQUE

Porcelaines de Chine. Tchiün-Yao	105
— Diverses	106
— du Japon. Par Gorochitchi	108
— — d'Arita	108
— — de Hirato	110
— — de Koutani	110
— — de Sannda	112

POTERIES

Poteries Chinoises	115
— Coréennes	116
— de Luçon	126
— du Japon. Ghioghi	127
— — de Seto	127
— — d'Oribé	136

TABLE DES MATIÈRES

Poteries du Japon. De Shino			142
—	—	d'Ofouké	143
—	—	de Tokonamé	144
—	—	de Narumi	144
—	—	de Karatsu	145
—	—	de Takatori	149
—	—	de Tampa	150
—	—	de Zézé	151
—	—	de Shigaraki	151
—	—	d'Iga	152
—	—	de Hagni	153
—	—	de Higo	155
—	—	de Bizen	156
—	—	de Shidoro	159
—	—	de Sôma	159
—	—	de Maiko	160
—	—	d'Idzoumo	161
—	—	d'Ohi	161
—	—	d'Odo	162
—	—	de Banko	162
—	—	de Rakou. — Collection historique	163
—	—	— Poteries diverses	167
—	—	par Manyemon	168
—	—	par Koyetsu	168
—	—	par Fouhakou	169
—	—	par Rikiu	169
—	—	par Ninsei	169
—	—	par Kenzan	170
—	—	par Rokoubei	171
—	—	par Dôhatchi	171
—	—	par Mokoubei	171
—	—	par Kenya	172
—	—	d'Omouro	172
—	—	de Mizoro	173
—	—	d'Awata	173
—	—	de Kiyomizu	174
—	—	d'Asahi	176
—	—	de divers ateliers de Kioto	176
—	—	Satsuma	177
—	—	d'Agano	180
—	—	d'Inouyama	181
—	—	de Toyosouké	181
—	—	par Souyéhiroyama	181
—	—	par Sobokwai	182
—	—	de Mito	182

TABLE DES MATIÈRES

Poteries du Japon de Koçobé	182
— — de Kikko	182
— — d'Akahada	183
— — d'Awaji	183
— — de Foujimi	183
— — d'Aïzou	183
— — de Hira	184
— — d'Imado	184
— — par Kóren	184
Bronzes Chinois. Dynastie des Chang	189
— — Dynasties des Tchéou jusqu'au Tang	190
— — — Tang	194
— — — Soung	195
— — — Ming	195
Bronzes Japonais. Epoques primitives	200
— — Postérieurs au xive siècle	202

OBJETS EN FER

Objets divers en fer	212
Armes et armures	217
Garnitures de sabre	224
Divers objets en métal	225

OBJETS EN MATIÈRES DIVERSES

Ustensiles de fumeurs	229
Netsuké en bois	231
— ivoire	254
— en forme de bouton	259
Divers	261

BRODERIES RELIGIEUSES

Broderies religieuses	265

PEINTURE

Peinture chinoise	272
— japonaise. Ecoles bouddhiques	273
— — Ecole de Toça	277
— — Ecole chinoise	279
— — Ecole de Kano	281
— — Ecoles indépendantes	285
— — Ecole Oukiyo-yé	289
Détail des garnitures de sabre cataloguées sous les numéros 1148 à 1162	317

SCULPTURES

Sculptures
en matières diverses

1. — Figure en terre laquée et dorée, représentant Mirokou assis sur un haut piédestal octogonal, la jambe droite allongée, le pied reposant sur un calice de lotus, la jambe gauche repliée, le coude appuyé au genou, les doigts touchant la joue. Le Bodhisatwa paraît absorbé dans une profonde méditation ; il est vêtu d'une jupe dont les plis stylisés retombent symétriquement sur la face du piédestal ; un collier de cuir découpé orne ses épaules. Œuvre capitale datant du règne de l'impératrice Suiko (593-628), un des rares spécimens du travail des *Tori*[1] qui soit venu jusqu'à nous. Haut. 0,85.

VI-VIIe siècle.

2. — Tête de jeune homme, en terre peinte, portant, autour du double chignon relevé en arrière de la tête, un cercle orné de trois fleurs. Fragment de statue. Œuvre des *Tori*. Époque du prince Mayado. Haut. 0,36.

VI-VIIe siècle.

3. — Figurine en terre, représentant un homme âgé, à genoux. Pièce analogue aux belles statuettes conservées dans le temple Horiuji à Yamato. Haut. 0,21.

VI-VIIe siècle.

---

[1] Les *Tori* étaient une famille de sculpteurs coréens dont les premiers membres s'établirent au Japon sous le règne de l'impératrice Suiko.

SCULPTURES EN MATIÈRES DIVERSES

4. — Figure en kanchitsou[1] primitivement dorée, représentant Amida assis, la main droite levée, la main gauche posée sur le genou dans l'une des « neuf attitudes » mystiques. L'*urna*[2] est simulé par un cabochon de cristal incrusté dans le front. Pièce d'un très beau style, qui rappelle le bronze n° 882 de la première vente Hayashi, par le caractère du visage et les proportions de la tête. Socle en forme de lotus, reposant sur un piédestal octogonal, qui est postérieur à la figure. Auréole elliptique en cuivre finement ajouré. Haut. 0.41.

XIIe siècle.

Bois sculptés

5. — Figure en bois (Kwannon aux onze têtes) représentant Jiu-ïtchi-men Kwannon debout, tenant de la main gauche un chapelet et présentant de l'autre un vase à long col. Le Bodhisatwa est coiffé de sa tiare aux onze têtes et porte par devant une parure de chaînettes et de cordonnets tressés, délicatement sculptés à jour dans la masse même du bois. Les extrémités de l'étole retombent en plis stylisés sur les côtés d'un socle en forme de lotus, qui paraît très postérieur à la figure. Style de l'époque de l'impératrice Suiko. Haut. 0.72.

VII-VIIIe siècle.

6. — Quatre panneaux, d'après les portes de la pagode Jo-ò-gou-inn, sculptés chacun d'une figure de musicienne céleste. Elles sont vues de face, assises sur le lotus, dans l'encadrement d'une longue banderolle qui se déroule en motif d'entrelacs sur le champ du panneau. Haut. 0,56 ; larg. 0,21. Époque de Tempio.

VIIIe siècle.

7. — Statuette en bois primitivement doré, représentant le Bo-

---

[1] On appelle kanchitsou une sorte de laque recouvrant un fond de toile ou de papier durci.
[2] Pour les termes religieux, voir l'index du catalogue Hayashi, première vente.

N° 1

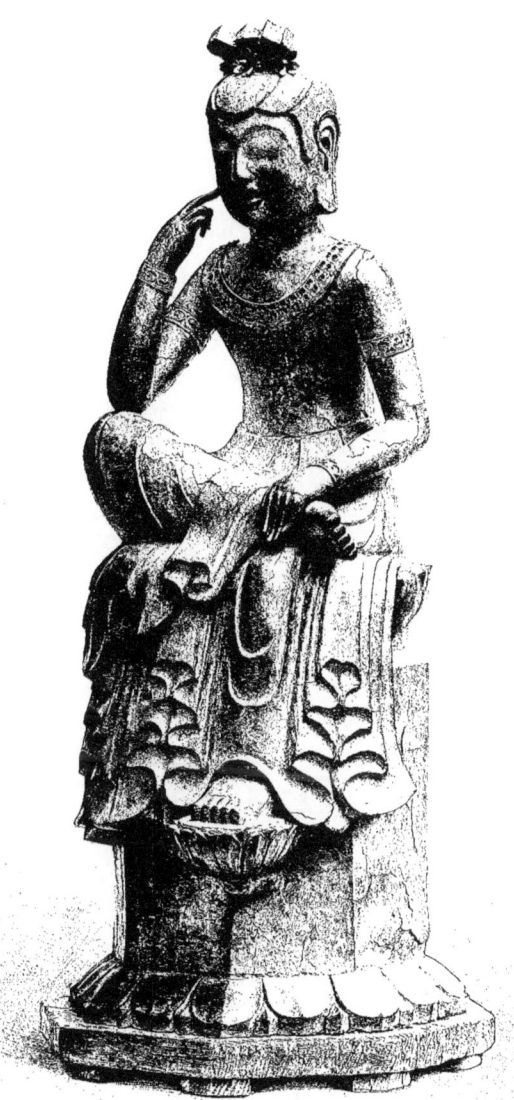

dhisatwa Mirokou, assis sur un piédestal en forme de lotus, que supporte une base circulaire. Il a les mains jointes dans le giron en un geste de méditation et porte, au sommet de sa haute coiffure conique, une petite tête de Bouddha. Le piédestal est postérieur de plusieurs siècles à la figure. Style des Tori. Haut. 0,39. Époque du prince Mumayado.

VIIIe siècle.

8. — Statuette en bois noirci, représentant Bichamon, debout, le bras droit allongé en arrière. Style des Tori. Haut. 0,46.

Idem.

9. — Sculpture en bois primitivement peinte et dorée, représentant l'éléphant blanc, monture du Bodhisatwa Foughén. Une housse, enrichie de deux rosaces sculptées en relief et dorée, retombe sur les flancs de la bête et présente les traces d'une élégante bordure de fleurs et de rinceaux. Pièce d'un grand caractère. Haut. 0,44 ; larg. 0,80.

Idem.

10. — Buste, en bois anciennement peint, du prince Shotokou Taïchi ; il est représenté sous les traits d'un adolescent, au visage imberbe encadré par deux longues mèches de cheveux qui retombent sur la poitrine. Petite pièce d'un très beau caractère. Style des Tori. Haut. 0,16. Époque de Mumayado.

Idem.

11. — Portrait, à mi-corps, du prince Shotokou Taïchi, sous les traits d'un homme mur, coiffé du bonnet carré, vêtu d'une robe à larges manches, les bras serrés contre la poitrine. Selon la tradition, cette effigie représente Shotokou à l'âge de 49 ans. Style de Tori. Haut 0,29. Époque de Mumayado.

Idem.

12. — Deux panneaux pour portes de pagode, sculptés chacun de

deux Tenninn volant dans un entrelacement de banderolles ; style de l'époque de l'empereur Shômou. Haut. 0,52 ; larg. 0,18.

VIIIe siècle.

13. — Figure en bois anciennement peint, représentant Jiuitchimen Kwannon, couronnée de la tiare « aux onze têtes ». Le bras gauche est allongé le long du corps ; la main droite tenait primitivement la fleur de lotus. Il est revêtu de l'étole, de l'écharpe et de la jupe, dont les draperies tombent en plis sinueux et fins, d'une exécution très nerveuse. Cette pièce par le caractère de la tête, par l'attitude et les proportions du corps, est analogue à une statue célèbre de Kwanon du temple Horiuji, exécutée en 791, et qui passe pour reproduire les traits de l'impératrice Komiô. De dimension plus grande et moins délicate dans l'exécution, la figure de Horiuji a dû servir de prototype à la pièce que nous décrivons. Haut. 0,84.

Idem.

14. — Figure en bois anciennement peinte, représentant Daï Nitchi Nioraï assis, la main gauche appuyée à la poitrine, le bras droit à demi ployé. La main droite est restaurée. Belle pièce dans le style de Tempio. Haut. 0,53.

IXe siècle.

15. — Deux panneaux, sculptés chacun d'une musicienne céleste, assise sur le lotus. Dans le champ des panneaux, au milieu d'un enroulement de banderolles, les deux caractères Ikargadéra. D'après les vantaux de porte du temple Ikargadéra. Style de l'époque de l'empereur Kwammou. Haut. 0,64 ; larg. 0,27.

IXe siècle.

16. — Statuette en bois autrefois polychromé, représentant le Bodhisatwa Manghetsou. Il est debout sur un lotus, le torse légèrement penché en arrière, la hanche droite en avant, dans un mouvement plein de souplesse. Il tenait primitivement de ses deux mains, aux doigts

N° 2

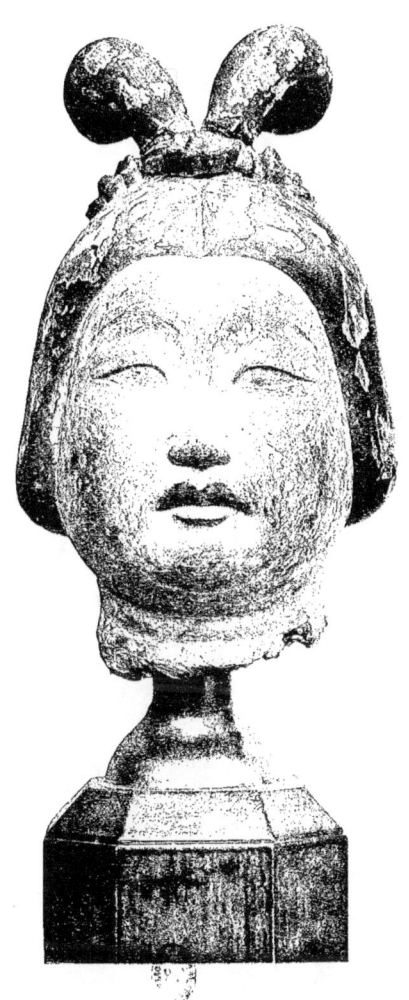

longs et fuselés, une guirlande de fleurs qui a disparu. La délicatesse de l'exécution, l'expression méditative et légèrement souriante de la figure, la grâce sinueuse des draperies qui entourent les bras et retombent jusqu'à terre, donnent à cette figure un caractère exceptionnel de noblesse et d'élégance. Style de l'empereur Kwammou. Haut. 0,70.

ıx° siècle.

17. — Figure en bois peint, représentant le Bodhisatwa Jizo tenant le sistre à anneaux et la boule *mani*. Debout sur un socle en forme de lotus, il est vêtu du costume de prêtre dont les belles draperies présentent une somptueuse et fine décoration polychrome, d'une conservation remarquable. Haut. 0,70. Époque des Foujiwara.

x° siècle.

18. — Deux panneaux en bois, portant des traces de peinture, sculptés chacun d'un groupe de quatre musiciens, parmi des rinceaux de glycine stylisés : toutes ces figures, représentant des personnages en costume laïque, sont sculptées avec une grande délicatesse et un accent de vie très personnel. Sur l'encadrement la signature : *Kôoun* suivie de cette inscription : *Pour les vantaux de porte de la pagode de la Paix du temple Ghenkôji*. Exécutés vers la fin de l'époque de Kamakoura dans le style de la période des Foujiwara. Haut. 0,52 ; larg. 0,18.

xıı° siècle.

19. — Deux panneaux pour vantaux de porte de pagode, sculptés à jour chacun, d'un groupe de cinq musiciens, sur un fond de glycines stylisées. Par la disposition des personnages, autant que par la finesse de l'exécution, ces deux pièces se rapprochent des panneaux décrits sous le n° précédent. Exécutés dans le style de la période des Foujiwara, vers la fin de l'époque de Kamakoura. Haut. 0,50 ; larg. 0,21.

xıı° siècle.

20. — Douze statues en bois primitivement peint, figurant les divinités Jiuni Shincho de Yakouchi. Toutes les figures de cette belle série, sculptées avec beaucoup de fermeté, et, pour la plupart, élégantes de proportions et d'attitude, représentent des personnages en costume guerrier, aux traits menaçants ; chacun d'eux est debout sur un socle en forme de rocher. Haut. environ 0,75.

xie siècle.

Ce lot sera divisé.

21. — Deux statuettes en bois peint, représentant les enfants du prince Mayado, tous deux debout, l'un portant une robe verte et tenant l'écran à long manche, l'autre vêtu de jaune, présentant le chasse-mouche. Une longue inscription peinte au dos de chaque figure mentionne que ces pièces ont fait partie d'un groupe conservé dans le temple Guenkoji et représentant le prince Mayado et ses deux enfants. Haut. 0,35.

xie siècle.

22. — Figure en bois, représentant le prêtre Mongakou, assis sur une estrade basse supportée par quatre pieds. La tête tournée vers la droite, il tient les mains jointes dans le giron, les doigts entrelacés. Cette figure, où la noblesse du style est alliée à un sentiment très profond de la vie est sans doute le plus ancien portrait sculpté qui nous soit venu du Japon. Haut. 0,41. Epoque de Kamakoura.

xiie siècle.

23. — Figure en bois sculpté, représentant Jizo, debout sur le lotus, la main gauche abaissée faisant le geste de charité : la boule mani manque dans la main droite. Style des Foujiwara. Haut. 1 m.

xiie siècle.

24. — Figure en bas-relief, rapportée sur un fond de bois naturel, représentant une divinité guerrière en train de bander son arc. Haut. 0,75.

xiie siècle.

25. — Deux statuettes en bois peint, représentant deux Zenjinn.

L'un d'eux porte la hache et paraît regarder au loin en abritant ses yeux de la main. L'autre brandit le glaive. Tous deux, debout sur des rochers, portent des jambières de fourrure et une cuirasse à décor géométrique en couleur et or. Haut. 0,44.

    xiiie siècle.

26. — Statuette en bois, représentant le Tennô Bichamon tenant la pagode d'une main, de l'autre la lance. Il foule aux pieds un démon au corps monstrueux, couché sur un rocher. Les pièces de l'armure et la robe aux draperies flottantes ont conservé leur décoration polychrome. Style d'Oumké. Haut. 0,63.

    xiiie siècle.

27. — Deux statuettes, représentant les Dôji Kongara et Seitaka, debout sur une base en forme de rocher ; le premier tient le sceptre, le deuxième a les mains jointes en un geste de prière. Style de Kamakoura. Haut. 0,63.

    xiiie siècle.

28. — Figure en bois anciennement peint, représentant Foudô assis sur un socle cubique, tenant de la main droite le glaive ; le lacet manque dans la main gauche. Haut. 0,62.

    Idem.

29. — Paire de chimères en bois noir. Haut. 0,13.

    xive siècle.

30. — Chimère en bois doré. Haut. 0,11.

    Idem.

31. — Deux figures représentant les Dôji Kongara et Seitaka, debout sur un rocher supporté par une base rectangulaire. Le premier, peint en rouge appuie le coude sur sa massue. Le deuxième, dont

les chairs sont peintes en blanc, tient une tige de lotus avec sa feuille et sa fleur. Tous deux sont vêtus de draperies portant une riche décoration polychrome. Style de Kamakoura. Haut. 0,92.

xive siècle.

32. — Deux figures en bois anciennement peint, représentant les Bodhisatwa Seïsi et Hakouzoo. Haut. 0,71.

xve siècle.

33. — Figure en bois doré représentant Kwannon debout sur le lotus, faisant de la main droite le geste de charité. Manque l'attribut qu'il tenait dans la main gauche. Style d'Oumké. Haut. 1.30.

Idem.

34. — Statuette en bois naturel de ton foncé, représentant Kwannon, sous la forme dite Jiuïtchi-men Kwannon, caractérisée par les onze petites têtes et le buste d'Amida qui surmontent la coiffure. Le Bodhisatwa, ayant derrière lui l'auréole *funagoko* dorée et ajourée, est debout sur le lotus, tenant de la main gauche un vase d'où sort une tige de lotus, la main droite abaissée faisant le geste de charité. Cette pièce, d'une exécution très délicate, est enrichie d'une parure en cuivre finement découpé, composée de la tiare, d'un collier et de longues chaînettes. Haut. totale 0,92.

Idem.

35. — Statuette en bois peint, représentant le diable Miôdòki, en costume de pèlerinage. Haut. 0,17.

Idem.

36. — Statuette en bois, de travail chinois, représentant Kwannon à la nasse. Cette pièce a été enrichie au Japon d'une fine décoration en laque d'or. Haut. 0,32.

Idem.

N° 1040

N° 3

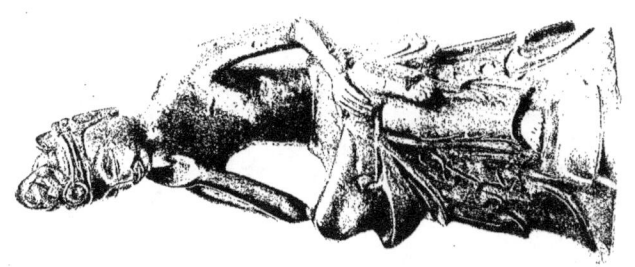

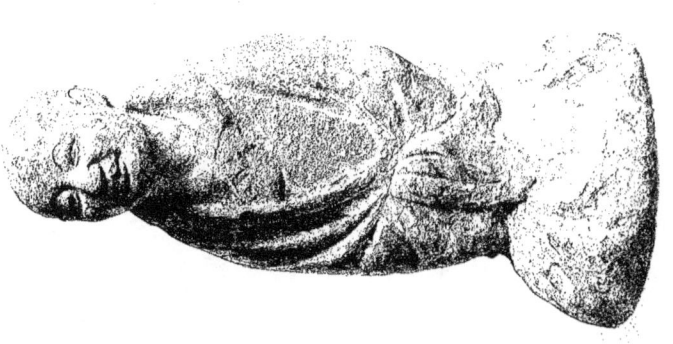

BOIS SCULPTÉS

37. — Statuette en bois peint, représentant le Tennô Jikokou, brandissant la foudre, la main gauche appuyée à la hanche. La robe porte les traces d'une riche décoration polychrome. Socle moderne en bois naturel. Haut. 0,66.

xvi⁰ siècle.

38. — Figure en bois doré représentant Kwannon debout sur le lotus, faisant de la main droite le geste de charité. Manque l'attribut qu'il tenait dans la main gauche. Style d'Oumké. Haut. 1,80.

Idem.

39. — Deux petites figures représentant les Tennô Bichamon et Jikokou, chacun terrassant un démon. La foudre manque dans la main du second. Haut. 0,21.

Idem.

40. — Statuette en bois doré, de travail chinois, représentant Çakia-Mouni. Haut. 0,41.

Idem.

41. — Figure représentant Amida assis, les mains jointes dans le giron. Style de Kamakoura. Haut. 0,36.

xvii⁰ siècle.

42. — Statuette en bois dur polychromé, représentant le Dôji Chôakou. Haut. 0,45.

xvii⁰ siècle.

42 bis. — Figure en bois naturel représentant Kwannon. Haut. 0,44.

xviii⁰ siècle.

Masques

43. — Masque de Niô, anciennement peint en rouge, représentant l'un des types de la danse de Ghigakou. C'est une tête puissamment charpentée, d'une admirable vigueur d'exécution, à l'expression riante, au nez large et épaté, au crâne très développé surmonté d'un petit chignon. Ainsi que les deux pièces suivantes, ce masque ne recouvrait pas seulement la face de l'acteur, mais toute la tête jusqu'à la nuque. Époque de l'empereur Shomou. Haut. 0,24.

VIIIe siècle.

44. — Masque de la danse de Ghigakou, représentant une tête d'enfant aux traits calmes et légèrement souriants. Il est peint en noir. Style de Nara; règne de Shomou. Haut. 0,23.

Idem.

45. — Masque peint en vert, représentant Tchôja, l'un des personnages de la danse de Ghikakou. L'expression est rieuse; la bouche fortement lippue est entr'ouverte; le nez pointu se recourbe en bec d'oiseau. Haut. 0,29.

Idem.

46. — Fragment de masque, représentant la partie supérieure d'une tête monstrueuse dont le nez court et pointu se recourbe brusquement en l'air. Une crête ondulée monte verticalement des sourcils jusqu'au sommet du front. Patine brune sur laquelle on aperçoit des traces de couleur rouge et verte et de dorure.

IXe siècle.

N° 19

N° 18

N° 15

N° 6

N° 12

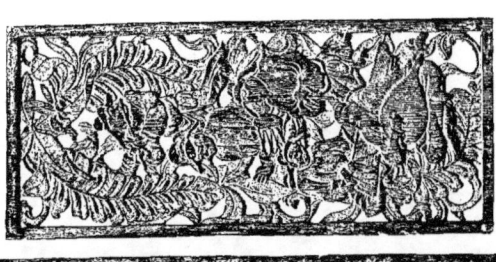
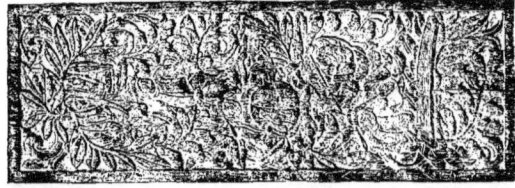
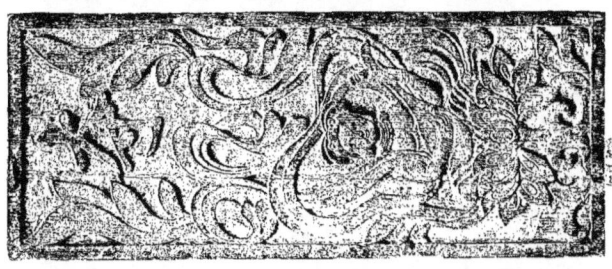
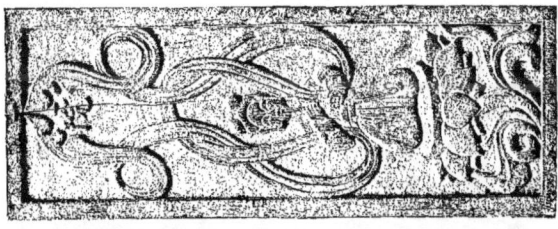
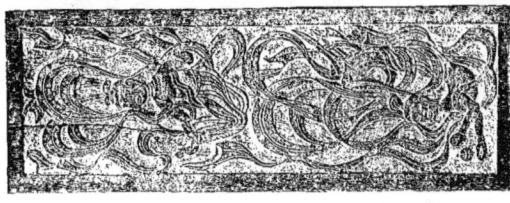

47. — Masque de démon, primitivement peint en blanc, d'une exécution très robuste ; il a la mâchoire inférieure proéminente, la bouche largement fendue, les pommettes très saillantes.

xiie siècle.

48. — Masque d'homme très vigoureusement sculpté et peint en rouge ; sous des pommettes pointues la bouche ouverte laisse voir la double rangée des dents.

xiie siècle.

49. — Vingt-trois masques, dont la plupart représentent les types des danses de Nò, signés *Oyé Shunzô, Seizan, Shô-oun*, etc.. etc...

LAQUES

N° 13

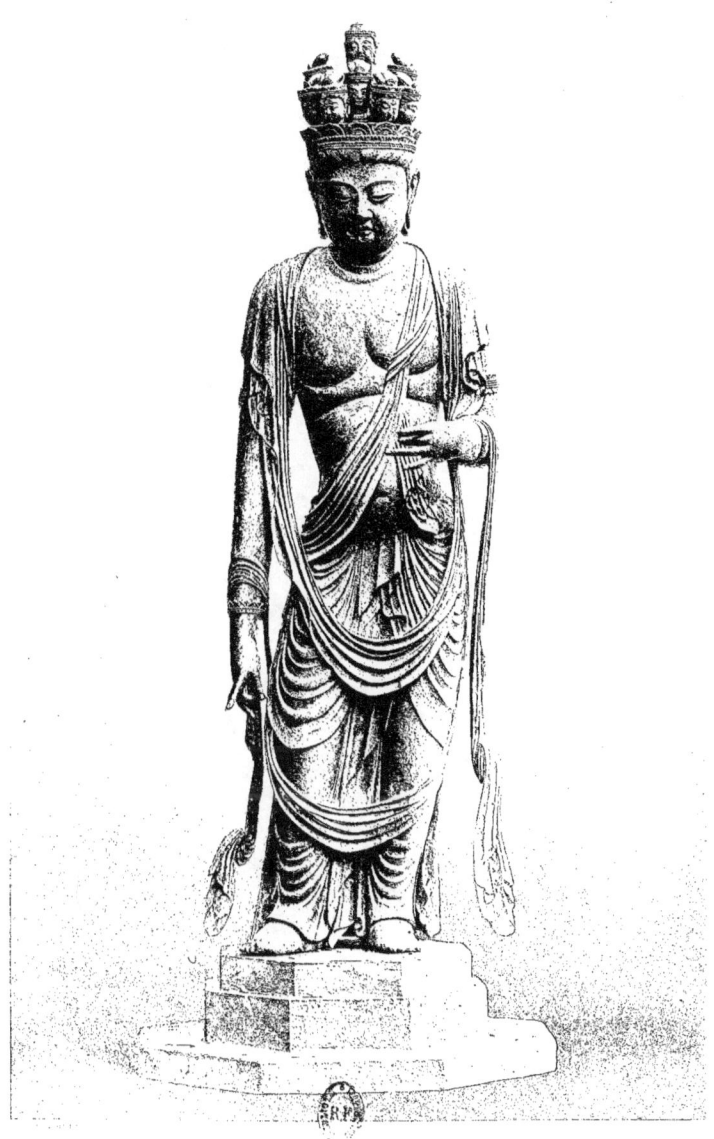

Laques

Laque du XI⁰ siècle.

50. — Boîte à parfums rectangulaire aux coins arrondis à fond brun rouge sur lequel sont peints en laque noir, un pin et un bambou. Le même motif se voit à l'intérieur deux fois répété en or sur fond noir. Long. 0.09.

Laques du XIII⁰ siècle.

51. — Boîte à parfums rectangulaire à coins arrondis, le couvercle bombé. Le fond aventuriné et parsemé tant sur le couvercle que sur les faces latérales et à l'intérieur des armoiries circulaires de Tomoyé en laque d'or et d'argent. Bords sertis de plomb. Époque des Hôjô. Long. 0.08.

Laques du XIV⁰ siècle.

52. — Boîte à parfums rectangulaire à coins arrondis avec couvercle bombé, les bords sertis d'étain. Sur fond aventuriné une armoirie en médaillon se trouve trois fois répétée en laque d'or et d'argent sur le couvercle et deux fois en laque d'or plat à l'intérieur. Époque des deux trônes. Long. 0.09.

53. — Boîte à parfums carrée à coins arrondis, le couvercle légè-

rement bombé, les bords sertis d'étain. Le décor, en or mat sur noir, représente un vol d'hirondelles au-dessus des vagues soulevées. Au revers du couvercle, de même qu'au fond de la boîte se voit, en or mat poudré, une cigogne volant, tenant dans son bec une branchette de pin. Époque des deux trônes. Long. 0,06.

54. — Petite boîte à parfums, bombée, de forme carrée aux coins arrondis, laque d'or plat sur fond sablé. Des plants de chrysanthèmes poussent dans un terrain rocheux au bord d'un ruisseau. Bords sertis de plomb. Petit spécimen de tous points parfaits de l'époque d'Achikaga. Long. 0,06.

55. — Boîte à parfums ronde et plate à couvercle légèrement bombé. Elle est entièrement couverte, en or toghidachi, couvercle et pourtour, d'une jonchée touffue de la fleur de chrysanthème héraldique. A l'intérieur, deux tiges de chrysanthèmes. Admirable spécimen de toute rareté de ces laques si recherchés d'Achikaga Yochimitsu. Diam. 0,08.

Laques du XVe siècle.

56. — Boîte à parfums de forme cubique, divisée en deux compartiments superposés. Sur un semis hiramé, les quatre faces verticales sont chacune décorées en laque d'or fin et nerveux, d'un pied de chrysanthème dont les tiges s'entremêlent de hautes herbes des champs. Le même motif se répète aussi sur le plat du couvercle. Intérieur sablé d'or en hiramé. Époque d'Achikaga Yochimassa. Haut. 0,06 1/2.

57. — Écritoire carrée en laque parsemé de riches paillettes d'or. Trois oies en reliefs d'or, d'une fermeté d'exécution et d'un dessin admirables, sont posées sur un terrain déchiqueté, vers lequel une quatrième est sur le point de s'abattre. Formant contraste avec la sobriété de ce décor extérieur, le revers du couvercle frappe par une

surprenante richesse de composition et de matières. Au bord d'une eau calme, dont émergent des pierres rocheuses, scintillantes sous un travail de pavé d'or et d'argent incrusté, s'élève une clôture de jardin enlacée de vigne et surplombée par un vieux tronc de prunier trapu, tordu et noueux, dont les branches portent des fleurs en incrustations d'argent ciselé et des boutons en corail rouge ; le tout exécuté avec une vigueur et une fermeté dont l'équivalent ne se rencontre plus aux époques postérieures. Les bords de la boîte et des plateaux intérieurs sont sertis de plomb. — Compte-gouttes en bronze, figurant trois feuilles d'Aoyé. Époque de Yochimassa.

58. — Paire d'étriers en la forme de gros sabots. Ils sont décorés de couleurs à couches superposées rouge et noir avec incrustations blanches en os de nerval, formant des dessins géométriques. Ces pièces aussi curieuses pour leur forme que pour leur technique, proviennent du trésor d'un temple, auquel elles furent offertes au xve siècle.

Laques du XVIe siècle.

59. — Selle de cheval princière, semée, en laque d'or sur fond noir d'un grand nombre d'armoiries, couronnées au sommet par la grande fleur de chrysanthème à seize pétales.

60. — Selle de cheval princière, décorée d'un grand nombre d'armoiries en laque d'or sur fond noir. Au centre l'armoirie impériale du paulownia. Au revers est laquée la date : 8e mois de la 10me année Ténchô (1582).

61. — Coffret rectangulaire à coins arrondis en toghidachi, les bords sertis de plomb. Le fond noir sablé est parsemé sur des nuages d'or de la fleur de chrysanthème héraldique, également en or mat. Le dessous du couvercle offre, dans la même technique, des branchettes fleuries de prunier et les parois intérieures du corps de la boîte sont étoilées d'un semis de fleurettes. Larg. 0,18 ; haut. 0,12.

62. — Boîte à parfums ronde et plate en laque brun décoré, en toghidachi d'or, d'une figure de Kwannon, un panier à la main, portée par un nuage. Au revers du couvercle, en très petits caractères d'or une longue inscription de onze colonnes tirée du Maha-paramita, et datée du règne de Ta-Ming Suénté avec la signature *Sôyô Réchi*. Diam. 0,07.

63. — Petite boîte à contenir les lettres, semée, sur fond aventurine, de motifs en laque d'or, représentant les enveloppes de papier qui contiennent les poudres à parfums. Les ornements qui les décorent sont exécutés dans une prodigieuse minutie de travail. Long. 0,23.

64. — Coffret rectangulaire en laque noir. Sur le couvercle est jetée une branche de prunier en laque d'or aux fleurs de corail. Attachées à cette branche, flottent au vent trois bandes à poésies, figurées en laque d'argent délicatement ornées de dessins d'or. Serrure et ferrure en chakoudo finement ciselé. Époque de Hidéyochi. Larg. 0,22 ; haut. 0,15.

65. — Coffret rectangulaire à coins arrondis. Dans le fond noir, au milieu de nuages figurés par des stries en laque d'or, est incrusté en burgau un semis régulier de vol d'hirondelles d'un dessin stylisé, la queue remontant de chaque côté en volutes pour figurer les ailes. Haut. 0,15 ; long. 0,27.

66. — Brûle-parfums de forme surbaissée et lobé. Sur un sablé d'hiramé se voit en reliefs de laque d'or un paysage marin avec un pin dont les aiguilles sont figurées par des incrustations d'or. Époque de Hidéyochi. Haut. 0,06.

67. — Boîte à thé, dite nakatsughi [1], de forme cylindrique en bois naturel, sur lequel se ramifient les tiges d'un chysanthème arborescent. Époque de Nobounaga. Haut. 0,09.

[1] Le nakatsughi est la boîte dans laquelle on garde la réserve du thé en poudre qu'il faut moudre environ une heure avant de le servir. On a recours à cette réserve après avoir épuisé tout d'abord la provision contenue dans le tchairé ou le natsumé. Le natsumé est un pot à thé de grandeur intermédiaire.

N° 16

68. — Boîte à parfums ronde à couvercle légèrement bombée. Laque noir, décoré en noir et or de deux figures de poupée. L'intérieur est parsemé d'aiguilles de pin noires à pointes d'or. Diam. 0,09.

69. — Boîte à parfums rectangulaire à coins arrondis, avec couvercle bombé, les bords sertis d'étain. Le dessus porte, en laque d'or sur fond sablé, un prunier fleuri sur un terrain valonné. L'intérieur offre en laque d'or plat deux branches coupées, en fleurs. Fin des Achikaga. Larg. 0,08.

70. — Boîte longue, à renfermer les cartons de poésie. Sur un fin sablé d'or, le décor, en laque d'or mat, représente des touffes de chrysanthèmes, mélangées de fines brindilles d'herbes. Au revers du couvercle se dresse en toghidachi un cerisier en fleurs. Plateau intérieur, posant sur les rebords. Long. 0,39.

71. — Boîte rectangulaire et haute à coins arrondis avec couvercle à recouvrement. Sur un ton rouge à dessous de tissus, un laque toghidachi figure dans une mer houleuse un bateau à proue de dragon, dans lequel deux personnages en costume archaïque sont assis.
Long. 0,12.

72. — Boîte à parfums rectangulaire à coins arrondis, le couvercle légèrement bombé, les bords sertis de plomb. Sur un fond poudré d'or s'enlève en or mat un semis de feuilles de vignes. Époque de la fin des Achikaga. Long. 0,08.

73. — Petite boîte à parfums carrée aux coins arrondis avec couvercle bombé et décoré, en or plat sur fond sablé, de motifs d'herbes tant sur le couvercle qu'à l'intérieur et au revers de la boîte. Bords sertis de plomb. Long. 0,06.

74. — Boîte longue à manuscrit en sparterie de bambou, décorée de vrilles de paulownia en or. Intérieur aventuriné. Long. 0,38.

75. — Deux pièces :

a. Pot à cendres de parfum de forme cylindrique, tout revêtu d'un dessin très serré et très ferme de bâtons rompus en or, sur lequel se trouve figuré un paysage en laque d'or et d'argent. Couvercle en bois naturel laqué d'or au revers. Haut. 0,08.

Epoque de la fin des Achikaga.

b. Pot à parfums cylindrique, cerclé à mi-hauteur d'un double filet gravé en creux et supporté par trois petits pieds. Décor, en laque d'or et d'aventurine, de frises alternées de damiers, de bandes unies et d'ornements vermiculés. Haut. 0,06.

76. — Deux pièces :

a. Boîte à parfums circulaire à couvercle légèrement bombé et bords cerclés de plomb. Sur un fond aventuriné rouge se voit un motif floral partiellement usé. Diam. 0,07 1/2.

b. — carrée à couvercle plat. Les bords abattus en biseau encadrent d'or le fond noir sur lequel se détache en laque d'or le motif connu des trois singes se bouchant les oreilles, la bouche ou le nez pour ne pas voir, ne pas parler ou ne pas entendre. A l'intérieur se trouvent jetés sur sable d'or une flûte et un attribut de danse. Long. 0,07.

77. — Deux brûle-parfums de forme surbaissée et lobée à côtes de melon. Le plus grand porte, en or sur noir, un dessin d'étoffe à divisions géométriques en losange ; son couvercle est en bronze repercé de deux fleurs de paulownia. Haut. 0,07.

Le second est en laque aventuriné décoré, en très délicat toghidachi d'or, du vol de deux oiseaux de Hô parmi des paulownia. Haut. 0,06.

Epoque de Hidéyochi.

78. — Deux boîtes à parfums décorées en laque d'or sur noir.

La première, de forme carrée aux angles lobés, offre en toghidachi des motifs d'herbes sur toutes ses surfaces extérieures et porte à l'intérieur la double armoirie du paulownia et du chrysanthème. Larg. 0,08.

N° 17

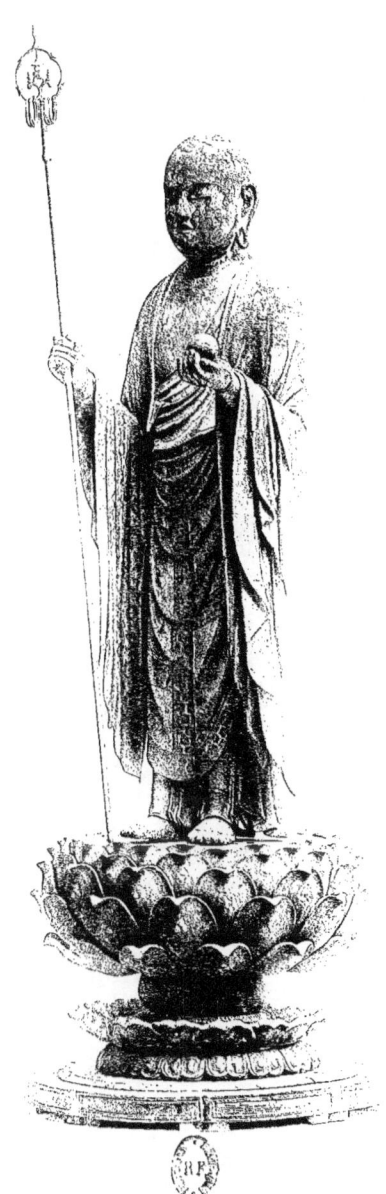

L'autre, dont les bords sont sertis de plomb, porte pour décor des fleurs de chrysanthème flottant au fil de l'eau. Larg. 0,05.

79. — Deux pièces :

a. Boîte à parfums rectangulaire à coins arrondis, les bords sertis de plomb. Sur fond noir légèrement poudré, un travail de laque d'or mat représente des tiges fleuries de paulownia mêlées à du bambou, tant sur le dessus et à l'intérieur du couvercle qu'au fond de la boîte et au revers. Époque de Hidéyochi. Long. 0,07.

b. Petite boîte à parfums ronde à cinq lobes, pareille à la fleur du prunier. Le dessus est décoré en or mat d'une armoirie tirée du paulownia. Diam. 0,05.

80. — Deux pièces.

a. Boîte de forme campanulée sur pied douche, provenant d'un trousseau de mariage et servant à renfermer la poudre de riz. Elle est en laque noir, décoré, en laque or et aventurine, de tiges de prunier entremêlées de camélias. Haut. 0,07.

b. Boîte à épices de forme cylindrique, simulant un objet en fer. Laque brun uni, exécuté par les prêtres de Négoro. Petit tiroir au-dessus de l'embase. Haut. 0,08.

81. — Plateau octogone, décoré à plat, en laque d'or mat sur fond noir, d'une scène à nombreux personnages réunis sur la terrasse d'un palais. Travail chinois. Diam. 0,21.

82. — Boîte à papier longue et plate de forme rectangulaire, en laque rouge gravé d'arbustes de pivoines. Au revers est incisé le nengo chinois : Ta-Ming Kiatchin (1522-1566). Haut. 0,07. Larg. 0,37.

83. — Ecritoire de forme carrée. Pièce seigneuriale. Toutes ses surfaces extérieures sont couvertes de la mosaïque d'or nommée okibiramé, et sur ce fond somptueux se trouve neuf fois répétée, en laque d'or saillant, la double armoirie de la famille Hosokawa, représentée

par le chrysanthème héraldique, et par le disque percé de neuf trous circulaires incrustés de plaques d'or et d'argent. Au revers du couvercle, ainsi que dans le plateau intérieur, se silhouette, sur fond aventuriné, la grue héraldique qui forme l'armoirie de la famille princière Minamoto.

84. — Ecritoire d'une grande richesse. L'extérieur, parsemé des gros paillons d'or appelés okibiramé, porte en laque d'or sur le plat du couvercle, un grand paon sur un mamelon, éployant ses ailes en un vaste cercle et arrondissant une queue triomphale aux yeux de burgau. A l'intérieur, tout aventuriné, le couvercle offre un décor en laque d'or où, comme symbole de paix, un coq à longue queue repose sur un tambour de guerre abandonné sous un vieux pin. Un couple d'oiseaux sont perchés sur la branche et dans les plateaux intérieurs c'est un petit oiseau qui chante sur une branche fleurie en face d'une mare où coasse une grenouille.

85. — Sur un poudré d'or, le couvercle est décoré, en or mat assourdi, d'une entrée de palais seigneurial que précède un écran, derrière lequel se dresse un gros prunier aux fleurs d'argent. D'autres incrustations d'argent, jetées à travers la composition, figurent des caractères, dont l'ensemble peut se traduire : *Mille années de bonheur soient dévolues à mon prince*. Tout l'intérieur de la boîte s'enrichit d'un fond d'or mat, parsemé, en incrustation d'argent, de fleurs de prunier mêlées à des pétales détachés. Le compte-gouttes, en bronze doré, affecte lui-même la forme d'une fleur de prunier.

86. — en laque aventuriné, dont les bords bizautés sont en or mat, enrichi d'un fin motif de rinceaux. Sur le dessus quatre moineaux se trémoussent autour de deux gros troncs de bambou. L'intérieur est semé de trois éventails ouverts, décorés d'oiseaux et de plantes.

87. — Petite écritoire carrée à fond noir décoré en or d'une nombreuse troupe de singes gambadant dans un site rocheux, les uns grim

pant sur une roche escarpée ou sur un vieux tronc de pins, d'autres se laissant tomber de ces hauteurs, d'autres enfin se trémoussant sur le sol. Un décor floral s'épanouit à l'intérieur du couvercle et dans le fond de la boîte se voit un groupe de petits lapins sur un terrain planté d'arbres. Bords sertis d'étain.

88. — Écritoire carrée en laque noir, décoré, en très vigoureux reliefs d'or, de deux cailles abritées sous du millet sur un terrain rocailleux où poussent des baies rouges et qui est rehaussé par le scintillement d'une incrustation de petits cubes d'or et d'argent. Au revers du couvercle une troupe de bœufs sous un arbre est figurée en laque d'or sur fond aventuriné. L'arrondi extérieur des angles de la boîte s'enrichit d'un délicat décor de rinceaux en or mat.

89. — Écritoire carrée, les bords sertis de plomb. Elle est toute semée, intérieur et extérieur, des parcelles d'or nommées hiramé. Son décor représente, en reliefs de laque d'or extrêmement puissants, un vieux prunier noueux dont les fleurs sont de nacre et qui émerge d'une clôture de jardin en toghidachi à l'imitation du bois veiné. A l'intérieur se déroulent de vastes paysages de style chinois, où des temples s'étagent au bord de la mer sur des rochers abrupts.

Époque de *Hidéyochi*.

90. — Étagère en laque noir et rouge de forme rectangulaire et composée d'un plateau à balustrade, servant de base à deux montants formés, chacun, d'une double colonnette et qui supportent le plateau supérieur. Signée et datée : *Koujiskin de Shinnang dans la période Wan-lie sous la dynastie Tá Ming* (1373-1619).

Laques du XVIIᵉ siècle.

91. — Petite châsse portative, s'ouvrant sur les deux faces par des portes à fermoirs d'argent ciselé, en forme de tiges de lotus. Sur un très fin hiramé d'or, des feuilles et des fleurs de lotus en toghidachi d'or forment un décor riche et harmonieux. Haut. 0,18.

92. — Boîte à miroir plate et circulaire. Sur fond aventurine des pièces du jeu d'échec japonais sont jetées en laque d'or. Le même décor se continue au revers du couvercle. Diam. 0,11.

93. — Boîte à miroir circulaire à bords sertis d'étain. Toutes les surfaces extérieures, couvercle, pourtour et dessous, sont laquées de petites bandes concentriques d'or et de couleurs. Sur cette ornementation géométrique se trouvent irrégulièrement semées des incrustations d'or et de burgau, dont le motif — cinq boules autour d'un point central — représente l'armoirie du prince Mahéda, seigneur de la province Kaga. Diam. 0,13.

94. — Boîte à parfums lenticulaire, les bords sertis d'étain. Sur fond sablé d'or se trouve jeté un semis de la fleur de chrysanthème héraldique. L'intérieur est décoré de méandres d'eau en laque d'or sur fond noir. Diam. 0,9.

95. — Écritoire carrée. Sous des bandes de nuages pavées d'or, se détache sur fond noir un décor de laque d'or en vigoureux reliefs représentant un vieux prunier au bord d'une eau frisée d'ondes légères. Les fleurs sont de corail rouge et d'argent ciselé. Une lettre signifiant « rossignol » est incrustée en or dans le tronc noueux, en face d'une grenouille en or ciselé, sur une pierre rocheuse ; l'ensemble remémorant cette strophe poétique tirée du Kokinchou : *Quels sentiments n'éveillent pas en nous la voix du rossignol caché dans les fleurs et celle de la grenouille dans les eaux.* — L'intérieur offre, tant au revers du couvercle que dans le fond de la boîte, de grandes touffes de chrysanthème épanouies mêlées de roseaux, le tout poussant dans un terrain rocailleux baigné d'un torrent écumant. Ce qui achève de donner à cette pièce hors ligne un caractère de suprême élégance, c'est l'effet d'un magnifique *hirané* d'or qui parsème intégralement, hormis le dessus du couvercle, toutes les surfaces, jusques et y compris le dessous des plateaux intérieurs, le dessous de la pierre à encre, et tout le revers de la boîte elle-même.

N° 22

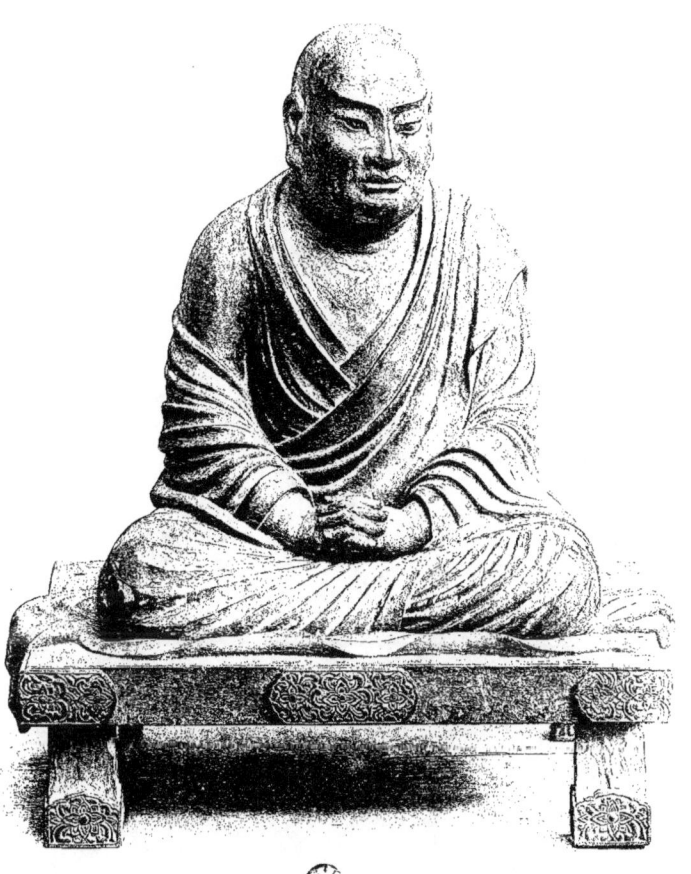

96. — Écritoire carrée aux angles arrondis. Sur fond sablé d'or un riche décor en laque d'or représente un prunier fleuri dans un terrain agreste arrosé par un torrent qui se déverse dans une eau calme à travers les roches sur lesquelles un couple de faisans est arrêté. L'intérieur de la boîte est tout couvert d'une aventurine serrée et profonde de ton rouge sur laquelle des touffes de hautes herbes d'automne sous un grand disque lunaire sont figurées en laque d'or avec des fleurs piquetées d'or et incrustées de burgau. Compte-gouttes en argent ciselé et émaillé. Pièce d'une élégance suprême.

Par *Kôami*.

97. — Écritoire carrée aux coins abattus. Le décor extérieur, sur fond noir, représente, en laque d'or d'une exécution aussi nerveuse qu'une véritable ciselure, un coq à queue échevelée, sur un terrain fleuri d'herbes. Au revers du couvercle se présente une riche décoration d'or, offrant la vue d'un étang bordé de collines boisées et des terrains fleuris, au milieu desquels s'ébat un couple de canards mandarins. Au-dessus, un fond aventuriné suggère l'atmosphère. Dans les petits plateaux du fond, des oies sauvages dans les marais.

Par *Kôami*.

98. — —— carrée à angles abattus. Sur fond noir un paysage en laque d'or présente la mer baignant un promontoire sur lequel deux jeunes pins élèvent leurs troncs graciles. Plus haut le vol tournoyant d'une troupe d'hirondelles passe devant un grand disque lunaire, figuré par une plaque d'argent. Au revers du couvercle c'est, en laque d'or d'une exécution infiniment délicate, sur un site marécageux, où s'abat le tourbillon d'une nuée d'hirondelles au milieu d'un fin sablé d'or figurant l'atmosphère. Le même décor se prolonge dans le fond de la boîte, où se trouve encastré un compte-gouttes en argent, chakoudo et bronze, simulant un coucher de soleil derrière les arbres. Cet accessoire de métal est ciselé de la main de *Shôami*.

Par *Kôami*.

99. — Boîte à parfums carrée et plate. Sur le plat du couvercle, dont la partie supérieure est semée d'un fin hiramé d'or, figurant l'atmosphère, se trouve représenté, en laque d'or pavé, le site de Yochinoyama, avec ses collines boisées de cerisiers en fleurs partiellement rendues en laque d'argent, et son célèbre torrent charriant les fleurettes tombées. Ce décor se rabat également autour des côtés latéraux de la boîte. Le revers du couvercle offre un autre coin de paysage, d'une composition non moins poétique et d'une exécution peut-être encore plus délicate et plus précieuse. C'est un ruisseau sinueux, glissant entre de hautes touffes d'herbes, dont le relief, à la fois ténu et ferme pareil à une ciselure d'or, se détache sur la transparente fluidité avec laquelle est rendu en toghidachi l'impalpable ondoiement des eaux d'un admirable dessin.

Par *Kôami*.

100. — Boîte à parfums à six lobes, suggérant une forme de fleur. Sur un fin poudré d'or volent des oiseaux de Hô au milieu d'un semis de fleurs de paulownia et de petites tiges de bambou, quelques-uns des oiseaux tenant entre leur bec des branchettes qu'ils sembleraient avoir saisies au vol. Style du xve siècle.

Par *Kôami*.

101. — Boîte à parfums rectangulaire à angles arrondis et bords sertis de plomb. Sur un sablé d'or hiramé se presse, en laque d'or mat, le vol tourbillonnant et froufroutant d'une nuée de petites hirondelles qui recouvre le couvercle et passe, serrée, tout autour des faces latérales de la boîte. Admirable travail, dans le style du xve siècle.

102. — Écritoire carrée à angles en biseau. Laque aventurine portant sur le couvercle, en laque d'or, une coiffure de la danse Bougakou, dont tous les détails sont exécutés avec un art où la finesse la plus minutieuse le dispute à une admirable fermeté de coup de pinceau. Certains ornements sont rehaussés encore par un microscopique pavé d'or et d'argent, et dans la partie supérieure du motif brille l'armoirie impériale du paulownia, rapportée en argent. L'intérieur de la boîte offre, dans une

N° 43

N° 44

N° 45

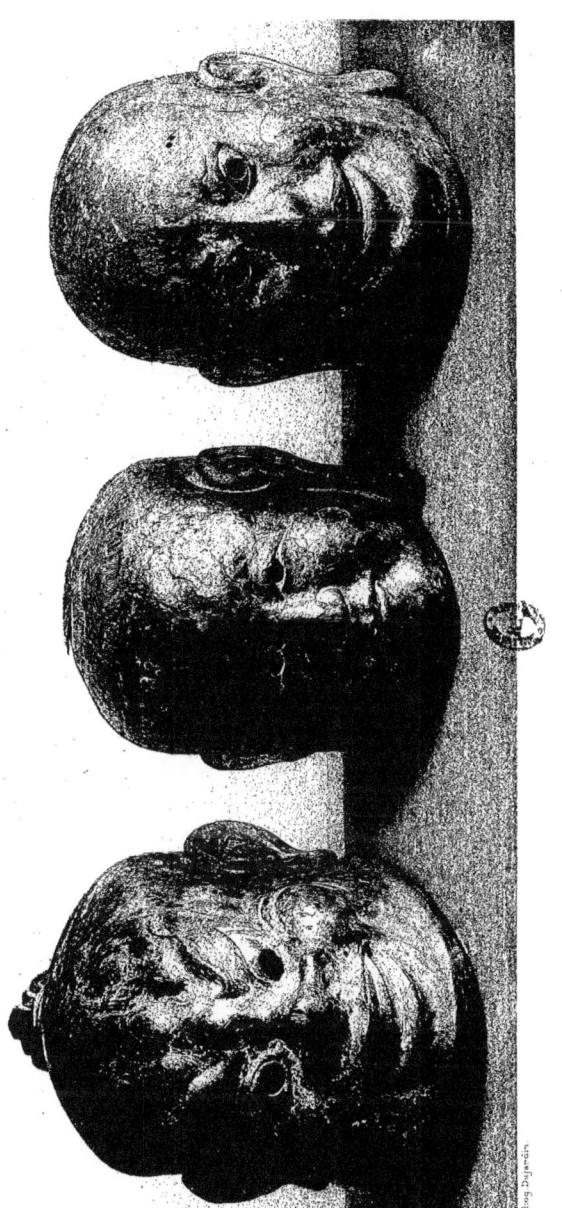

richesse encore supérieure, des paysages où des érables s'effeuillent au vent d'automne. Dans le couvercle un cerf et une biche, sous un grand croissant de lune, brament au bord d'une eau légèrement frisée et sur les plateaux un petit oiseau à longue queue sautille sur une roche.

103. — Boîte à parfums ronde, à profil cintré et couvercle légèrement bombé, dont toutes les faces extérieures sont recouvertes, en togidachi d'or mat, d'un dessin de brocart composé de rinceaux à feuilles de vigne au milieu desquels se profilent des oiseaux stylisés à longues queues. L'intérieur est décoré, également en or mat à plat, d'un vol nombreux d'hirondelles.

Par *Shunsho*, 1er du nom.

104. — Écritoire carrée en laque toghidachi. Le décor, qui contourne aussi les parois latérales de la boîte, représente une rivière ombragée par un grand saule pleureur, au pied duquel une écluse submerge les jeunes pousses sous son eau retombante. L'intérieur du couvercle et de la boîte montre, dans sa pleine maturité, le même champ de riz au-dessus duquel se balance la corde d'épouvantail, dont le vent secoue violemment les plaques garnies des tubes cliquetants. Compte-gouttes bronze émaillé, en forme de feuille d'érable par *Hirata*. Admirable laque de *Yamamoto Shunsho*, 1er du nom.

105. — — en laque toghidachi. Au milieu d'un vol d'hirondelles qui se répand tant sur les deux faces du couvercle et dans le fond de la boîte qu'au pourtour des faces latérales, de hautes touffes d'herbes fleuries se courbent sous le vent d'automne. De fins linéaments rouges, sertissant les fleurs et les feuilles et marquant leurs nervures, réchauffent encore le beau ton saturé des ors mats. Des clous d'argent simulent les gouttes de rosée. Au revers du couvercle un grand pin maigre se dresse sur une plage. Les bords intérieurs de la boîte sont laqués d'or mat. Le compte-gouttes figure en chakoudo deux feuilles d'érable.

Par *Shunsho* 1er du nom.

106. — — aux angles lobés, recouverte en entier d'un très riche

fond d'aventurine, sur lequel s'enlève, en laque d'or saillant, une conque guerrière entourée d'un filet rouge garni de cordelières et de glands. L'intérieur est décoré d'un vaste paysage montagneux au bord d'une mer houleuse. Compte-gouttes en bronze doré, figurant des branches de pin.

107. — Écritoire légèrement bombée, dont les motifs de décor sont tirés du Ghenji monogatari. Le dessus offre, sur fond poudré, une tige de courge fleurie, enlaçant de ses volutes un éventail de cour largement éployé. Au revers du couvercle se déroule, en laque d'or sur fond aventuriné, un vaste paysage marin, dont une anse boisée cache à demi une flottille de pêcheurs amarrée, tandis que sur la plage des fours à sel arrondissent leurs abris de chaume parmi l'éparpillement des ustensiles du métier : seaux, rateau et puisette. Au premier plan un semis de coquillage fait scintiller dans le sable ses fines incrustations de burgau. Au fond de la boîte un pin se dresse au bord d'une rivière. Le compte-gouttes, en bronze doré, figure un oiseau volant.

108. —— carrée. Sur le fond noir qui occupe la moitié supérieure du couvercle, se détachent en or, sous des branches de saule, un couple de pigeons posés sur la toiture d'une enceinte de château, dont la surface recouvre en une compacte masse d'or toute la moitié inférieure du couvercle. Au revers un semis de grandes coquilles est jeté en laque toghidachi pavé d'or, sur un fond aventuriné.

Par *Kajikawa*, du 1er nom.

109. — Écritoire carrée aux contours arrondis, décoré en toghidachi. Un fond d'aventurine poudré à l'imitation des nuages, laisse en réserve de laque d'argent un immense disque lunaire, sur lequel se découpe un groupe d'arbres aux branches dénudées, portant en laque rouge et argent, quelques fleurs printanières. De souples caractères en or découpé, suggérant des strophes poétiques, sont incrustés à fleur dans le fond de laque de manière à adapter leurs sinueuses arabesques aux silhouettes robustes, des troncs et des ramures. Dans l'intérieur se

voient, appendues à une forte branche de prunier en fleurs, deux manches de robe dont le dessin est très finement détaillé en laques de couleurs. Bords sertis de plomb.

Par *Kajikawa*, 1er du nom.

110. — Petite écritoire carrée, à fond noir, somptueusement décoré en or d'un store à demi enroulé au-dessus d'une balustrade de balcon, et dans lequel une plante tombante d'aoyé s'est enchevêtrée de nuages pavés d'or et d'argent. Tout l'intérieur est poudré d'un très fin semis d'or.

Par *Kajikawa*, 1er du nom.

111. — Boîte à parfums, plate, en forme de feuille d'écran à main, avec bords sertis de plomb. Elle est en laque d'argent et porte comme décor le motif des deux princesses du Ghenji Monogatari, représentées aux champs, chacune avec sa cage aux grillons. Pièce extrêmement délicate. Larg. 0,7.

Par *Kajikawa*, 1er du nom.

112. — — carrée, dont le couvercle est décoré sur sablé d'or, d'un hibou sur un gros tronc de prunier, émergeant derrière une haie. L'intérieur est aventuriné et porte, au revers du couvercle, un semis de cinq éventails en laque d'or richement décorés, tandis que les plateaux du fond offrent une branche de narcisse en laque d'or et un compte-gouttes en bronze doré et incrusté d'émail.

113. —— légèrement bombée en laque aventuriné, orné sur le couvercle de cinq chevaux en liberté, figurés en laque d'or, d'argent et de couleur noire ou brune. Intérieur décoré de jeunes pins, poussant en des terrains incrustés de petits carrés d'or.

114. —— carrée recouverte d'une très fine aventurine à l'intérieur comme à l'extérieur, où se trouve représenté en laque d'or un enfant jouant de la flûte sur un bœuf. Le revers du couvercle offre deux

grandes cigognes debout, et le biseau des angles abattus est d'or mat avec un léger décor de rinceaux. — Compte-gouttes en bronze en forme d'instrument de musique.

115. — Écritoire carrée, à fond noir, décoré, en laque d'or, par des volées d'hirondelles, qui se répandent en directions opposées, tant sur le dessus que sur les surfaces intérieures de la boîte et du couvercle, où se déroule un riche paysage montagneux et marin. Un décor de vagues en or mat enrichit tout le pourtour extérieur. Le brillant fond noir du couvercle laisse transparaître le très fin quadrillé de soie sur lequel est entendue la couche de laque, conformément au goût particulièrement raffiné du tchajinn Kobori Yenchû.

116. — Écritoire carrée, le tour des bords abattus en biseau. C'est, en laque d'or, à puissants reliefs, jusqu'à mi-hauteur du couvercle, la vue d'une mer démontée, battant avec furie les flancs déchiquetés d'une roche dressée au milieu des vagues, sur laquelle sont venues se poser deux cigognes, tandis que le reste de la troupe d'oiseaux poursuit son vol irrégulier parmi des nuages d'or qui barrent le fond noir dans le haut de la boîte. — L'intérieur de la boîte, déploie une incomparable richesse dans un paysage marin, en laque d'or d'une exécution nerveuse autant que fine. Deux cigognes, posées sur un promontoire, semblent appeler deux des leurs qui planent encore dans une atmosphère dont l'effet est traduit par le poudré de forts grains d'or hiramé. La suite du même paysage s'étend, non moins somptueuse, jusque dans le fond de la boîte, où se trouve encastré le compte-gouttes en bronze, représentant des branches de pin.

Par *Igarachi*.

117. —— rectangulaire en laque noir, décorée en or, d'un marais animé de deux canards mandarins ; l'un nageant, l'autre juché sur la pointe d'une roche toute scintillante d'une incrustation de cubes d'or et d'argent. Couvercle et boîte sont décorés à l'intérieur, en laque plat sur fond aventuriné, de troupes de chevaux gambadant en liberté.

Le plat des bords intérieurs offrent des ornementations de rinceaux sur or mat.

Par *Igarachi*.

118. — Écritoire carrée, portant sur un semis d'or, dans un admirable travail de laque d'or et de couleur incrusté d'argent et des piqués d'or, un casque et un sabre dans son fourreau. L'intérieur, en laque aventuriné, offre, en toghidachi, au revers du couvercle, un cerf et une biche derrière une touffe d'herbes d'automne, dont le motif se trouve répété dans le petit plateau du fond de la boîte.

119. — Écritoire carrée aux angles arrondis. Sur un fin poudré d'or un motif en laque d'argent et de couleurs représente un aigle enlevant dans les airs un faisan qu'il étreint dans ses serres. Au revers du couvercle, c'est l'idée ingénieuse de la chute des plumes arrachées du faisan, partie encore flottantes, partie jonchant déjà le sol. Le caractère du dessin, la belle sobriété des tons, et la perfection absolue du travail font de ce rare objet une œuvre magistrale.

Par *Kôma Kiûhakou*.

120. — — carrée décorée, en noir sur noir, avec parties de laque d'or clouté d'argent, d'un vol d'hirondelles sur des eaux écumantes, baignant des rochers et des roseaux. A l'intérieur roulent des vagues houleuses dont émergent de hauts roseaux.

Par l'un des *Kôma*.

121. — Laque d'Osaka. Grande boîte rectangulaire et plate, offrant sur fond noir deux grands éventails éployés, en laque aventurine et or incrusté de burgau, à décor de fleurs et d'alvéoles. Long. 0,38. Larg. 0,32.

122. — Petite écritoire à fond noir, décorée en laque d'or et d'argent, avec un motif de personnages se détachant en reliefs très saillants. Le sujet représente un des vingt-quatre exemples de piété filiale, où Kokkio, en récompense du ciel, découvre un vase d'or dans la fosse

où il allait enterrer son enfant vivant, pour pouvoir subvenir aux besoins de sa mère au milieu de la détresse extrême l'empêchant de nourrir tous les membres de sa famille. — Très joli compte-gouttes de bronze en forme de courge.

123. — Écritoire ronde, affectant la forme d'un four à sel. Elle est en laque rouge mat, sur lequel volent deux grands hérons très finement exécutés en laque de ton chibuïtchi. Le revers du couvercle est orné de nuages d'or sur fond noir. Compte-gouttes en chibuïtchi, figurant un fruit.

Par l'un des *Kôma*.

124. — — rectangulaire à angles arrondis, les bords cerclés d'argent. Sur le fond noir du couvercle se détache, en laque or de ton sourd et en laque d'argent, un pupitre, sur le socle duquel repose une boîte accompagnée de deux rouleaux. L'intérieur offre, sur laque d'aventurine, trois hérons sur un vieux tronc de saule pleureur, au bord d'une eau calme. Compte-gouttes en chakoudo, figurant une tortue à queue.

125. — — légèrement bombée, offrant, sur fond noir, deux grandes chimères gambadant, vigoureusement exécutées en laque de plusieurs tons. Au revers, sous des roseaux d'or, deux cailles se voient en laque de couleurs sur fond aventuriné. Compte-gouttes en bronze émaillé.

Atelier *Tatsuké*.

126. — — carrée aux angles abattus. Sur fond noir se détache en laque d'or et d'argent un groupe de trois cigognes au milieu d'un paysage rocheux baigné d'un torrent. A l'intérieur, aventuriné, se ramifie un prunier fleuri sur lequel chante un petit oiseau.

127. — Écritoire de forme rectangulaire, presque carrée, à angles coupés, avec les bords du couvercle abattus en biseau. Toutes les surfaces de la boîte, tant intérieures qu'extérieures, sont revêtues d'un fond d'or obtenu au moyen de la poudre d'or. Sur le couvercle une

N° 99

N° 119

N° 127

N° 128

N° 101

N° 89

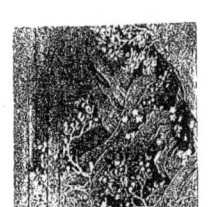
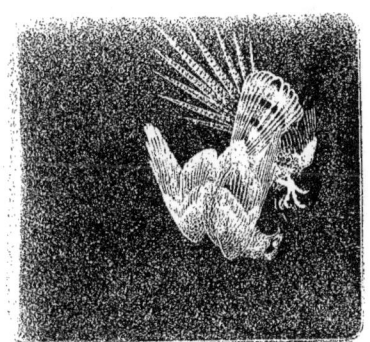
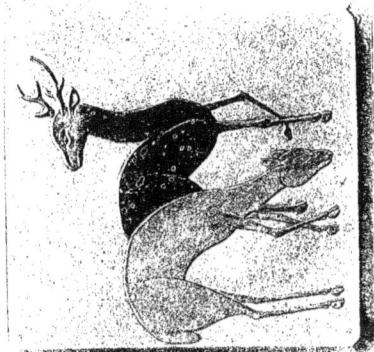
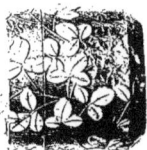

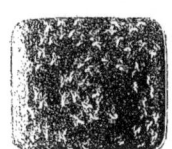
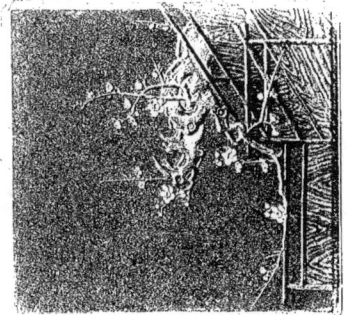

biche en train de broûter se détache en or plus brillant et, derrière elle, un cerf, la tête dressée, accuse, en plomb incrusté, la simplification de ses formes. Au fond de la boîte les surfaces d'or mat sont ornées en or brillant de tiges de feuillages et, au revers du couvercle, s'étendent les branches d'un pin dont le tronc est en plomb incrusté.

Par *Kôrin*.

128. — Boîte à poudre de thé de l'espèce natsumé [1], de forme cylindrique, aux angles abattus en biseau. Toutes les surfaces de la boîte, tant intérieures qu'extérieures, disparaissent sous un revêtement d'or mat, dont la densité métallique est donnée au laque au moyen d'une agglomération serrée d'or en poudre. Le décor, qui consiste dans un enlacement de tiges de lespédésie, est exécuté pour partie en reliefs d'or d'une fermeté d'or massif, et pour partie en incrustations de parcelles de burgau rehaussées de linéaments d'or. A l'intérieur de la boîte, c'est, en or sur or, le décor de grandes lignes sinueuses, représentant une stylisation d'eau. Superbe spécimen du travail de Kôrin.

Signée au revers en laque or sur or : *Hokkio Kôrin*.

129. — Boîte à ustensiles de thé, de forme rectangulaire, les angles du couvercle abattus en biseau. De larges surfaces de plomb simulant un terrain vallonné sur lequel sont figurés, en même matière, un cerf couché et deux biches, contrastent avec une section laquée d'or rouge et richement incrustée d'un décor de burgau qui représente un faon broutant au milieu de plantes fleuries. Haut. 0.12 ; larg. 0,20.

Par *Kôrin*.

130. — Écritoire forme carrée à fond sablé d'or, sur lequel sont représentées en laque d'or et d'argent deux cigognes dans un marais au milieu des roseaux. Une troisième cigogne est sur le point de s'abattre auprès d'elles. Au revers du couvercle se voit une immense carpe émergeant des vagues sous un grand croissant lunaire, figuré en argent incrusté.

Laque de *Kioto*.

[1] Voir la note à la page 20.

131. — Étagère à quatre montants droits, divisés au milieu par une demi-tablette et en bas par une tablette entière qui se relie à la base au moyen de deux petites portes pleines, glissant sur rainures. Toutes les surfaces de ce délicat petit meuble sont revêtues d'un fond d'or mat décoré d'un ramage serré de fins rinceaux en laque brun appelé mitsudasso. Sur ce décor s'enlève, en or mat, sept fois répétée, la grande armoirie au chrysanthème de la famille Saïonzi. Haut. 0,3 : larg. 0,36.

132. — Petit cabinet rectangulaire à trois tiroirs intérieurs et avec porte pleine, mobile. Il est en laque noir, les angles arrondis en doucine, aventuriné d'or et tout autour du petit meuble, à mi-hauteur, une rangée de la fleur de chrysanthème héraldique est disposée en toghidachi d'or. Serrure, poignée et ferrures en argent finement ciselé. Haut. 0,11 ; larg. 0,19.

133. — Brasero lobé à côtes de melon, en bois naturel décoré, en laque d'or, de deux motifs floraux. Couvercle en fer repercé figurant une jonchée de feuilles d'érable, Haut. 0,17 ; diam. 0,25.

134. — Grande boîte cubique en laque noir, décorée, en laque d'or et d'argent avec incrustations de burgau, de grands dessins d'herbes fleuries. Haut. 0,23.

135. — Boîte haute à quatre compartiments superposés, affectant en ses contours la forme d'une feuille de vigne. Comme motif de décor ce sont également des feuilles de vignes, figurées en laque d'or de différents tons sur fond noir nuagé d'or, qui ornent le corps de la boîte et le plat du couvercle. Des clous d'argent, espacés de place en place, simulent les gouttes de rosée. Haut. 0,22 ; larg. 0,19.

136. — Cabinet pour attirail de tchanoyu. Il forme un rectangle élevé, à panneaux pleins encadrés de cuivre, et à porte pleine mobile. Le tout décoré de tiges de courges retombantes, en laque de couleurs sur fond noir. Haut. 0,43 ; larg. 0,23.

137. — Boîte haute et carrée à angles lobés, se composant de quatre compartiments superposés. Elle est à fond d'aventurine or, sur lequel s'étendent, en laque d'or, des rinceaux de paulownia, se mêlant, avec ses fleurs héraldiques, à un semis de l'armoirie circulaire formée par la grue sans pattes aux ailes recourbées. Haut. 0,26 ; larg. 0,22.

138. — Cantine, affectant la forme de deux tambourins, les montants latéraux, en argent, simulant l'entrecroisement des deux cordons d'attache. La bouteille à saké, qui figure le corps d'un de ces instruments, présente, ainsi qu'un des plateaux, de forme octogone, un très riche laque aventuriné, parsemé du chrysanthème héraldique, de même que la boîte à gateaux. Cette dernière, de forme cylindrique, se divise en quatre compartiments superposés, surmontés par un couvercle à bouton d'argent, qui est ciselé en forme de fleur ; le second plateau est en laque d'argent tout uni, tandis que le dessus du meuble est laqué d'or plein avec poignée en argent ciselé. Haut. 0,35 ; larg. 0,31.

139. — Selle de cheval à fond noir, richement orné de grandes feuilles de paulownia en laque d'or clouté d'argent. Date incisée au revers : 8e mois de la 12e année de Ghénrokou (1699).

140. — Petite boîte à contenir les lettres, de forme rectangulaire avec angles abattus en biseau. Sur un dessin géométrique en laque d'or, qui recouvre de bâtons rompus toutes les faces extérieures de la boîte, sont jetés des motifs héraldiques losangés, tous différents de composition. L'exécution de cet objet d'un goût raffiné, est poussée dans ses moindres détails jusqu'à la maîtrise la plus accomplie. Long. 21.
Pièce ayant figuré au pavillon impérial du Trocadéro de l'Exposition Universelle en 1900.

141. — Boîte à papier en bambou tressé, non décoré à l'extérieur et orné à l'intérieur d'un coq et d'une poule en laque d'or sur fond légèrement aventuriné.

142. — — à contenir les lettres, ornée, sur fond noir avec incrusta-

tion de plomb et de burgau, d'un cerisier en fleur, dont le décor se prolonge jusqu'au revers du fond de la boîte. Intérieur entièrement en laque d'or. Pièce remarquable de l'atelier de *Kôrin*. Long. 0,22.

143. — Boîte à parfums de forme basse et trilobée, simulant par la disposition du décor, le groupement de trois boîtes circulaires, débordant les unes sur les autres. Chacune de ces boîtes circulaires porte un ton d'or différent et un dessin de fleurs également variées : Prunier à fleurs rouges, chrysanthème et narcisse. Larg. 0,9.

144. —— plate de forme rectangulaire à coins arrondis. Elle est recouverte d'un très riche fond de laque d'or et décorée, en reliefs d'or de deux tons, d'une tige de narcisse entourée de camélias et de tiges de prunier. Long. 0,09.

145. —— basse, de forme rectangulaire à coins rentrés. Le couvercle offre, sur un fond sablé, un chariot chargé d'une grande corbeille finement exécutée en piquetis d'or. Il s'en échappe de grandes touffes de pivoines et des tiges échevelées de clématite. Le pourtour est à fond d'or, semé de tiges d'herbes fleuries. Larg. 0,10 1/2.

Époque du cinquième Shogoun Tokougawa.

Par *Koami*.

146. —— de forme rectangulaire à coins arrondis avec couvercle plat. Sur fond hiramé le couvercle porte en laque d'or et laque vert une tige de chrysanthème épanouie. L'intérieur est parsemé, sur fond aventuriné, de la fleur héraldique du chrysanthème. Époque de Iyémitsu, troisième Tokougawa. Long. 0,10.

147. —— très plate, de forme rectangulaire à coins rentrés. Le fond, sablé d'or, est très richement décoré d'arbustes de pivoines, poussant dans un terrain rehaussé de carrés d'or incrusté. Long. 0,09.

148. —— de forme cubique à trois compartiments superposés, en laque noir, décoré, en toghidachi d'or, du semis d'un dessin d'étoffe

d'ordre floral. Intérieur aventurine. Époque de Tsuniyochi, cinquième shogoun Tokougawa. Haut. 0,6.

Travail de *Shunshô*.

149. — Boîte à ustensiles de thé, formant un double losange. Elle est à fond noir, très richement décoré de paysages où des temples, au bord de la mer s'adossent à des rochers et à des collines ombragées par des arbres de structure puissante. Le chatoiement des ors se trouve encore accentué par des rehauts de corail et de pierres de couleur, incrustés dans le dessin des terrains et des flots ; sur le couvercle deux petits oiseaux en argent ciselé s'enlèvent sur le fond du paysage et au rebord intérieur de la boîte, repose un plateau avec décor similaire. Larg. 0,20 ; haut. 0,12.

150. —— en forme de nœud à fond noir peau de chagrin, très délicatement orné, en laque d'or et d'argent, du motif de vieux troncs d'érable. L'intérieur, sablé d'aventurine, est agrémenté en laque d'or, au revers du couvercle d'un couple de faisans, et dans le corps de la boîte de petits motifs de fougères enroulés en cercles. Larg. 0,24 ; haut. 0,11.

151. —— de forme cubique, en bois de mûrier naturel aux veines décoratives. Le plat du couvercle offre un petit décor d'une grâce parfaite, figurant deux moineaux pleins de vie, perchés sur un bambou. L'intérieur est parsemé d'un hiramé d'or à gros flocons d'une grande richesse. Haut. 0,13 ; larg. 0,14.

152. —- Boîte à thé dite natsumé[1], cylindro-ovoïde, le bord du couvercle à angle vif. Elle est en aventurine d'or rouge et présente pour décor des roues au milieu d'une eau tumultueuse, au bord de laquelle une cigogne marche parmi des roseaux. Époque de Iyémitsu, troisième shogoun Tokougawa. Haut. 0,06.

153. —— dite nakatsughi[1] de forme cylindrique avec couvercle

[1] Voir la note relative au n° 67.

retombant jusqu'à mi-hauteur. Sur sablé d'or trois grandes fleurs de chrysanthème héraldique, armoirie de la noble famille Saïonzi, forment des médaillons en or mat au pourtour, tandis qu'une quatrième répétition de ces armoiries occupe le plat du couvercle. L'intérieur et le tour du rebord intérieur, également sablés, sont décorés en toghidachi d'or d'un semis de petites tiges de chrysanthèmes sous leur forme naturelle. Époque de Iyémitsu, troisième Tokougawa. Haut. 0,07.

154. — Boîte dite nakatsughi [1], revêtue, à l'intérieur comme à l'extérieur, d'un plein fond de laque d'or, décoré au pourtour de tiges de chrysanthèmes et sur le plat du couvercle d'un semis de fleurs de paulownia. Époque de Iyémitsu. Haut. 0,07.

155. — Pot à parfums, bois naturel en forme de tambour. Il est bordé en haut et en bas d'un cercle d'argent cloûté; le bois, aux veines accentuées, est décoré en or des ramifications fleuries d'un paulownia. Intérieur doublé d'argent et couvercle en argent repercé, imitant un clissage en alvéoles. Haut. 0,08.

156. — Boîte à parfums ronde et plate. Un médaillon de fleurs des champs en incrustation de burgau sur fond noir est entouré d'une bordure de mosaïque où les parcelles d'or découpé et incrusté alternent avec des parcelles de burgau. Ce dessin, d'une miraculeuse minutie, recouvre également le pourtour de la boîte de façon complète. Les surfaces intérieures et le dessous disparaissent sous une couche de laque d'or mat dont la densité métallique est obtenue par un méticuleux travail de poudré. Diam. 0,06.

Par *Somada* (Fournisseur du prince Mahéda, seigneur de la province de Kaga).

157. — — lenticulaire en laque d'or vert, sur lequel un décor en reliefs d'or figure un étang aux iris, traversé par les petits ponts en

[1] Voir la note relative au n° 67.

planches qui servent à cultiver cette plante et à la visiter à son époque de floraison. Diam. 0,08.

158. — Boîte ronde et plate, reposant sur trois petits pieds. Sur fond aventurine un semis de feuilles de prunier en laque d'or et rouge, est traversé par une plaque d'argent rectangulaire, représentant la bande de papier tanzakou sur laquelle s'inscrivaient les poésies. Diam. 0,08.

159. — Pot à thé du genre appelé natsuimé. Il est de forme ovoïde et le décor représente sur fond jaspé rouge un semis de pivoines rouges à feuillages verts. Le revers de la boîte et les montants du rebord intérieur sont laqués d'or plein. Haut. 0,08.

160. — Boîte à parfums haute, de forme rectangulaire à coins arrondis. Elle est horizontalement divisée en deux compartiments sertis de plomb et un autre double filet de plomb coupe par le milieu chaque compartiment, comme si la boîte était formée en réalité de quatre cases superposées. Fond noir, décoré en laque d'or d'un treillis de vigne. Haut. 0,07.

161. — Pot à thé figurant un tambour. Les veines du bois sont figurées au pourtour par un frottis de laque sur lequel se détache en or un vol d'oiseaux à longue queue. Le haut et le bas sont décorés du motif à triple volute tournante, appelée tomoyé. Tout l'intérieur de la boîte est richement recouvert de laque d'or plein. Haut. 0,6.

162. — Pot à cendres de parfums, figurant une cage d'oiseaux. Les barreaux sont simulés en reliefs de laque d'or, et sur le couvercle un entrecroisement de lignes en reliefs d'argent représente le filet de soie. Le surplus du décor consiste en un léger vermiculé d'or, surmontant une section circulaire d'aventurine. Haut. 0,07.

163. — Pot à parfums en forme cylindrique un peu rétrécie du bas et reposant sur trois petits pieds. Il est en bois dur naturel, de même que son couvercle, à surface plate. Un très joli travail le décore de branches de prunier à fleurs rouges. Haut. 0,06.

164. — Boîte à parfums, carrée à coins lobés. Brillant fond noir. décoré en toghidachi d'or de touffes de graminées nommées Souzouki. Haut. 0,06.

Par *Shunsho*.

165. — — de forme tubulaire à deux compartiments superposés. Sur un brillant semis hiramé sont jetés en laque d'or de nombreux motifs circulaires, formés chacun d'un dragon enroulé. Haut. 0,07.

166. — — et de forme haute, rectangulaire, divisée en trois compartiments superposés. Sur fond noir, chacune des quatre faces latérales est occupée par un cartouche de paysage très finement exécuté en toghidachi or et couleurs : Des monticules boisés où se voient des lapins — un village avec de petits oiseaux parmi des arbres fleuris — une rizière animée de hérons sur un saule — une roche au milieu de la mer où se posent des oies sauvages. Sur le dessus du couvercle se détachent deux armoiries héxagonales sur laque d'argent. Haut. 0,07.

167. — — haute et rectangulaire à coins arrondis. Elle est en laque d'or plein, décorée de feuilles aquatiques, flottant sur la surface d'une eau indiquée par de très légers traits. Haut. 0,06.

168. — — en forme de cylindre à trois compartiments superposés, en laque noir. Le décor qui est exécuté avec une minutie extrême, est en toghidachi or et couleurs et figure le motif de cinq sachets de forme ovoïde, reliés par une cordelière flottante. Intérieur aventurine. Haut. 0,08.

169. — — lenticulaire, les bords cerclés d'argent. Un médaillon circulaire de laque noir, encadré en laque d'or par deux chimères aux longues queues échevelées, est réservé dans un laque d'or vert sablé. Intérieur aventurine. Diam. 0,10.

170. — Pot à cendres cylindrique en laque sablé or, avec couvercle de même. Il est décoré, en très fin toghidachi or, d'un paysage représentant un rivage avec kiosque et quelques arbres sur des monticules. Intérieur doublé argent. Haut. 0,07.

171. — Boîte à parfums ronde et plate en laque d'or plein, décoré d'un motif de melons d'eau avec leurs fruits, leurs feuillages et leurs vrilles. Diam. 0,08.

172. —— de forme haute et carrée à angles abattus. Elle est en laque noir, entièrement parsemé, intérieur et extérieur, de petites feuilles d'érable flottantes, en toghidachi de plusieurs tons de laque. Haut. 0,07.

Par l'un des *Kôma*.

173. —— de forme tubulaire, divisée en trois compartiments superposés. Laque noir, décoré en poudre d'or vert d'une vigne dont les grappes sont figurées par des incrustations de perles de burgau en relief. L'intérieur est enrichi par le poudré d'une aventurine d'or. Haut. 0,07.

174. — Boîte à cendres de parfums, en forme de tambour, dont les veines de bois sont figurées par des marbrures de laque d'or de différents tons. Le plat du couvercle est en laque d'or plein, décoré d'un coq en relief de laque d'or. Intérieur doublé de métal doré. Haut. 0,07.

175. — Petite boîte à parfums en forme d'une lettre pliée, avec une incrustation de plomb figurant le cachet. Le décor, en laque d'une exécution parfaite, consiste en un petit dessin géométrique de bâtons rompus, empruntés au swastika. Revers laqué or en plein. Larg. 0,06.

176. — Boîte à parfums ronde et plate. Sur un fond étoilé d'une poudre de burgau vert et rouge, est représentée, en laque d'or, une chimère gambadant auprès d'une pivoine arborescente. Le pourtour, en laque d'or, est orné d'un dessin géométrique de bâtons rompus. Diam. 0,08.

177. — Boîte ronde et plate. Sur un fond d'aventurine se trouvent jetés deux fagots en laque d'or avec branches de cerisier dont les fleurs sont rapportées en argent. Diam. 0,08 1/2.

178. —— ronde et plate en laque rouge sculpté. Un paon se tient debout sur un pin de forme élancée. Diam. 0,08.

179. — Petite boîte à parfums, en forme d'une feuille d'éventail. Laque d'or plein, très finement décoré d'un semis de petits coquillages, reposant sur un fond de sable qui est simulé par l'incrustation de petits pavés d'or. Larg. 0,08.

180. — Boîte à parfums rectangulaire à coins arrondis offrant, en laque d'or sur un fond poudré, un motif connu tiré du ghenji monogatari. C'est une voiture princière arrêtée auprès d'une clôture tressée où grimpe une liane de courge en fleurs. L'intérieur offre en laque plat une tige de la même plante au revers du couvercle et une autre dans le fond de la boîte. Long. 0,09.

181. — Petite boîte à parfums en forme d'éventail à bords sertis de plomb. Elle est en laque d'or plein avec un décor floral aussi ferme que délicat. Larg. 0,05 1/2.

182. — Petite boîte à contenir les lettres, à fond de mokoumé (imitation des veines du bois) en laque d'or et d'argent, sur lequel des feuilles de vigne en laque d'or sont éparpillées. Larg. 0,21 1/2.

183. — Boîte haute à trois compartiments superposés, d'une forme ovale et lobée. Sur fond noir, nuagé d'un sable d'or, c'est en toghidachi un nombreux vol de moineaux, tout autour de la boîte. Haut. 0,14.

184. — Petite boîte à contenir les lettres, légèrement bombée. Elle est entièrement recouverte d'un motif de damier noir et aventurine d'or. Long. 0,22.

185. — Deux pièces :

a. Boîte à parfums rectangulaire, décorée d'un panier fleuri, en reliefs d'or avec partie argent ciselé. A l'intérieur sont semées, sur fond aventuriné, des feuilles d'éventail en laque d'or et de couleur. Long. 0,07.

b. Petite boîte tubulaire à trois compartiments superposés. Elle est en laque d'or, décoré de plantes aquatiques, qui poussent dans une eau courante. Charmante exécution. Haut. 0,05.

186. — Deux pièces :

a. Boîte à parfums plate, en forme de sachet. Elle est en laque rouge, décorée en or, dessus et dessous, de papillons parmi des rinceaux. Intérieur finement aventuriné. Long. 0,07 1/2.

b. Petite boîte à parfums rectangulaire, décorée en laque d'or et d'argent de deux jeunes chiens au milieu d'un sablé d'or. Longueur 0,05 1/2.

187. — Deux pièces :

a. Boîte à parfums rectangulaire. Sur le fond aventuriné, le dessus du couvercle est parsemé de gros paillons d'or sur lequel est jeté un semis de fleurettes en laque d'or et d'argent, en corail, en nacre et en argent ciselé. Long. 0,06.

b. — rectangulaire à coins arrondis, le couvercle à grand recouvrement. Sur toile rouge un fin laque d'aventurine est décoré, en reliefs d'or et de rouge, d'une branche de grenade. Long. 0,87.

188. — Deux pièces :

a. Boîte à parfums de forme tubulaire à trois compartiments superposés. Laque noir décoré, en toghidachi d'or, de pins et de pruniers.

b. Pot à thé cylindrique, dallé de carreaux à fond aventuriné alternant avec des carreaux à damiers or et noir. Haut. 0,07.

189. — Deux pièces :

a. Pot à thé, forme ovoïde à couvercle bombé, dite natsumé, en laque noir décoré en or d'une plante à larges feuilles et garnie de petites fleurs digitées. Très fin sablé d'or, saupoudrant tout l'intérieur. Haut. 0,7.

b. Pot à thé octogonal en bois naturel de tagayasan, décoré, en laque d'or mat, d'un semis d'oiseaux de hô. Le couvercle est orné d'une chimère en relief, modelée en laque d'or sur un fond d'or vert. Haut. 0,07.

190. — Deux pièces :

a. Boîte à parfums rectangulaire, très plate. Sur sablé d'or hiramé, le globe rouge du soleil couchant plonge dans la mer derrière les roches sacrées d'Icé. Long. 0,07 1/2.

b. — rectangulaire à coins très arrondis. Fond noir nuagé d'or, décoré en laque d'or d'un semis de papillons et de branchettes de cerisiers fleuris. Long. 0,06 1/2.

191. — Boîte à parfums sphérique, figurant un fruit cucurbitassé. Elle est en laque d'or plein, portant pour décor des feuillages partant du bout de la tige qui sert de prise au couvercle. Haut. 0,05.

192. — —, de forme tubulaire à trois compartiments superposés. Sur un brillant fond noir poudré d'or sont jetés en laque d'or deux fagots sur lesquels pleuvent des fleurs de cerisier. Haut. 0,07.

193. — Petite boîte à parfums en forme d'éventail éployé, décorée mi-partie de laque d'or avec le motif d'une branchette de pin et mi-partie à fond noir avec des fougères en laque d'or. Larg. 0.07.

194. — Deux pièces :

a. Boîte à parfums ronde et plate décorée sur toutes ses faces en traits gravés à la pointe et dorés, d'après le procédé nommé Tinkinbori. Un grand médaillon central figure l'oiseau de Hô, qui est entouré, en bordure, par les douze animaux zodiaques avec les quatre caractères : Fou-ki-an-rakou (richesse, noblesse, quiétude, joie). Au revers des rinceaux de fleurs. Diam. 0,09.

b. — ronde et plate. Laque sculpté, modelé et coloré en rouge et vert. Le sujet représente un pêcheur dans sa barque. Diam. 0,07.

Travail de *Zonsei*.

195. — Deux pièces :

a. Boîte à parfums carrée aux angles arrondis. Sur fond noir poudré, sont jetées en or toghidachi les armoiries impériales du chrysanthème et du paulownia. Même décor à l'intérieur. Larg. 0,06.

b. — carrée aux angles arrondis. Elle est en laque d'or, décoré d'une tige de camélias, portant deux fleurs en laque d'argent. Même motif à l'intérieur, tracé en toghidachi sur fond hiramé. Larg. 0,06.

196. — Deux pièces :

a. Boîte à parfums lenticulaire, à bords cerclés de plomb. Sur un fond d'aventurine clairsemé, un canard mandarin en laque d'or est figuré sur une roche au milieu d'une mare d'où émergent des roseaux. Intérieur aventurine. Diam. 0,08.

b. Petite boîte à parfums ronde et plate à fond noir décoré, en laque d'or et d'argent, d'un dragon se tordant dans un nuage. A l'intérieur, en laque rouge le nom de *Yochimassa* et le revers de la boîte est signé : *Sôken*. Diam. 0,05.

197. — Deux pièces :

a. Petite boîte à parfums ronde et plate, en laque noir décoré, en toghidachi, d'un couple de canards mandarins sur une roche dans l'eau. Intérieur aventuriné : dessous laqué d'argent. Diam. 0,06 1/2.

b. — lenticulaire, richement laquée de nuages d'aventurine sur lequel se trouvent semées des armoiries en laque d'or. Diam. 0,06 1/2.

198. — Deux pièces :

a. Pot à parfums de forme tubulaire en laque noir, décoré en toghidachi or et couleurs, de trois grands médaillons composés de plantes fleuries, courbées en cercle. Haut. 0.07.

b. Pot à thé à huit pans de forme élancée, taillé dans une tige de bambou. Il est orné, en traits extrêmement fins, d'un or mat et blond, de deux aigrettes d'herbes fleuries, sur lesquelles des clous d'argent incrusté simulent les gouttes de rosée. Ces motifs sont séparés par deux inscriptions en colonne. La première se lit : Tabiyadori (*Auberge de voyage*) (nom octroyé à ce tchaïré) ; l'autre doit se traduire : *Tchaïré octogonal qui voyage à travers les montagnes et les champs*. Le couvercle, en bois dur, est laqué d'argent au revers, et offre sur le dessus deux petites poupées, exécutées de façon charmante en laque d'or, d'argent et de couleurs. Haut. 0,10.

199. — Deux boîtes à parfums circulaires, à couvercles bombés et décorées en or sur fond noir. Le motif de la première représente un saule pleureur et un sabre de cour ; l'autre offre une branche d'érable autour de laquelle se trouve enroulée une lettre. Diam. 0,06.

200. — Deux pièces :

a. Boîte à parfums oblongue à coins lobés. Le corps de la boîte, en bois naturel, est surmonté d'une figure d'enfant en bois sculpté et laquée de couleurs. Intérieur laqué d'or en plein. Larg. 0.08.

b. — de forme lenticulaire très plate, entièrement sculptée et laquée de vert, d'orange et de rouge. Le motif représente, sur une épaisse jonchée de feuilles d'érable, un cerf, tenant en sa bouche le bout d'un ruban noué autour des feuilles de glycine. Diam. 0,11 1/2.

Travail de *Zonsei*.

201. — Deux pièces :

a. Boîte à thé, dite natsumé, de forme cylindro-ovoïde, en laque noir décoré, en or et en incrustation de burgau, de deux cerfs autour desquels flottent des feuilles d'érable dont quelques-unes sont de faïence incrustée. Haut. 0,07.

b. Boîte à jetons, pour le jeu des parfums, nommée kofoudaïré. De

N° 103

N° 109

N° 228

N° 130

N° 100

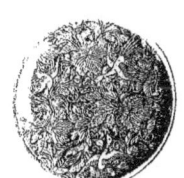
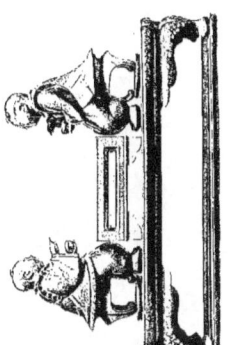
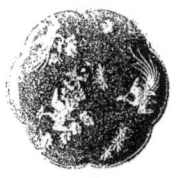
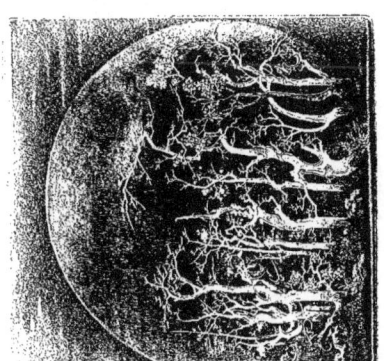
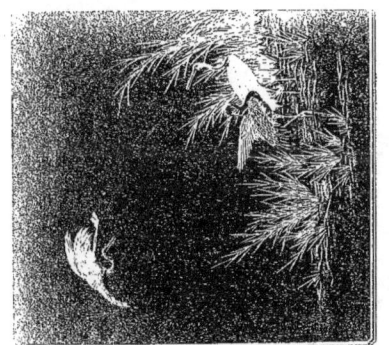

forme haute octogonale, elle est en bois naturel, décorée, en laque d'or et d'argent, de pins et de bambous au-dessus desquels plane une cigogne. Haut. 0,06.

202. — Deux pièces :

a. Boîte à parfums en forme de tortue à queue. Elle est en laque d'or intérieur et extérieur, très finement incrusté de lamelles de burgau. Revers laqué argent. Haut. 0,08.

b. Petite boîte à parfums de forme cylindrique et basse. Elle est laquée d'or plein, avec l'armoirie du chrysanthème sur le dessus et le pourtour très finement décoré de fougères en laque or et rouge. Haut. 0,03.

203. — Deux pièces :

a. Pot à parfums de forme cylindrique, cerclé à mi-hauteur d'un double filet et supporté par trois petits pieds. Fond noir orné en laque d'or d'un entrecroisement de lignes en losange, coupé par deux cartouches ronds, chacun orné d'une armoirie en forme d'éventail. Le décor se complète par deux branches de pin et un semis de feuillages. Couvercle en bois naturel. Haut. 0,7.

b. Pot à parfums à corps cylindrique surmonté d'une gorge. Laque noir décoré d'herbes fleuries en or et burgau incrusté. Couvercle en argent, repercé à l'imitation d'un natté. Haut. 0,12.

Par *Tsutchida Sôyetsu*.

204. — Deux pièces :

a. Tchaïré de forme cylindrique avec couverts d'ivoire. Il est décoré sur fond aventurine d'un vol de petits oiseaux en or. Haut. 0,07.

b. Boîte à cendres de parfums cylindrique en laque noir, tout couvert d'un réseau en laque d'or, formé d'entrecroisements de lignes obliques et circulaires ; couvercle pareil. Haut. 0,06.

205. — Deux pièces :

a. Boîte à parfums lenticulaire en laque noir brillant, décorée, en toghidachi or, d'un enchevêtrement des herbes d'automne. A l'intérieur un croissant, laque d'argent, et le vol d'un coucou. Bords intérieurs laqués d'or. Diam. 0,12.

b. — lenticulaire en laque rouge de Négoro laisse perceptibles les stries du bois et décoré de trois cryptomérias en noir. Diam. 0,13.

206. — Deux pièces :

a. Très petite boîte à parfums de forme sphérique, cerclée de plomb. Elle est en laque d'or, décorée des armoiries de la famille shogounale Tokougawa, formant médaillon au milieu d'un motif très serré d'alvéoles qui contourne toute la boîte en se rétrécissant graduellement au revers. Exécution d'une finesse extrême. Diam. 0,05.

b. Boîte à parfums en forme d'une courge, sertie de plomb. Elle est couverte d'un fond de laque d'or, décoré, en vert, de feuillages de la même plante. Larg. 0,08.

207. — Trois pièces :

a. Boîte à parfums en laque rouge à plusieurs couches, sculpté dessus et dessous d'un dessin de très profondes volutes dans le travail dit Gouri. Diam. 0,06.

b. Très petite boîte à parfums de forme lenticulaire, en laque rouge, sculpté d'une fleur de pivoine sur sa tige garnie de feuilles. Diam. 0,04.

c. Petite boîte à parfums, en bois d'ébène sculpté de quatre chimères nageant. Larg. 0,05.

Travail d'un ciseleur de la famille des Gotô.

208. — Deux pièces :

a. Petite boîte à parfums, ronde et plate, en laque noir, portant en or et couleurs le tambourin nommé tsousoumi. Intérieur en laque d'or mat, décoré des herbes d'automne. Diam. 0,05.

b. Boîte à parfums en forme d'anneau. Laque aventurine, décoré d'un tronc de prunier fleuri. Diam. 0,08.

209. — Deux pièces :

a. Pot à thé en sphère surbaissée avec couvercle plat à bouton. Il est à fond noir, décoré d'un vol d'hirondelles en laque d'or. Des stries obliques, données par les veines du bois, semblent avoir été laissées perceptibles pour suggérer l'effet de la pluie. L'intérieur est laqué d'or en plein et sous le fond de la boîte est inscrit en or le nom de l'artiste : *Katchi-ikousa Mokouan* (Tchajinn renommé). Diam. 0,14.

b. Grande boîte à parfums rectangulaire à coins arrondis avec couvercle à recouvrement. Laque noir, décoré d'entrelacs de rinceaux en toghidachi or. Long. 0,12.

210. — Deux boîtes à parfums rondes et plates, en bois sculpté et laqué rouge, travail nommé Kamakoura-bori. Sur l'une d'elles le sujet représente un groupe de singes et sur l'autre un coq et une poule parmi les fleurs. Diam. 0,09.

211. — Petit plateau quadrilobé à fond de laque d'argent et décoré, en laque de couleurs variées, de touffes de chrysanthèmes entourées de nuages d'or. Le revers offre, sur fond noir, un grouillement de moineaux d'allures très vivantes, exécutés les uns en laque gris et argent, les autres en laque d'or.

Par un des *Kôma*.

212. — Petit plateau en forme de losange lobée. Il est décoré, en laque d'or et d'argent sur fond noir avec clouté d'argent, de deux canards mandarins sur une roche au milieu des eaux.

213. — Plateau carré à bords droits décoré, en laque d'or sur noir, d'une grande tige de chrysanthème mêlée d'herbes, jetée sur un éventail figuré en laque d'argent. Larg. 0,25.

214. — Plateau carré à bords droits sertis de plomb. Décor en toghidachi or et couleur sur fond noir, composé d'un semis de fleurs

diverses, sur leurs tiges. L'extérieur des bords est semé d'aiguilles et de pommes de pin. Larg. 0,25.

Par *Shunsho*, 1er du nom.

215. — Deux plateaux :

a. Forme carrée. Sur fond nuagé d'aventurine se voient deux hérons en laque d'argent au milieu de grands roseaux en laque d'or. Larg. 0,25.

b. Forme longue et rectangulaire, offrant un décor de bambou en toghidachi or sur fond noir. Long. 0,32.

216. — Deux plateaux carrés à bords droits. Le premier décoré, en toghidachi or, d'un mamelon ombragé de pins, autour duquel tourne un vol d'hirondelles, larg. 0,25 ; le second, à bords abattus, offre en laque d'or un grand enchevêtrement de roseaux fleuris. Larg. 0,26.

217. — Deux bouteilles à saké, semées sur fond noir de l'armoirie du kiri en toghidachi d'or. Haut. 0,19.

218. — Carquois ou porte-bouquet d'applique, de forme cylindrique, très richement décoré, en laque d'or avec parties d'aventurine, d'un enroulement de glycines mêlées de roseaux et parsemé d'armoiries. Haut. 0,38.

219. — Deux corps de tambourins, nommés tsouzumi, à fond noir richement laqué d'or, le premier décoré de dragons enroulés et l'autre d'un décor de cailles parmi les millets. Haut. 0,25.

220. — Trois plateaux :

a. Forme carrée à bords ondulés. Laque brun gaufré, à l'imitation du cuir, d'un dessin de fleur et papillon.

b. Forme de disque, sculpté d'une jonchée de chrysanthèmes, laque noir avec bord marron.

c. Forme rectangulaire, laque aventurine, décoré en or d'un oiseau sur branche.

221. — Dix petits plateaux rectangulaires en laque rouge, décorés chacun d'une tige de fleurs en laque d'argent. Long. 0,18.

222. — Jeu de trois coupes à saké rouges, reproduisant, en laque d'or et de couleurs, des sites ou spectacles célèbres de la ville de Kioto : Rivière traversée par un pont où passe un cortège princier; au revers un homme sur un radeau. — Scène d'une fête de matsouri; au revers un chariot traîné par un bœuf. — Cour du temple Kiyomidzu; au revers deux ex-voto sous forme de panneaux peints et remplis d'inscriptions, au milieu desquels apparaît la date de ce travail : Tcikiô III (1686).

223. — Coupe à saké profonde, rehaussée sur piédouche. Elle est en laque d'or, décoré de plantes d'iris poussant dans un cours d'eau sinueux.

224. — Petite coupe à saké rouge, décorée, en laque d'or et d'argent, d'un pied de chrysanthème entouré de paille posé, sur la cuillère d'une bêche. Extérieur de la coupe en bois rouge naturel, veiné noir.

225. — Grande étagère à trois divisions horizontales, les deux tablettes intermédiaires partiellement reliées par des portes à deux ventaux. Elle est richement décorée en laque d'or sur fond aventuriné des trois arbres de bonheur que les Japonais assemblent sous le nom de *Chotchikoubai*, c'est-à-dire : le pin, le bambou, le prunier. L'intérieur des portes offre également en laque d'or, pour l'une, l'effigie des dieux lares Daikokou et Yébissou, et pour l'autre, deux chimères affrontées. Une garniture en bronze doré et gravé enrichit les coins, les fermoirs de porte et le devant des tablettes. Long. 1.00 ; haut. 0.74 ; profond. 0,38.

Laques du XVIIIe siècle.

226. — Série d'outils pour tailler les bois odorants, se composant de la scie, du ciseau, du couteau, du marteau et d'un petit bloc de bois servant d'enclume. Laque noir décoré de rinceaux fleuris en or, le tout enfermé dans une boîte rectangulaire simplement noire.

227. — Petite châsse en laque noir, très richement garnie de ferrures et appliques en bronze ciselé et ornée d'une armoirie familiale consistant dans la grue héraldique de forme circulaire. Haut. 0,16.

228. — Groupe en laque d'or, composé de deux enfants placés sur des tabourets et jouant au jeu de go. Entre eux se trouve la table qui sert à ce jeu, et qui est ici faite de manière à former boîte à parfums. Pièce d'une très grande richesse, offrant dans le costume des enfants des détails d'une finesse extrême. Socle en bois dur, laqué bordure d'or.

Par *Kajikawa*.

229. — Grande étagère, décorée de pins, de pruniers et de bambous en laque d'or sur noir. La première tablette est reliée à la base du meuble par deux portes à glissières ; l'espace compris entre la première et la seconde tablette se ferme pour mi-partie par une porte à deux ventaux partiellement grillagés ; le reste de la hauteur est divisé en deux casiers d'inégale dimension. Haut. 0,83 ; larg. 0,97.

230. — Châsse, en laque noir à nuages d'or et garnie de ferrures en bronze ciselé, gravé et doré. Elle renferme une statuette de Jizo en bois sculpté, debout sur un socle doré à fleur de lotus, la robe agrémentée d'un fin dessin d'or, et tenant la boule d'une main, le sistre de l'autre. Il se présente nimbé d'une auréole en bronze doré et très délicatement ajourée d'une couronne de rinceaux empruntés au lotus. Dans le dos, sous un morceau de draperie qui s'enlève, se trouve entaillée une petite niche qui contient, comme relique, une autre statuette de Jizô, très petite, d'un travail plus ancien, beaucoup plus naïf, et au revers de la châsse une grande inscription se lit ainsi : *Dans le sein de ce Jizô se trouve renfermé une petite figure de Jizô sculptée par le prêtre Sengan laquelle fut vénérée par le prêtre Jignén. Après la mort de ce dernier, cet objet fut offert à notre temple, et c'est pour transmettre à la postérité, la présente histoire et pour commander le respect que j'ai écrit ces lignes. Été de Bounkwa* vi (1809). Signature : KOKAN, *deuxième du temple Yeichô*. Haut. 0,31.

231. — Grande boîte haute et carrée, composée de cinq compartiments superposés. Fond noir, très richement décoré, en laque d'or, de grandes touffes de lespédésies dont les racines plongent en de larges méandres d'eau. Haut. 0,42 ; larg. 0,27.

232. — Boîte à papier, recouverte d'un tressé d'écorce de saule, laqué en reliefs d'or d'un semis d'insectes. L'intérieur, en laque finement aventuriné offre, en laque d'or, des plants de vignes vierges enroulant des espaliers.

233. — Coupe ronde en terre cuite, sculptée et laquée. Sur fond laqué d'argent une tête de jeune fille émerge d'un riche col blanc semé de fleurettes d'argent, terminant une robe rouge à chrysanthème d'or. Diam. 0,27.

Par *Ritsuô* ; cachet rouge : *Kwan*.

234. — Boîte ronde en laque brun, imitant un bloc d'encre de Chine. Sur le couvercle est modelée une chimère en bas relief entre deux inscriptions perpendiculaires ; celle de gauche, portant le nom de l'artiste : *Chû Tôho* avec le cachet *Ken* et celle de droite la période indiquant *Hôreki* (1753 à 1763). Diam. 0,10.

235. — Pot à thé hémisphérique surmonté d'un bord droit. Il est en bois naturel à veines apparentes et porte des reliefs de laque or et noir figurant des fragments de tuile du temple Todaïji de Nara. Intérieur aventuriné, piqueté de paillons d'or. Diam. 0,10.

Travail de *Tatchibana Tomochitchi*.

236. — Petit coffret rectangulaire à coins arrondis, en laque d'or mat. Des incrustations de plomb et de nacre déroulent, sur un terrain vallonné, une théorie de cigognes au-dessus desquelles d'autres cigognes décorent le couvercle. Larg. 0,13 ; haut. 0,08.

Atelier de *Kôrin*.

237. — Coffre plat de forme rectangulaire en bois de mûrier. Le décor, en incrustations de plomb et de burgau rehaussées d'or, offre dans un cartouche sur le couvercle le dieu Fokourokou entre la grue et le cerf ; à l'intérieur du couvercle le buste d'Okamé sur un éventail et dans le fond un pont sur pilotis. Ferrure en cuivre jaune. Larg. 0,23 ; haut. 0,07.

Atelier de *Kôrin*.

238. — Écritoire circulaire, offrant sur fond noir un vol de trois cigognes en or de relief, devant des nuages en or plat. A l'intérieur des gerbes de fleurs d'automne s'épanouissent en or sur fond noir. Le compte-gouttes, qui représente un bouquet de chrysanthèmes est en argent émaillé.

239. — Grande boîte rectangulaire à fond noir richement décoré, en laque d'or, de grandes meules de riz autour desquelles s'empresse un nombreux vol de moineaux. Long. 0,43 ; haut. 0,22.

240. — Grande boîte à papier rectangulaire et basse, dont l'extérieur est en tresses d'écorce de saule laqué rouge à frottis d'argent. Au centre du couvercle se trouve appliqué, en laque d'or rouge, un grand médaillon circulaire, portant, pour décor, quatre hérons en laque d'argent. Les parois intérieures de la boîte se distinguent par une très belle aventurine d'or, formant des nuages. Long. 0,42 ; haut. 0,15.

241. — Boîte carrée et plate, à fond noir dont les bords forment un cadre piqueté d'or. Le sujet central représente, en toghidachi, un gros bœuf tiré à la corde par un enfant de paysan. Les surfaces intérieures sont décorées de branchettes de prunier, flottant sur des méandres d'eau.

Signée : *Yochimitchi*.

242. — Cabinet à six petits tiroirs de dimensions et de disposition irrégulières qui surmontent un autre tiroir tenant toute la largeur. Le haut du meuble, ainsi que ses deux faces latérales sont décorés, en or sur fond noir, de grands ramages de rinceaux fleuris, tandis que le devant de chaque tiroir offre sur diverses couleurs de laque des dessins d'or variés. Ferrures et poignées d'argent. Haut. 0,25 ; long. 0,35.

243. — Boîte à cendres de parfums cylindrique en laque noir décoré de fougères et fleurs des champs en or. Haut. 0,6.

244. — Boîte à contenir des poésies, de forme carrée avec plateau intérieur décorée, en toghidachi sur fond noir, d'une forte tige de chrysanthèmes, portant de grandes fleurs épanouies.

245. — Boîte longue, à contenir les cartons de poésie. Laque noir, décoré des méandres de la rivière de Yochino, charriant les branchettes de cerisier en fleurs. Intérieur richement nuagé d'un aventuriné d'or.

246. — Boîte à parfums ronde et plate en laque noir, décoré en or, d'une feuille d'arbre sur laquelle est rapportée une sauterelle en chakoudo ciselé. L'intérieur de cette pièce précieuse est recouvert d'un riche fond de laque d'argent nuagé d'un sablé d'or. Diam. 0,09.

Par *Sôtetsu*.

247. — Boîte à parfums ronde et plate à fond noir, sur lequel trois figures de poètes sont représentées en laque d'or très finement exécuté. L'intérieur, qui est recouvert d'un fond d'aventurine enrichi par un sablé d'or hiramé représente un spécimen du laque, très rare, nommé hiramé double. Diam. 0,07.

248. — Boîte à contenir les lettres, en toghidachi. Le fond, d'or

poudré, est semé de médaillons formés par des branches de prunier courbées en rond. Long. 0,24.

249. — Boîte à contenir les lettres, à fond noir, sur lequel le décor, en laque d'or, représente un vol de nombreux moineaux devant un treillis de bambous coupé par des nuages. Long. 0,23.

250. — Petite boîte à contenir les lettres, en laque d'argent, dont le modelage en relief figure les plis qui enveloppent une tige de narcisse en laque or et argent. Long. 0,20 1/2.

251. — Boîte haute à deux compartiments superposés, de forme ovale. Le décor représente, en laque d'or, une rivière traversée par un grand bac tout rempli d'une foule de voyageurs appartenant aux classes les plus diverses. L'intérieur est orné, en or mat sur noir, d'un vol d'hirondelles d'eau, stylisées en une forme archaïque. Haut. 0,11.

252. — Boîte à parfums circulaire et plate. Elle est en laque dit Gouri, lequel se compose de plusieurs couches superposées où le noir se mêle au rouge en simulant les veines du bois. Les surfaces extérieures de la boîte sont sculptées à côtes tournantes qui lui donnent la forme d'une fleur à six pétales. Diam. 0,09.

Signée : *Yukitchi*.

253. — Présentoir pour coupes à saké. Il est en laque noir et se compose d'une coupe à pans coupés reposant sur deux montants latéraux. La profondeur de cette coupe est comblée par une tablette mobile, décorée de pins en laque d'or. Haut. 0,19 ; larg. 0,18.

254. — Deux pièces :

a. Pot à parfums en forme de seau en laque noir avec couvercle de même. Il est décoré en or d'un vol de cigognes au-dessus des flots. Le couvercle porte en outre un médaillon central pavé de petits carrés d'argent et d'or. Haut. 0,5.

b. — de forme surbaissée et quadrilobée en laque noir avec couvercle pareil. Le décor se compose, en laque d'or, d'un dessin d'étoffe à bâtons rompus sur lequel se trouvent jetées des fleurettes de cerisier en rouge à fins détails d'or. Haut. 0,5.

255. — Boîte à parfums minuscule, de forme rectangulaire, à coins arrondis. Elle est laquée par mi-parties d'or et d'argent, avec semis de fleurettes. Long. 0,3.

256. — Trois pièces :
a. Tube à baguettes odorantes en bois rouge décoré, en laque d'or, de licornes et d'oiseaux de Hô.
b. Paire de claquettes en bois pour accompagner la prière. Des inscriptions en laque d'or donnent le nom des dieux adorés et celui du possesseur de ces objets (Saïto Massatsugon) dont les armoiries en laque d'or ornent les extrémités supérieures.
Collection Ph. Burty.

257. — Deux tubes ayant servi de gaines pour flûtes.
a. Semis de paulownia en toghidachi or et argent.
b. Feuilles d'érable, en laque d'or, au milieu de nuages d'aventurine.
Signé : *Yoyuçaï.*

258. — Trois pièces :
a. Chamisén (instrument à trois cordes), en bois naturel, décoré en laque d'or, de pivoines, de chimères et de papillons.
b. Deux flûtes, ornées de laque d'or à motifs variés.

259. — Cabinet à cinq tiroirs intérieurs, originairement cachés sous une porte pleine qui a disparu. Il est en laque vert, imitant le métal oxydé. Une touffe d'herbes en laque d'or répand ses lignes graciles sur le devant des tiroirs. Ferrures, poignée et anneaux de tiroirs en argent. Haut. 0,24 ; larg. 0,30.

260. — Plateau carré à bords échancrés, aux angles abattus. Le décor représente face et revers, un mors de cheval, en incrustation de plomb, sur lequel pleuvent des fleurs de cerisier, certaines en incrustation de burgau, et d'autres en laque d'or ; le tout traversé par des nuages en or toghidachi. Larg. 0,25.

261. —— ovale, offrant, en laque noir à incrustation de burgau, la vue d'un marais fleuri d'herbes au-dessus duquel volent deux oiseaux. Long. 0,32.

262. — Deux plateaux carrés :
a. Fond noir, traversé par une bande d'aventurine avec dessins géométriques en laque d'or et d'argent figurant une étoffe. Laque de *Kaga.* Larg. 0,21.
b. Décor d'une branche de chrysanthème en toghidachi or et argent sur fond noir. Atelier de *Kôma.* Larg. 0,21.

263. — Deux plateaux de forme lobée et incrustés de burgau sur laque noir. L'un est orné d'oiseaux au milieu de pivoines, et l'autre d'un décor de fleurs à médaillon central, entouré de petits cartouches.

264. — Quatre petits plateaux de formes diverses, décorés de dessins variés en laque d'or.

265. — Quatre plateaux mignonnettes, arrondis d'un côté. Laque noir à ceps de vigne en or.

266. — Deux coupes à saké rouge, dans lesquelles des personnages sont peints en couleurs dites *mitsudasso*. Dans l'une c'est une courtisane avec sa suivante et dans l'autre deux jeunes acteurs.
Par *Okoumoura Massanobou.*

267. — Coupe à saké en laque vert, où se voit, peint en couleurs, l'acteur Yébizo dans le rôle de Goro. Le revers de la coupe est entièrement en laque d'argent très métallique.

LAQUES

268. — Coupe à fond rouge, décorée en laque d'or, d'argent et laque de couleurs très diverses. Le motif représente l'entrée d'un théâtre, surmontée d'un grand tableau donnant le portrait de l'acteur Yébizo, entouré de panneaux où s'annoncent en grands caractères noirs les noms d'une foule d'autres acteurs. De grandes boîtes carrées, portant encore des inscriptions, sont empilées au premier plan, tandis qu'à droite est accrochée une lanterne ronde parmi des branches en fleurs. Une autre scène curieuse occupe le revers de la coupe où l'on voit se précipiter une foule compacte vers le spectacle : Hommes portant des lanternes, femmes coiffées de larges coques et de grandes épingles, personnages de toutes classes.

Signée : *Yoyuçaï*.

269. — — en laque d'or, décorée dessus et dessous d'un vol de papillons dans un champ.

270. — — en laque d'or mat, décorée d'un carré en laque d'argent oxydé qui figure une carte servant au jeu du Sogorokou. Cette carte reproduit en autant de petits compartiments les cinquante-trois stations du Tokaïdo. A côté du nom de chacune d'elles se trouve peinte en des proportions tellement minuscules qu'on ne les perçoit qu'à la loupe, une scène caractéristique de chacune des cinquante-trois localités animées de personnages.

271. — Jeu de trois coupes à saké rouges, où sont figurés, en laque d'or et noir les trente-six poètes célèbres, répartis par douze sur chaque coupe, au revers desquelles se trouve inscrite en laque d'or une poésie connue de chacun de ces poètes.

Signé : *Shimei*.

272. — — en laque rouge, décorées soit d'un prunier, soit d'un chrysanthème, soit d'un pin.

Signé : *Kôma*.

273. — — en laque rouge, où sont représentés en laque d'or et noir trente-six poètes célèbres.

274. — Jeu en laque rouge à motifs de laque d'or, dont deux figurent les attributs de Daïkokou et Yébissu, tandis que la plus grande représente ces mêmes dieux folâtrement travestis en manzaï.

275. —— en laque rouge, offrant en décors de laque or et argent, des souvenirs d'Yédo : Cerisiers en fleurs. — Le pont Nihonbachi. — Retour de la foire d'Assak'sa d'un homme avec son enfant
   Signée : D'après un dessin de *Tsukioka Shinténuo*, le laqueur *Kwatékiçaï*.

276. —— en laque rouge, figurant en laques d'or des sites renommés de la ville d'Yédo. Toit de temple sous les cerisiers en fleurs; au revers trois poissons couchés morts sur une tige de bambou. — Portique de temple que traverse un homme chargé d'attributs de fête ; au revers deux autres poissons et tige de bambou. — Le pont Nihonbachi ; au revers deux autres poissons et tige de bambou.

277. — Coupe à saké en laque d'argent oxydé, pourvue d'un décor de hautes herbes fleuries, exécuté laques vert et jaune en souples coups de pinceaux. Le revers de la coupe est entièrement laqué or plein.

278. — Petite coupe à saké rouge, décorée d'un coq figuré en laque des deux diverses couleurs. Il est placé entre deux cages en forme de cloche dont l'une contient un autre coq apparaissant en silhouette noire au travers le natté de la cage.

279. — Coupe à saké de forme plate, richement décorée, en laque d'or sur fond noir poudré, d'amas de coquillages sur le sable parmi du varech. Même décor au revers.

280. — — en laque rouge, décorée en fort relief de laque d'or d'une carpe au milieu des eaux.
   Signée : *Ippôçaï*.

281. — Coupe en laque rouge. Sur un fond de stries, tracées par les soies de la brosse, deux canards mandarins en laque noir, sont peints à hardis coups de pinceau.

Signée : *Hokio Kôrin*.

282. — Deux coupes à saké rouges et décorées de vols de papillons en laque d'or.

283. — — en laque rouge. La plus petite est semée, en laque d'or, de bandes de papier et de carrés décorés de peintures; l'autre est ornée en laque d'or de trois cigognes s'abattant sur une plage.

Signée : *Hoghén Tansô*.

284. — — en laque rouge.

a. Décor d'or et d'argent, figurant un paquet de ficelles, un livre entr'ouvert et un semis de petits coquillages.

Signée : *Tatsuké*.

b. Décor en laque d'or et d'argent, figurant un panier de coquillages.

Signée : *Jokaçaï*.

285. — Petite coupe à saké rouge, ornée d'un riche décor dor, figurant un paysage de montagnes.

Signée : *Kajikawa Bounriuçaï*.

Trois petites coupes à saké rouge, décorées en laque d'or d'un enchevêtrement des herbes lespédésie, d'une jonchée de chrysanthèmes gravés et dorés, et d'un semis fin et serré de fleurettes de cerisier.

286. — Deux coupes à saké en laque rouge décorées, l'une d'une foule serrée de personnages descendant dans un ravin; l'autre d'un cerisier en fleurs, émergeant derrière la draperie des pique-niques.

287. — Deux petites coupes à saké. L'une, en laque rouge, est décorée de trois poupées d'enfant devant une branche de pin ; l'autre, en bois naturel, offre un coucou poussant son vol vers un croissant lunaire traversé par des nuages ; son revers est orné d'un semis de burgau.

288. — Deux coupes à saké rouges, décorées, l'une d'un groupe de jeunes pins en or, l'autre de deux poupées.

289. —— en laque rouge. La plus grande est décorée de fleurettes de cerisier en laque d'or pleuvant dans un ruisselet et porte au revers un enchevêtrement de lespédisie en laque noir. L'autre présente à l'intérieur deux petites poupées peintes sur feuille de papier et à l'extérieur des touffes d'herbes légères animées d'insectes.

290. —— variées :
a. Laque d'argent, portant en faïence incrustée deux pêches garnies de leurs tiges et de feuilles en laque d'or.
b. Laque rouge, décoré de deux canards nageant dans une eau calme où poussent des roseaux.

Signée : *Inagawa*.

291. —— en laque rouge :
a. Deux cigognes debout.

Signée : *Yoyuçaï*.

b. Vue de la Soumidagawa dans un faubourg d'Yédo.

Signé : *Shoubinomatsu Shozan*.

292. — Trois coupes à saké rouges, dont deux à décor de fleurs et de feuillages et la troisième décorée d'un enfant de prince devant qui un personnage inférieur se prosterne.

293. — Coupe à saké de forme plate, dont le recto est en laque d'or mat plein. Le verso est semé, sur fond noir, des pions d'un échiquier japonais, avec une abeille agrippée à l'un d'eux.

294. — Trois petites coupes à saké rouges, décorées en laque d'or.
a. Branche de pin.
    Signée : *Hoghén Takouchou, âgé de 69 ans.*
b. Fruits et ustensiles.
    Signée : Demoiselle *Yemoura Youri.*
c. Sinuosités d'eau.
    Signée : *Hokkio Kakouju.*

Laques du XIX° siècle.

295. — Coffret de forme rectangulaire à angles abattus. Il est tout en laque d'or, enrichi par une végétation luxuriante de chrysanthèmes et d'herbes fleuries de toute espèce, poussant sur un terrain vallonné que traversent des cours d'eau. La grâce du dessin et le fini suprême de l'exécution placent cet objet au premier rang des pièces de laque somptuaires. Larg. 0,21 ; haut. 0,09.

296. — Coffret de forme rectangulaire à coins arrondis, tout en laque d'or très luxueusement décoré d'une floraison de chrysanthèmes au-dessus desquels se répand un vol de papillons aux grandes ailes chatoyantes et incrustées de pavés d'or. L'intérieur de la boîte est parsemé d'un très riche hiramé d'or. Larg. 0,21 ; Haut. 0,09.

297. — Boîte à thé, dite nakatsughi, de forme cylindrique en bois naturel décoré, en laque de tons variés et d'or, de tiges de lotus portant un bouton figuré en nacre sculptée. Un deuxième couvercle se trouve à l'intérieur sous le couvercle extérieur. Haut. 0,07.

298. — Plateau oblong, décoré sur fond noir d'une très grosse fleur de pivoine en laque d'argent rehaussé d'or. Long. 0,26.

INRO

Inro

Collection historique.

299. — Inro à quatre cases, en toghidachi d'or léger sur fond noir Un bosquet de bambous touffus, s'élevant sur un terrain vallonné. A l'intérieur de la case supérieure se trouve, avec le cachet de l'artiste, la signature : *Shunsho*.

300. —— à trois cases. Le décor en toghidachi représente, en légers tons d'or et couleurs sur un fin poudré d'or, cent petits chevaux gambadant.

Cachet en rouge : *Shunsho*.

301. —— à quatre cases, décoré en toghidachi, or sur noir. Le motif représente un déroulement de feuilles de papier sur lesquelles se trouve inscrit un calendrier.

Cachet rouge : *Shiômi Massazané*.

302. — Petit inro en toghidachi, à trois cases, offrant, en très fins dessins d'or mat sur noir, un vol minuscule d'oiseaux et de papillons.

Cachet rouge : *Shiômi Massazané*.

303. — Inro à quatre cases en toghidachi, décoré, en réserves brunes sur fond or, de deux gros rats.

Cachet rouge : *Shiômi Massazané*.

304. —— à quatre cases en toghidachi, offrant, en or mat sur noir

brillant, le motif de deux hâleurs tirant avec peine un bateau engagé en de hauts roseaux. Inscription en laque d'or : Le fils de Massazané, suivie d'un cachet rouge :

Shiômi Massatsugou.

305. — Inro à quatre cases, offrant le décor de trois figures de Portugais, en légers reliefs d'or frotté, avec incrustations de burgau sur fond sablé. Des lamelles de burgau montent aussi le long des arêtes latérales où se passe le cordonnet.

Signé : *Kôami Nagaharou.*

306. — à quatre cases, décoré en or sur noir d'une foule de singes travestis qui représentent par la variété de leurs costumes et de leurs allures, des types de toutes les classes de la société humaine.

Signé : *Kôami.*

307. — Petit inro à trois cases, décoré, en toghidachi poudré or sur noir, un paysage où se voit la rivière Tatsuda charriant les feuilles d'érable, et sur l'autre face le site de Soumiyochi.

Signé : *Kôami Tadamitsu.*

308. — Inro à trois cases, large et plat. Sur le fond noir se détache, en vigoureux reliefs, le vol entrecroisé de neuf grandes libellules aux yeux de burgau, les unes en laque vermillon, les autres en laque d'or.

Signé : *Kôami Nagataka.*

309. — à quatre cases, figurant, en incrustations de plomb et burgau et en laque, une réunion de douze poètes célèbres.

Signé : *Kwanzan* (Kòma).

310. — à quatre cases, décoré, sur sablé d'or, du combat de deux grands coqs, richement figurés en laque or, argent, rouge et noir.

311. — à quatre cases, décoré, en toghidachi or sur noir, de

meules et gerbes de riz entourées d'une gaie troupe de moineaux, les uns voletant, les autres picorant ou perchés.

Signé : *Kôma Kiu-i*.

312. — Inro à quatre cases. Sur un fond noir finement poudré est figuré en laque d'or un cerf s'abritant sous un érable contre une violente rafale.

Signé : *Kôma Ankok'saï*.

313. —— à quatre cases, en laque d'or, sur lequel se voit en laque d'argent un faucon poursuivant un héron qui s'abat au milieu des roseaux.

Signé : *Shû-i* (Kôma).

314. —— à trois cases, de forme élancée offrant, en or sur fond noir, le groupe des deux saints personnages Kanzan et Jittokou. A l'envers une cascade, figurée par un fin poudré d'or.

Signé : *Kôma Kiuhakou*.

315. —— à quatre cases, de forme plate, en très fin toghidachi d'or sur fond saupoudré. Un petit oiseau est posé sous la véranda du temple Ténjinn. Sur la face opposée se dressent des saules traversés par des bandes de nuages transparents.

Signé : *Kôma Yassutada*.

316. —— à trois cases. Sur fond aventurine se détache en noir un oiseau perché sur une branche de cerisier, dont les feuilles sont en laque d'or et les fleurs en laque d'argent. Les montants intérieurs des cases sont à fond d'or mat.

Signé : *Kôma Yassutada*.

317. —— à trois cases. Deux canards nageant sous les roseaux. Laque d'or et d'argent incrusté de nacre, sur fond noir sablé.

Signé : *Kôma Yassutada*.

318. — Inro à quatre cases. Un héron laqué d'or et d'argent est représenté au milieu des lotus dans une eau dormante. Les plantes sont figurées en or frotté et les eaux indiquées par un très léger poudré d'or. Les montants intérieurs des cases à fond d'or mat.

Signé : *Kôma Yassutada.*

319. —— à trois cases en toghidachi. Encadré par un pavage d'or, un médaillon à fond noir est réservé sur chaque face de la pièce, offrant un héron en laque d'argent, debout sur une patte au milieu d'un cours d'eau, et sur l'autre face la silhouette d'un corbeau au vol se détachant à peine sur un très fin poudré d'or. Bien que cette pièce ne porte pas de signature, le goût raffiné de sa composition et la perfection du travail dénotent la main de Kôma Yassutada.

320. —— à quatre cases. A demi perdues dans le fond noir d'un poli remarquable, deux hirondelles au plumage noir et aux têtes rouges volent sous les glycines.

Signé : *Kôma Kiôriu.*

321. —— à quatre cases, en laque toghidachi, et figurant, en un délicat décor d'or accidenté de rouge, un vol de grues au-dessus de la rizière jonchée de gerbes.

Signé : *Kôma Kiôriu.*

322. —— à quatre cases en toghidachi, sur fond noir. De grandes voiles en or transparent émergent des hauts roseaux.

Signé : *Kôma Yassuatsu.*

323. —— à cinq cases. Sur fond brun, légèrement aventuriné, sont irrégulièrement disposés en or, en argent et en rouge, les douze animaux zodiaques.

Signé : *Kôma Yassutochi.*

324. —— à quatre cases en toghidachi or sur noir. Au milieu d'une

rizière s'élève une estrade abritée de chaume, sur laquelle se voit un paysan. Il tire la corde d'un épouvantail à planchette, dont l'autre bout est attaché à un érable aux feuilles rougies, auprès duquel un cerf, figuré en laque d'argent est arrêté, la tête tournée vers l'homme.

Signé : *Kôma Yassuakira*.

325. — Inro de forme basse sans divisions. Laque brun, incrusté en burgau d'une touffe de bambous poussant dans un terrain rocheux.

Signé pour le dessin : *Tochinobou* et pour le travail de laque : *Kajikawa*.

326. — — sans divisions, décoré d'une grande langouste rouge sur fond noir.

Signé à l'intérieur : D'après le dessin de *Hôghén Yuzéi*, fait par *Kajikawa*.

327. — — à quatre cases, en toghidachi or et rouge sur noir. Une plante, de l'espèce lespédisie, fleurit auprès d'un enclos de jardin.

Signé : *Kajikawa Hissataka*.

328. — — à quatre cases, en toghidachi. A travers un léger sablé d'or apparaît, comme au milieu d'un brouillard, un groupe de cinq hérons dans un marais. Les oiseaux sont rendus de façon à peine perceptible au moyen d'un impalpable frottis d'argent sur le fond noir du laque.

Signé : *Kajikawa Térutaka*.

329. — — à quatre cases, en toghidachi. Sur un fond de laque noir très poli se silhouette en laque d'argent un héron d'une rare élégance debout auprès d'un pointillé d'argent, suggérant l'idée du sable. On lit pour le dessin, la signature *Tsunénobou* et, pour le travail du laque la double signature *Kajikawa Mototsugou* et *Tsunésada*.

330. — — à trois cases, en bois naturel de ton clair, sur lequel

s'enlève en or, de tons également blonds, le motif d'un enfant jouant de la flûte sur un bœuf. Au revers un saule pleureur.

Signé : *Takafussa* avec cette mention, *fait sur la demande de Gakouchidô*.

331. — Inro à quatre cases. Sur fond noir s'enlève, en reliefs d'or et couleur, un oiseau tenant dans son bec une libellule. Sur l'autre face des volubilis enlacent une tige de bambou.

Signé : *Kajikawa Akinobou*.

332. — Petit inro à quatre cases. Sur un fond de laque brun nuagé d'aventurine, s'enlèvent en reliefs, avec incrustations de nacre et de métal, les différents ustensiles qui symbolisent les quatre classes de la société japonaise : Le carquois pour le samouraï, la pioche pour l'agriculteur, l'équerre avec sa boîte à fil pour l'ouvrier et les poids pour le marchand.

Signé : *Kajikawa Bounriuçaï* avec cette inscription : *d'après le travail de Dôko du temps de Higachiyama*.

333. — Inro à quatre cases, à fond noir décoré d'or. Un batelier fait effort pour attirer dans son bateau, au moyen d'une corde, un bœuf chargé de gerbes de riz.

Signé : *Kajikawa*.

334. —— à cinq cases, en laque d'or, décoré d'un paysage d'automne symbolisé par des érables abritant une hotte de pèlerins, posée au milieu de vigne sauvage.

Signé : *Kajikawa*.

335. —— à cinq cases, dont chacune est décorée au pourtour, sur fonds d'or ou de couleurs, d'un motif d'étoffe à dessins géométriques, exécutés avec une finesse et une fermeté de pinceau remarquables et rehaussés de minuscules incrustations de burgau. Le haut de l'inro s'enrichit, sur fond rouge, d'un semis serré de chrysanthèmes, et un

dernier motif, composé de la plante d'Aoï, s'enroulant sur un fond d'or, est délicatement tracé sur la face inférieure. L'intérieur des cases est somptueusement enrichi par les paillons d'or sur rouge dénommés ghiobou.

Travail de *Kajikawa* (non signé).

336. — Inro à quatre cases. Sur un très riche fond piqué *hiraminé* s'enlève, en reliefs d'or, le semis des caractères du bonheur et de la richesse.

Signé : *Kajikawa*.

337. — — à quatre cases, décoré, en laque plat, or et argent, de cerisiers en fleurs sur fond noir.

Signé : *Inagawa*.

338. — — sans divisions, en laque brun, incrusté, en burgau, de deux coqs affrontés, prêts à combattre.

Signé : *Suitchikouken Tsunéyochi*.

339. — — sans divisions, en laque brun, incrusté, en burgau, d'un grand éventail déployé et d'un autre à demi fermé à côté d'un store de bambou figuré en laque d'or.

Signé : *Suitchikouken Tsunéyochi*.

340. — — à trois cases. Sur un fond de nuage d'or poudré d'aventurine, se détache, en noir, un vol tournoyant d'hirondelles.

Signé : *Tôchi*.

341. — — à deux cases. De forme oblongue, il est décoré, sur fond noir sablé, d'un faucon debout sur un rocher d'où se déverse une cascade. Au revers une branche d'érable au-dessus d'un tourbillon d'eau.

Signé : *Tôchi*.

342. — — à quatre cases. Décoré, en toghidachi or sur noir, du site

de Horaï. Au milieu du paysage rocheux et baigné par la mer, sont figurés, comme symboles de longévité, des grues et des tortues.

Signé : *Hakousén*.

343. — Inro à trois cases, en toghidachi or sur noir. Devant un grand disque lunaire, une oie sauvage, figurée au milieu des nuages, pique droit vers la terre. Au revers une tige de bambou.

Signé : *Tôcén*.

344. —— à quatre cases. Sur fond aventurine, le vol de trois hirondelles en laque plat, noir et argent.

Signé : *Morikawa*.

345. —— à trois cases, de forme large et basse. Fouillis d'herbes sauvages sur fond noir.

Signé : *Séki Naotaka*.

346. —— à cinq cases. Des ceps de vigne chargés de lourdes grappes sont figurés en or sur fond noir sablé.

Signé : *Jôka*.

347. — Grand inro à quatre cases, gravé à la pointe dans une surface couleur chibuitchi, d'un sujet qui représente les deux manzaï, d'après un dessin de *Hanaboussa Itchô*. La face opposée de la boîte tranche par un très brillant décor, où se voit un grand écran à monture de laque rouge, encadrant un coq finement incrusté en nacre ; le tout se détachant sur un riche fond piqueté d'or *hiramé*.

Signé : *Yamada Jôka*.

348. — Inro à trois cases. Sur un fond très finement poudré se détachent de grandes touffes de fleurs incrustées de burgau.

Signé : *Térumitsu*.

N° 366   N° 370   N° 357   N° 308   N° 310

N° 418   N° 425   N° 324   N° 396   N° 405

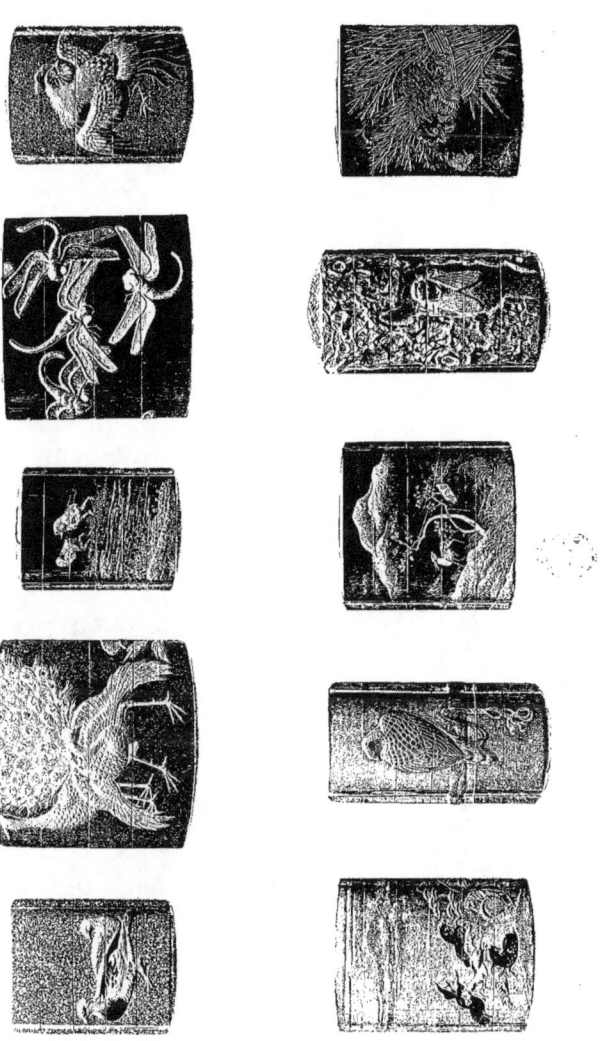

349. — Inro à quatre cases. A travers une pluie cinglante un coucou, figuré en nacre, vole au-dessus d'un champ de seigle en or sur fond noir.

Signé : *Tatsuké Kôkôçaï*.

350. — Petit inro à quatre cases, en laque noir, décoré, en rouge brun et vert avec incrustation de burgau, de deux tengou trônant dans leur nid, tandis qu'un diable, accroupi devant une cuve, semble préparer le repas des monstres à l'aide d'un pilon.

Cachet en laque rouge saillant : *Takamitsu*.

351. — Inro à quatre cases. Des cerisiers, dont les fleurs sont rendues par des incrustations d'or et d'argent, se dressent sur un terrain piqueté d'or sur fond poudré.

Signé : *Foussatérou*.

352. — A quatre cases, décoré, en or sur or, d'une troupe d'oies au milieu des eaux où fleurissent les roseaux.

Signé : *Foumi-o*.

353. — A deux cases, de forme basse en laque noir. Le décor, en reliefs de couleur avec incrustations de plomb et de corail, représente un singe travesti monté sur un chien et sur l'autre face un gros crapaud pêchant au filet dans une barque.

Signé : *Mitsuyouki*.

354. — sans division, décoré sur noir, en or et couleurs, d'un singe naviguant sur une courge énorme qui est halée par deux autres singes.

Signé : *Mototada*.

355. — à trois cases, décoré, en or et couleurs, du motif de deux guerriers à cheval, représentant Koumagaï rappelant Atsumori.

Signé : *Ota Massakata*.

356. — Inro à quatre cases, décoré en or d'une troupe de cigognes au milieu d'un bois de jeunes pins.

Signé : *Hakouyeiçaï*.

357. — Petit inro à cinq cases. Le décor exécuté avec une maîtrise accomplie et décoré avec une rare perfection de détail, représente deux scènes batelières, en or et couleurs sur fond noir. Le long d'une rivière bordée de roseaux deux haleurs s'efforcent à tirer péniblement sur la corde. Sur l'autre face un batelier avec une perche pousse sa barque au milieu d'un large cours d'eau. Les physionomies des trois personnages, dans leur dimension miniaturesque, accusent un surprenant caractère d'intensité.

Signé : *Gôno Mitsutsugou* de Hikoné.

358. — Inro à quatre cases, en toghidachi d'or sur noir. Le poète Kenko est figuré les deux coudes appuyés sur un livre ouvert sur sa table. Au revers un tube de bambou servant de conduit d'eau devant une véranda. Les plats du haut et du bas de l'inro sont semés d'aventurine.

Signé intérieurement : *Kahei*.

359. —— à quatre cases, à fond noir. Un faucon se modèle en reliefs d'or et d'argent sur un terrain rocheux où pousse une tige dont les feuilles sont figurées partiellement par des incrustations de burgau.

Signé : *Foukan*.

360. —— sans division, par *Kôrin*. Il est en bois naturel, décoré, en incrustations de plomb et de burgau, d'un motif d'iris.

Signé : *Hôkio Kôrin*.

361. —— à cinq cases, de forme oblongue. Sur fond aventuriné se détache un grand crabe, figuré en relief de laque noir, avec des pinces en incrustations de burgau.

Signé *Tsutida Sôyetsu* avec la remarque : *Fait à l'âge de quatre-vingt-un ans*.

362. — Inro à quatre cases. Sur fond noir est représenté, en laque d'or, le motif du philosophe Shiro se faisant porteur de sacs de riz. Une chaumière se présente au revers.

Signé : *Tsutida Sôyetsu*, à l'âge de quatre-vingt-deux ans.

363. — — à trois cases, de forme plate, décoré, en laque de couleurs, d'un char seigneurial qu'un groupe de personnages s'efforce de faire avancer.

Signé : *Tsutida Sôyetsu*.

364. — Grand inro à trois cases, à profil cintré. Sur un fond de laque brun se détachent, en reliefs vigoureux, de riches incrustations de burgau ciselé et diverses matières polychromées, qui figurent un grand faisan et une poule faisane au milieu de ses poussins.

Signé : *Tchôhei*.

365. — Inro à quatre cases. Décor de poissons, incrustés en nacre à reliefs ciselés, au milieu d'un fond noir décoré d'herbes en laque d'or.

Signé : *Tckôhei*.

366. — — couvert d'un riche fond piqueté d'or, sur lequel s'enlève en relief un pigeon de laque d'argent, cachant à demi un autre pigeon modelé en laque d'or derrière le premier. Un gros tronc de pin décoré d'une somptueuse masse d'or se voit sur la face opposée. L'intérieur des cases s'enrichit du pailleté d'or sur rouge, nommé Ghiôbou.

Signé : *Tôyô*, à la suite de cette inscription : *D'après le dessin de Hôghen Hakoughiokou*.

367. — — à trois cases, en bois naturel de ton clair, orné en laque d'argent, d'un héron s'abattant dans un ruisseau. Une tige de roseau en laque d'or décore le revers. Le netsuké, assorti, porte, pour décor une fleur d'eau en laque d'or.

Inro et Netsuké signés : *Tôyô*.

368. — Inro à quatre cases, décoré sur fond noir en laque d'or incrusté de plomb et de burgau, d'un char princier arrêté dans un fouillis d'herbes fleuries, au milieu desquelles se détache une sauterelle aux ailes brillant d'émaux vert translucide.

Signé : *Kanchôçaï* (autre nom de Tôyô).

369. — — à deux cases, de forme basse, large et plate, en laque aventuriné. Au-dessus d'une eau frisante, figurée par des ondulations d'or, trois hirondelles de mer, incrustées en nacre, décrivent leur vol irrégulier.

Signé : *Kanchôçaï*.

370. — Grand inro à quatre cases, ou un paon, en vigoureux reliefs d'or, déploie sur fond aventuriné ses ailes et sa queue somptueuse, dont les yeux sont en incrustation de burgau. Derrière lui la paonne laisse émerger son long cou gracieux. Une plante portant deux grandes fleurs se dresse sur l'autre face.

Signé : *Tôyô*.

371. — Inro à trois cases. Sur fond noir s'enlèvent, en traits d'or et de burgau incrusté, les figures de deux danseurs de Kiôghén. L'intérieur des cases est entièrement d'or mat.

Signé : *Tôyô*.

372. — — à trois cases en laque chibuitchi, gravé au burin d'une figure de danseuse sacrée ; le revers est décoré en or d'un coq prenant son élan vers une poule et un poussin.

Signé : *Tôyô*.

373. — Grand inro à trois cases, de forme courte et plate. Sur un fond noir, très finement poudré, est jetée une plante d'igname avec sa racine. Les feuilles sont partie laque or, partie burgau et les petites fleurs sont d'argent.

Signé *Tôju* (nom de vieillesse de *Tôjô* d'Awa) avec cette mention : *Fait à l'âge de quatre-vingt-cinq ans.*

374. — Inro à trois cases, offrant, en noir sur noir, deux grands corbeaux ; le décor de l'autre face représente, en poudré d'argent, un immense disque lunaire. Tout l'intérieur est revêtu d'un laqué d'or mat. Les tubes latéraux où passe le cordonnet sont piqués, ainsi que les plats du haut et du bas de l'inro, d'un très riche *hiramé* d'or.

Signé : *Tôju*.

375. — — à six cases, à fond or, représentant d'un côté, en laques de couleurs très riches, des robes pliées sur des porte-manteaux. Sur l'autre face, un porte-lanterne en laque noir à rinceaux d'or.

Signé : *Tôju*.

376. — — à quatre cases, en toghidachi. Des nuages d'or, d'où s'échappe une averse cinglante, enveloppent un bosquet de bambous. L'intérieur des cases est entièrement en laque d'or mat.

Signé : *Tôjuçaï*, avec cette mention : *Fait à l'âge de soixante-quinze ans*.

377. — — à quatre cases. Sur un fond de laque chibuitchi est figuré en reliefs de laque d'or un paon perché sur un cerisier fleuri.

Signé : *Tôchiçaï*.

378. — — à quatre cases. Vol de papillons en couleurs de laque plat, sur fond noir.

Signé : *Tôkwaçaï*.

379. — Petit inro à quatre cases, de profil ovoïde. Il est couvert d'un fouillis de lespidésie en laque d'or sur noir.

Signé : *Shôkwaçaï*.

380. — — à quatre cases, décoré, sur fond noir en relief de laque d'or, d'une carpe contournant la base de l'inro.

Signé : *Shôkwaçaï*.

381. — Inro à quatre cases, décoré, en or sur fond noir, d'un groupe d'oies sauvages au bord d'une nappe d'eau sur laquelle s'abattent deux autres oies.

Signé : *Shôyei.*

382. —— à quatre cases, sur lequel est figuré, en incrustation de métaux ciselés et en laque d'or sur fond noir, le motif du héros Watanabé no Tsuna poursuivant le diable.

Signé : *Shôzui* comme ciseleur et *Shighetsugou* comme laqueur.

383. —— à cinq cases, décoré, sur fond noir, de courges dont les feuilles d'or et les fruits de nacre ou de corail. Vol de deux papillons en émaux cloisonnés translucides.

Signé : *Kiokouzan.*

384. — Inro à quatre cases. En toghidachi or mat sur noir est représentée une grande jonque engagée dans les hauts roseaux.

Signé : *Yetsuyen.*

385. —— à quatre cases, de forme rectangulaire, décoré, en laque d'or et d'argent à plat, de trente-trois animaux; quadrupèdes, oiseaux et reptiles.

Signé : *Kôkei.*

386. —— à quatre cases. Sur le fond noir est figurée la toiture du château de Nagoya avec son poisson monumental, exécuté en incrustation de nacre.

Signé : *Nomoura Kiûkokou.*

387. — Petit inro à trois cases en laque d'or, offrant des gerbes de riz exposées au soleil et, sur l'autre face, la pelle à vanner.

Signé : *Kiôkokou.*

388. — Inro à quatre cases, semé de fleurs de chrysanthèmes dont quelques-unes en noir, d'autres en laque d'or, d'autres en incrustation de burgau; le tout sur un fond noir poli dont la sobriété rehausse encore la somptuosité du *ghiôbou* qui apparaît dans tout l'intérieur lorsqu'on desserre les compartiments de la boîte.

Signé sous le recouvrement...

389. — Petit inro à quatre cases, horizontalement rayé de cannelures rouges, sur lesquelles est appliqué, en reliefs de laque d'or et de nacre, le semis de sept armoiries.

Signé : *Tatchibana Ghiokouzan de Yédo*.

390. — Inro à quatre cases, à fond noir, décoré, en laque d'or, de hautes herbes d'automne autour desquelles volètent des papillons.

Signé : *Suiyoçaï*.

391. —— à trois cases, en bois naturel, sculpté à l'imitation d'une écorce de pin sur le fond duquel s'enlèvent, en reliefs de laque noir mat et d'or rehaussés de burgau, divers ustensiles, meule, peigne, battoir.

Signé sur un cartouche de burgau : *Kwanyoçaï*.

392. —— à quatre cases, en laque d'or, décoré avec reliefs de plomb et de nacre, de grosses branches d'érable.

Signé sous le recouvrement : *Inouyé Hakuçaï*.

393. —— à quatre cases, en noir poli et très sobrement décoré, au moyen d'un léger sablé d'or, du reflet de la lune dans l'eau et d'une poésie. Fin poudré à l'intérieur.

Signé : *Kôminn*.

394. — Inro sans division, en bois naturel, sur lequel sont peints,

en laque d'or et couleur, un personnage en costume de cérémonie et un enfant avec un masque noué sur le côté de la tête.

Signé : *Kiôssi*.

395. — Inro en bois naturel, offrant, en laque argent, or et noir, un groupe de trois grosses oies auprès d'un ruisseau.

Signé : *Yeichô*.

396. —— à cinq cases, imitant, en laque de couleurs, un tronc de pin sur lequel est posée une cigale. Sur la face opposée, une pierre d'écritoire accompagnée d'un bâton d'encre de Chine.

Signé : *Kigo*.

397. —— à trois cases, en écaille blonde, mince, transparente et semée, en reliefs de laque d'or, de fleurettes de prunier et d'aiguilles de pin.

Signé : *Hanakawa Massayuki*.

398. —— à deux cases, de forme courte, en vieil ivoire sur lequel tranche le relief noir d'un corbeau volant. L'autre face est décorée d'un filet de pêcheur en laque d'or.

Signé : *Yeisei*.

399. —— à trois cases, en bois naturel sculpté. Serpent, grenouille et limaçon. Une fente au pourtour du recouvrement est jointe par une petite cheville qui semble faite de la main même du sculpteur.

Signé : *Sukénaga* (célèbre sculpteur de netsuké).

400. —— à quatre cases, en bois naturel, dans lequel se trouvent incrustés, en bois de divers tons et en ivoire, les différents ustensiles du tchanoyu.

Signé : *Massanao* (Le sculpteur de netsuké bien connu).

401. — Inro en bambou, dont un côté latéral pivote sur charnière pour faire apparaître à l'intérieur une superposition de cinq petits tiroirs. Il est décoré, en laque d'or, d'une cigogne sous un vieux pin.

Signé : *Kiôghiokou*.

402. — Petit inro à trois cases, dont une face est laquée d'argent et l'autre d'or. Le décor simule des découpages de papier, représentant, comme emblèmes de longévité, d'une part une cigogne et une tortue et d'autre part des aiguilles de pin.

Signé : *Mitsutochi*.

403. — Petit inro en bois naturel dont un côté latéral s'abat pour donner prise à trois petits tiroirs d'ivoire, ménagés à l'intérieur. Sur les parois extérieures sont représentées en laque d'or deux cigognes parmi les pins.

Signé : *Massatsugou*.

404. — Inro à quatre cases, en laque noir poli et incrusté en burgau, d'un pin et d'un bambou autour duquel volètent deux moineaux en laque d'or. Les côtés latéraux offrent un riche piquetis d'or.

Signé en incrustation de burgau : *Tchinkiou* à l'âge de quatre-vingt-deux ans.

405. —— à quatre cases en laque noir, orné en traits gravés et dorés d'un coq s'élançant sur une abeille et, au revers, d'une poule avec son poussin.

Signé : *Tchinkei*.

406. —— à cinq cases, présentant, gravés en traits d'or sur fond de laque noir nuagé d'or, des insectes variés, papillon, araignée, grillon, etc.

Signé : *Moucén* à Yédo, année Teibi (1788).

407. — Inro à deux cases, gravé d'un décor en laques de couleur, figurant un motif de plantes et d'oiseau. Genre Zonsei.

Signé : *Jubokou*.

408. —— à quatre cases, à fond noir portant en reliefs de laque rouge vigoureusement sculptés un semis de fleurs de prunier. A l'intérieur, les parois de chaque compartiment sont gravées de brindilles de pins.

Signé : *Jôcei*.

409. —— à six cases en laque toghidachi, un arbre portant, dans un très fin décor gris argent sur fond noir, un groupe de corbeaux perchés sur un arbre ; un léger poudré d'or figure le disque de la lune et rehausse le plumage des oiseaux et le détail des branches. Intérieur aventuriné.

Signé : *Kwacei*.

410. —— à trois cases, toghidachi, portant, en traits d'or sur fond noir, le dessin cursif d'un couple de cigognes et la signature *Kakwandô Gonku* pour le dessin, et pour le laque *Tôkei Tochidé* à soixante-trois ans.

411. —— à quatre cases, toghidachi à fond noir décoré, en or plat et en relief, d'un groupe de crevettes sur le fond de la mer, figuré par un sablé d'or.

Signé : *Ohkio* pour le dessin, et pour le laque *Tôkei Tochidé*.

412. —— à quatre cases toghidachi, portant, sur fond noir, un décor de rouge-gorges sur des rosiers en fleurs, figurés en ors de différents tons, en argent et couleurs. Intérieur aventuriné.

Signé : *Tochitoyo*.

413. —— à quatre cases toghidachi, figurant, sur fond noir très légèrement nuagé d'or, un paysage marécageux éclairé par la lune, avec.

d'un côté, une bécassine marchant au milieu des roseaux et de l'autre un groupe de cabanes sur la berge.

Signé : *Shighénaga*.

414. — Inro à quatre cases. Sur fond noir est représenté, en laque d'or plat, un bateau engagé dans les hauts roseaux, au clair d'une pleine lune devant laquelle passent deux oiseaux noirs.

Signé : *Shighénaga*.

415. —— à quatre cases, toghidachi, offrant la vue d'une rivière dont les eaux reflètent le vol de deux oies sauvages. Dessin noir sur fond d'or mat; le disque de la lune est en laque d'argent.

Signé : *Tôshi*.

416. —— à quatre cases, portant un motif de deux paysages « le jour et la nuit ». Sur l'une des faces, c'est un décor noir et gris sur fond d'or mat, avec la vue d'une cascade dans un site montagneux, que traverse un vol de cigognes ; de l'autre côté, un bouquet d'arbres se détache en relief d'or sur un ciel gris-argent, où des frottis et des pailletis d'or figurent les nuages. Inscription : D'après dessin de Kinsha.

Signé : *Itchi*.

417. —— à quatre cases en laque d'or, offrant, en reliefs d'or et en noir, le motif d'une jardinière fleurie et d'un écran à décor de bambous. Intérieur aventuriné.

Signé : *Koriùçaï*.

418. —— à cinq cases, à fond d'or très riche, décoré, en relief de laques d'or et couleurs, d'une troupe de chevaux gambadant dans un pâturage. Intérieur aventuriné.

Signé : *Masachighé*.

419. —— à quatre cases sur fond d'or, avec, en reliefs d'or et de

laque de couleurs, le motif de la porteuse de glycines et du diable déguisé en prêtre.

Signé : *Shôriusaï*.

420. — Inro à quatre cases, de forme rectangulaire, portant sur fond d'or, en laques de tons variés, la gracieuse figure de Kikoudôji, le génie du chrysanthème.

Signé : *Jokaçaï*.

421. — — à quatre cases. Lever d'un soleil rouge sur de jeunes pins, dont les branches sont vigoureusement détaillées en relief d'or au milieu d'un fond sablé.

Signé : *Jôkaçaï*.

422. — — à quatre cases. Sur sablé d'or s'élève d'un côté un cerisier en fleurs ; l'autre face représente une plage semée de petits coquillages. L'intérieur des cases est laqué d'or mat, tandis que le pourtour des montants s'enrichit d'un décor d'une extrême finesse, avec des poupées et des jouets d'enfant de toute espèce.

Signé : *Jôkaçaï*.

423. — — à quatre cases, en laque d'or, incrusté, en nacre, de mouettes nageant au fil de l'eau. Inscription : D'après un dessin de Hoïtsu.

Signé : *Yôyouçaï*.

424. — — à quatre cases, figurant, en reliefs de laques d'or et de couleurs, le rêve de Kontan. Le héros endormi, dont la tête apparaît au travers du fragment de nacre transparente qui simule l'écran, voit venir à lui une procession pompeuse de petits personnages, qui se déroule sur l'autre face de l'inro.

Signé : *Kôhôçaï*.

425. — Inro à cinq cases, dont chaque face présente, en reliefs de laque d'argent sur fond d'or, un faucon de chasse sur son perchoir.

Signé : *Shunkôçaï*.

426. —— à quatre cases, à décor de chrysanthèmes dans un enclos et de papillons figurés en reliefs sur fond d'or. L'un des papillons en incrustation de burgau.

Signé : *Tchikahidé*.

427. —— à quatre cases, présentant, sur chaque face, un nandia à baies rouges, au feuillage chargé de neige. Laques d'or et d'argent en relief sur fond or.

Signé : *Taïghio*.

428. —— à cinq cases, portant, sur fond or, un coq, une poule et des poussins, en reliefs de laques de couleurs.

Signé : *Hacégawa Shighéyochi*.

429. —— à cinq cases simulant, sur un fond d'or d'une grande douceur, une peinture à l'encre de Chine vigoureusement traitée dans le style classique, avec d'un côté un tigre, de l'autre des troncs de bambous. Intérieur aventuriné.

Signé : pour le dessin, *Icen-in Hô-in*, et pour le laque, *Suzuki Kanéchighé*.

430. —— à quatre cases, en laque toghidachi, offrant, sur un fond noir d'un bel éclat, deux chevaux en liberté, modelés en un très fin poudré d'or et d'argent.

Signé : Pour le dessin, *Zaïtchû*, et pour le laque, *Tochihidé*.

431. —— à quatre cases. Décor en or toghidachi sur fond noir, représentant un cormoran sur des roseaux flanqué de l'inscription : D'après le dessin de Tôrei.

Signé : *Tochihidé*.

432. — Inro à cinq cases. Décor en or toghidachi sur fond noir et représentant l'enroulement d'une plante cucurbitacée. Inscription : D'après le dessin de Toyohiko.
Signé : *Tochihidé*.

433. —— sans divisions, imitant un vieux bâton d'encre de Chine.
Signé : *Zeshin* (d'après Ritsuô).

434. —— à quatre cases, en laque noir frotté d'or et piqueté d'une mosaïque d'or et de nacre. Dans un gras modelé, légèrement saillant, est représenté le dieu Hotei sur une face et un saint prêtre, la queue de bœuf en main, sur l'autre.

435. — Petit inro à trois cases, décoré en doux reliefs d'un motif de fleurs sur fond sablé d'or.

436. —— à deux cases, de forme lenticulaire, décoré, sur un fond de tissu rouge, d'un motif chinois à personnages, exécuté en léger relief.

437. —— à quatre cases. Une riche floraison de chrysanthèmes s'épanouit sur un fond sablé d'or.

438. —— à quatre cases. Sur fond d'or sont représentés, en laque noir, une infinie multitude de petits singes, gambadant, luttant ou s'amusant à des jeux animés.

439. — Grand inro à quatre cases, décoré de trois chevaux largement modelés, en laque d'or et d'argent, sur un fond de fougères touffues qui se répandent en or sur le fond noir. Les plats du haut et du bas de l'inro sont laqués d'or plein.

440. —— à quatre cases. Sur fond noir un singe habillé d'une casaque d'or, cherche à retenir avec un grand déploiement de force un cheval lancé au galop.

441. — Grand inro à quatre cases. Sur un fond brun sablé d'argent sont représentés, en reliefs largement modelés et avivés d'or rouge, les deux saints bouddhiques Gama, soulevant son crapaud, et Tekkaï créant, de son souffle, la réincarnation de sa propre image.

442. — Inro à trois cases, de forme basse et large, décoré en toghidachi, d'un bac encombré de petits personnages dessinés en miniature. Le bateau traverse une eau où des roseaux se courbent sous le vent.

443. — — à quatre cases, en laque brun richement décoré par des incrustations où des vagues, figurées en nacre, baignent des rives semées de coquillages d'or et d'argent parmi des rochers.

444. — — à quatre cases. Des cachets de toutes formes sont figurés en or et en noir sur fond poudré d'or.

445. — Petit inro à trois cases. Sur un fond de laque d'or, des incrustations de plomb et de burgau représentent deux personnages sous un prunier en fleurs, dont les branches, sur la face opposée, abritent un héron.

446. — Inro à quatre cases. Sur laque d'or de ton amorti, des temples s'étagent au bord de rivières qui sont enjambées par des ponts et sillonnées de bateaux.

447. — Inro sans divisions, large et bombé. Il est à fond d'or incrusté, en plomb et en burgau, d'une troupe nombreuse de petits oiseaux volant à tire d'aile à travers des pins, au milieu d'un site montagneux.

448. — — à quatre cases en galuchat à gros grains. Le décor, en noir frotté d'or, représente des cabanes de pêcheurs au bord d'une eau où s'amarre un bateau.

449. — Petit inro à trois cases, en laque d'or avec une incrustation de plomb, qui représente un héron sur un terrain planté de roseaux.

450. — Grand inro à trois cases, puissamment décoré, en reliefs frottés d'or, de deux grands écrans ornés de sujets légendaires. Les arêtes latérales faites pour donner passage aux cordonnets, sont revêtues d'argent.

451. — Inro à trois cases. Sur fond noir se détache, en étain et en burgau, le schéma de quatre cigognes dressant le cou, à côté d'un vieux tronc de pin.

452. — Petit inro à quatre cases, offrant en reliefs grassement modelés des tiges de chrysanthèmes à grandes fleurs. Frottis d'or sur fond brun.

453. —— à quatre cases, dont le décor, or sur noir avec incrustations d'or et d'argent ciselés, représente des jardins fleuris.

454. —— à trois cases, en laque brun incrusté de burgau, dont le décor figure un batelier navigant auprès des piles d'un pont.

255. — Inro à quatre cases, décoré sur fond d'or mat d'éventails éployés, sur lesquels se voient des scènes animées de personnages.

456. —— à quatre cases. Sur fond noir un dragon d'or se tord dans les nuages.

457. —— à quatre cases, décoré, sur léger fond d'or vert, d'un semis de coquillages en argent et or ciselés, en corail ou en laque d'or.

458. —— à trois cases. Deux lapins, noir mat, se détachent en relief sur un fond brun sablé d'or.

459. — Inro à quatre cases, décoré d'un semis de plumes de paon entrecroisées, se détachant en relief sur fond aventuriné.

460. —— à quatre cases, en laque noir incrusté de plomb et de nacre. Un cormoran est juché sur la vergue d'un bateau au fond duquel un singe se prélasse en feuilletant un livre.

461. — Petit inro bas, à deux cases, décoré sur un fond noir d'un motif de pruniers et camélias, dont les fleurs sont incrustées en corail et en ivoire. Une armoirie d'argent ciselé se trouve appliquée sur chaque face du couvercle.

462. —— à trois cases, en bois naturel aux veines saillantes, sur lequel se détachent d'un côté une branche fleurie en or et, sur la face opposée, un brasero en laque noir.

463. —— à quatre cases, en laque d'or, semé en feuilles d'argent et d'or, de petites rondelles et d'une étoffe de soie, éployée.

464. — Inro à deux cases, en bois naturel, décoré en légers reliefs noir et or d'un bœuf attelé à un chariot chargé de gerbes.

465. — Petit inro sans divisions. Il est en bois naturel avec parties d'ivoire et offre comme ornementation une faucille au milieu des herbes. Sur la face opposée un croissant de lune plonge dans les eaux écumantes.

466. — Inro à quatre cases, en laque d'or, offrant une tige de chrysanthèmes, poussée au bord d'une eau où son reflet s'estompe par un très délicat effet de laque usé.

467. — à quatre cases, décoré sur fond rouge d'un vol irrégulier de papillons.

468. —— à quatre cases, en laque d'or, entièrement parsemé de

feuilles de papier dont les détails, d'une finesse suprême, présentent les décors les plus variés en or ou en teintes légères.

469. — Inro à trois cases, en laque d'or, offrant des canards mandarins, nageant dans une eau ombragée par un gros arbre.

470. — Petit inro à quatre cases, offrant, en reliefs d'or et de burgau, sur fond noir, un groupe d'enfants qui contemplent le vol d'une grande cigogne, dont le puissant relief décore la face opposée.

471. — Inro à quatre cases, décoré, en laque d'or finement détaillé, d'un vaste paysage composé d'une baie rocheuse, où s'élève une pagode en face d'un petit village de pêcheurs.

472. — Petit inro à trois cases. Sur un fond de vagues d'or mat, s'élève une construction de gabions, figurée par des incrustations de plomb et de nacre.

473. — Inro à trois cases, offrant, en laque d'or incrusté de burgau, des hérons au bord de l'eau sous un saule.

474. — à quatre cases, en laque rouge, nerveusement sculpté d'un fouillis de fleurs de chrysanthèmes.

475. — à trois cases, en laque d'or, décoré d'une rizière que traverse, non loin d'un village, un montreur de singe.

476. — Inro à quatre cases, offrant, vigoureusement modelées, de grandes fleurs de chrysanthème en plomb incrustées au milieu d'un fond en laque d'or.

477. — Petit inro sans divisions, semé en couleurs sur fond d'or mat, d'une collection de sapèques.

478. — Inro à trois cases, en bois sculpté, représentant une tortue la tête à demi sortie de sa carapace.

PEIGNES

Peignes

479. — Deux peignes de petite dimension, à dessus arqué et décoré d'un motif de pins en or mat sur fond aventuriné.

xvie siècle.

480. — Peigne de forme cintré en laque d'or, décoré de grandes branches de prunier en fleurs.

xviie siècle.

481. — Deux peignes de petite dimension, rectangulaires à coins abattus. Décor en laque d'or, figurant l'armoirie des Tokougawa (triple feuille d'Aoyé) cinq fois répétée sur chaque face.

Idem.

482. — Deux peignes cintrés, en laque d'or. L'un porte un semis de la grande fleur du chrysanthème héraldique, dont une en nacre ciselée en relief, et l'autre offre un décor de chrysanthèmes naturels accompagnés de tiges de fleurs diverses.

Idem.

483. — Deux peignes :

a. Laque noir, décoré d'un dessin de vagues stylisées en or qui font tourner une roue figurée en incrustation de burgau.

b. Laque rouge, dit ghiôbou, décoré en or, d'oiseaux à longue queue, volant au milieu de fleurs.

Idem.

484. — Deux peignes dont l'un appartient à la même série que les peignes n° 481 et dont l'autre, de forme cintrée, est en laque noir, offrant, en rouge, une armoirie entourée de rinceaux.

xvii° siècle.

485. — Peigne d'ivoire, décoré, en laque d'or, d'un dragon se tordant dans les nuages.

486. —— décoré, en laque d'or, d'une branche de glycine, dont les fleurs sont lilas.

487. — Deux peignes :

a. Petit format cintré et ajouré, offrant un semis de feuilles d'érable et d'aiguilles de pin en or sur un fond sablé d'hiramé d'or.

b. Format allongé, en laque d'argent, décoré en laque d'or et de couleurs de morceaux d'étoffes à dessins variés.

488. — Deux peignes :

a. Ecaille décorée de fleurs de chrysanthèmes en or.

b. Bois naturel, décoré en or de deux motifs de fleurs, accompagnés d'une poésie; cette dernière signée *Shokousanjinn* et le dessin signé du bien connu auteur d'estampes *Shunman*.

489. — Deux peignes :

a. Ecaille blonde, décorée, en or, d'attributs de danse sacrée, au milieu de fleurs.

b. Laque d'or, décoré d'un aigle sur un cerisier.

490. — Deux peignes :

a. Ecaille blonde décorée, en or, d'oiseaux volant dans un fourré de bambou.

b. Bois naturel, décoré, en laques de couleurs variées, d'une tige de chrysanthème.

Signé : *Gamô Hôcén.*

491. — Peigne en bois ajouré et sculpté d'un paysage de style chinois. La tranche supérieure du peigne est laquée d'or et décorée en réserve d'un tronc d'arbre, dont les branches portent des fruits figurés par des incrustations de petites boules de corail.

492. — Trois peignes :

a. Laque brun profondément creusé d'un dessin géométrique ; genre gouri.

b. Très petit format en laque d'or orné de petits rinceaux et dont les dents sont faites de lamelles de jade blanc.

c. Laque chagriné, de ton gris, sur lesquels sont semés des médaillons en laque noir.

493. — Trois peignes :

a. Bambou, laqué d'or sur l'une des faces et décoré de fleurs de prunier.

b. Laque pourpre, décoré, en laque d'or, d'herbes courbées sous le vent.

c. Laque de ton marron, portant une armoirie d'argent.

494. — Quatre peignes :

a. Laque pourpre, décoré en or, d'herbes couchées par le vent (formant pendant avec un des peignes du n° 493).

b. Laque marron, portant une armoirie d'argent.

c. Laque de Wakassa, décoré de fleurs.

d. Laque de Wakassa, décoré d'un store et de fleurs.

495. — Quatre peignes :

a. Laque de Wakassa, décoré d'un store et de fleurs.

b. Laque de Tsougarou, imitant du bois pétrifié et décoré de tiges d'iris en or.

c. Forme d'une fleur de cerisier à fond d'or.

d. Fond rouge semé de coquillages en laque d'or.

496. — Six peignes variés : l'un d'eux en laque jaune, porte la signature *Iwako*, nom d'une courtisane.

497. — Six peignes variés.

498. — Deux peignes en laque d'or. Jouets d'enfant. — Dragon entouré de nuages.

499. — Deux peignes en laque d'or. Manteau de fée accroché aux branches d'un pin. — Dragon dans les nuages.

500. — Deux peignes en laque d'or : Jeu d'enfants. — Chariot rempli de fleurs.

501. — Trois peignes en laque d'or : Cigognes et fleurs. — Cigognes et meules. — Plumes de paon et étoffes.

502. — Quatre peignes en laque d'or. Décors variés.

503. — Deux peignes en laque d'or : 1° Herbes fleuries, signé : *Kôgnokou*. 2° Chrysanthèmes, signé : *Kakoçaï*.

504. — Quatre peignes en laque d'or. Décors variés.

505. — Trois peignes en laque d'or : Batteuse de linge. — Oiseau dans les herbes fleuries. — Fleurs et oiseau.

506. — Deux peignes en laque d'or : Manteau de fée. — Fleurs et oiseau.

507. — Collection de peignes d'ivoire incrustés de burgau et d'écaille. Travail de *Jitokou Assahi*.

a. Hortensias.
b. Feuilles d'érable.
c. Phalène.
d. Lotus.
e. Chrysanthèmes.
f. Pavots.
g. Grenade.

PORCELAINES

Porcelaines de la Chine

Porcelaines Tchiün-yao [1]

508. — Vase surbaissé à panse sphérique, surmontée d'un col évasé. Couverte aubergine au pourtour [2] et bleu-ciel à l'intérieur. Au revers se trouve incisée la marque i, — [3]. Haut. 0,25 ; larg. 0,24.

Dans ce genre de porcelaine, si précieux déjà par lui-même, le présent vase peut être considéré comme le spécimen le plus remarquable qui soit venu en Europe, tant par la rareté de sa forme que par l'importance de sa taille.

x⁰ siècle.

509. — Coupe basse, reposant sur trois pieds et cerclée auprès du bord d'une bande cloutée. Couverte aubergine à l'extérieur et bleu dans l'intérieur ; offrant les mêmes tons que le vase n° 508 avec lequel

---

[1] La porcelaine *Tchiün-yao*, ou *Kiün-yao* d'après la prononciation méridionale de la Chine et qui tire son nom d'une province anciennement dénommée *Tchiün* ou *Kiün*, remonte au commencement de la dynastie des Soung.

[2] L'ouvrage chinois sur les anciennes céramiques, le *Po-wou-yao-lan* dit à propos de cette porcelaine : Les pièces de la plus haute qualité sont celles qui offrent des rouges de cinnabre, des verts d'oignon et de perroquet ou le *ton purpurin de la peau d'aubergine*. (D'après la traduction de Stanislas-Julien, les Tchiün-yao se divisent en sept tons de couleurs : 1° Les mei-tzu-ch'ing', bleu ou vert comme la prune ; 2° Chia-pi-tzu, brun pourpre, comme la peau d'aubergine ; 3° Aai-t'ang-hung, rouge comme la poire japonaise (sans doute le kaki): 4° Chu-han : foie de porc ; 5° Lo-fei : poumon de mulet ; 6° Pi-ti : mucus, et 7° T'ien-lan ; bleu du ciel.

[3] Le caractère i, — figure le chiffre 1. Les vases et les coupes les plus recherchés de l'espèce Tchiün-yao sont numérotés, par des incisions à la roue, depuis le chiffre 1 jusqu'au chiffre 5.

cette coupe formait garniture. Même marque incisée au revers. Socle en bois ajouré. Larg. 0,25 ; haut. 0,10.

Porcelaines diverses.

510. — Genre *Tchao-yao*. — Petite potiche turbinée, à émail vert irisé, partiellement rongé ou recouvert par une matière calcaire, provenant d'un enfouissement prolongé. Dynastie des Soung. Haut. 0.16.

XIIe siècle.

511. — Brasero cylindrique, porté par trois pieds de monstre et contourné d'une frise en relief composée de tigres héraldiques, alternant avec un motif de vagues. Email vert irisé, partiellement rongé par son séjour dans la terre. Haut. 0,15 ; larg. 0.19.

Idem.

512. — Genre dit *Clair de lune*. Petite potiche turbinée à couverte céladonnée gris bleu avec tache violacée. Socle et couvercle en bois gravé, orné d'ivoire et de cornaline. Larg. 0,16 ; haut. 0,11.

Idem.

513. — Pot de style archaïque. Sa panse renflée est surmontée d'un petit col évasé et porte deux petits anneaux — au lieu des quatre anneaux primitivement existant — reliés par une bande ornementale incisée dans la pâte. Mince couverte fauve finement truitée et partiellement usée par le temps. Socle en bois dur. Haut. 0.25.

XVe siècle.

514. — Genre Shukô. Bol évasé à couverte de céladon jaunâtre, sous laquelle la pâte est incisée d'un motif de rayures verticales au pourtour et de lignes sinueuses à l'intérieur.

XVIe siècle.

N° 511

N° 508

N° 509

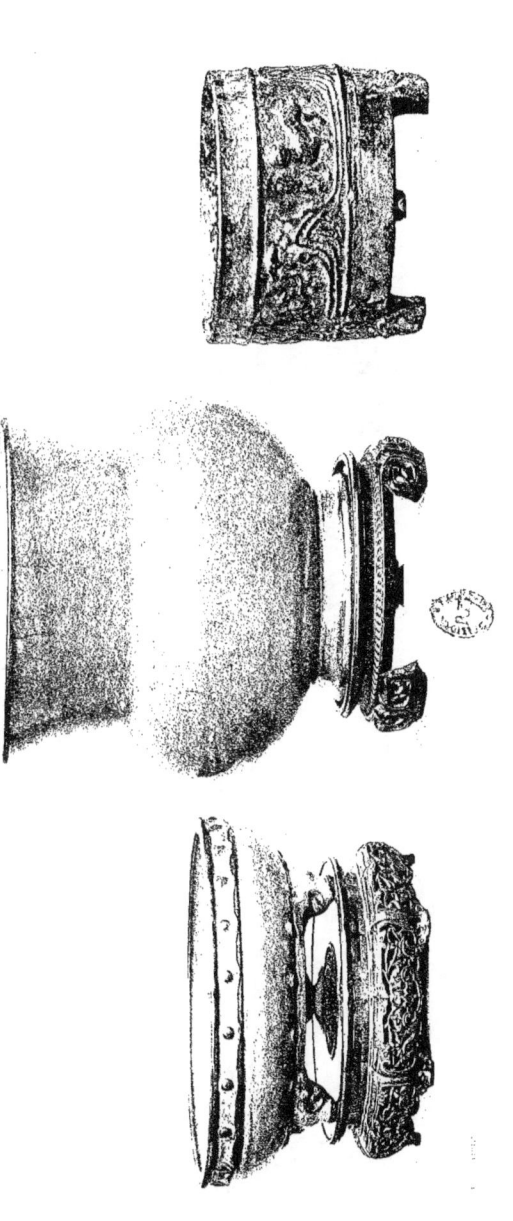

515. — Genre Niôchiu[1]. Bol de forme basse et évasée. Couverte craquelée, de ton ivoire.

XVI° siècle.

516. — Potiche turbinée à couverte céladon, et gravée dans la pâte d'une large frise d'arabesques, surmontée d'une bordure de nuages. Genre dit Shikwan. Haut. 0,24.

Idem.

517. — Vase cylindro-ovoïde à col légèrement évasé. Couverte bleu poudré. Haut. 0,46.

XVII° siècle.

518. — Potiche en forme de balustre trapu, décorée en bleu sous couverte de deux grands oiseaux de Hô au milieu des pivoines. Haut. 0,32.

Idem.

519. — Petit pot à épaulement renflé. La couverte, brun capucine, est décorée, en reliefs d'émaux blancs, de deux tiges fleuries de chrysanthèmes.

Idem.

520. — Coupe à bords gaufrés formant des pétales de lotus, teintées en vert dégradé. Au centre une tige de fleur en or mat cernée rouge. Diam. 0,20 1/2.

XVIII° siècle.

[1] Nom d'une province chinoise.

Porcelaines du Japon

Porcelaine par Gorochitchi.

521. — Grand bol à panse sphérique et à bords évasés. Décor de paysage en bleu sous couverte grise craquelée.

xvie siècle.

Porcelaines d'Arita.

522. — Bouteille hexagonale à petit goulot. Le décor, style Kakiyémon, en bleu de four rehaussé de rouge, de vert et d'or, représente des cigognes parmi des pruniers fleuris. Haut. 0,27.

xviie siècle.

523. — Bouteille carrée, s'élargissant vers l'épaulement qui est surmonté d'un petit goulot étroit. Le décor, en bleu sous couverte mélangé de rouge et d'or, se compose sur chaque face d'un personnage debout sous les bambous. Haut. 0,21.

Idem.

524. — Bouteille à corps octogone, surmonté d'un long col tubulaire. Décor de fleurs, polychrome et or. Haut. 0,22.

Idem.

525. — Bouteille quadrangulaire en forme d'un cône allongé et

décoré sur chaque pan d'un motif de fleurs en émaux polychromes, rehaussés d'or. Haut. 0,19.

xviie siècle.

526. — Potiche turbinée, ornée, sur fond blanc en bleu sous couverte, en rouge et en or, d'un décor de chimères dans les pivoines que surmontent trois réserves à motifs d'oiseaux. Haut. 0,31.

Idem.

527. — Petit plat rond, enrichi sur le bord et sur la chute du marli d'un décor en bleu rouge et or avec des motifs de fleurs, détaillées en tons divers. Diam. 0,22 1/2.

Idem.

528. — Petite caisse octogone, décorée en émaux de couleurs, en rouge et en or, de deux tiges de chardons alternant avec des cartouches d'arbres fleuris.

Idem.

529. — Porte-bouquet d'applique, figurant, en modelage, l'exterminateur Chôki. Décor en bleu sous émail, mélangé à des tons bruns. Haut. 0,17.

Idem.

530. — Grande potiche couverte, à renflement supérieur. Elle est décorée en bleu sous émail blanc, d'un grand décor de pins, bambous et cerisiers fleuris. Haut. 0,71.

xviiie siècle.

531. — Bol quadrilobé, décoré en polychromie et or, d'oiseaux et de chimères au milieu de pivoines. Au revers se lit en bleu sous émail la marque *Fouki Tchôchün* (Long printemps noble et riche).

Idem.

532. — Théière légèrement conique, décorée en émaux de couleurs, d'un vol de grue et de fleurs. Haut. 0,15.

XVIIIe siècle.

533. — Petite théière de forme bursaire, semée de fleurettes en rouge et bleu. Haut. 0,09.

Idem.

Porcelaine de Hirato.

534. — Kogo en porcelaine blanche, figurant un singe assis.
XVIIIe siècle.

Porcelaines de Koutani.

535. — Brasero à dessus voûté, à fond plat et percé sur un côté d'une large ouverture. Fond rouge sombre, décoré en or et argent d'une grande fleur de chrysanthème, dont les pétales sont figurés par de larges ajourages au sommet de la pièce. Haut. 0,19.

XVIIe siècle.

536. — Bouteille piriforme à col allongé, décorée, en émaux verts, bleus et jaunes, d'un plant de chrysanthèmes, portant des fleurs rouges et jaunes. Haut. 0,32.

Idem.

537. — Bouteille piriforme à col allongé, décorée de tiges touffues de chrysanthèmes en émaux bleus et verts rehaussés d'or. Haut. 0,29.

Idem.

538. — Plat rond et creux, décoré de riches émaux jaunes, verts

et violets à détails noirs. Un paysage rocheux, garnissant le fond, est encadré de deux zones ornementales. Diam. 0,36.

XVIIe siècle.

539. — Deux petits pots cylindriques, décorés, en émaux de couleurs, de différents motifs de fleurs. Haut. 0,05.

Idem.

540. — Coupe à décors en or et argent, rehaussés de détails rouges. Au centre d'une bordure à réserves ornementales, est figurée une tige chargée de pêches. Diam. 0,20.

Idem.

541. — Huit assiettes, décorées en argent rehaussé de rouge. Les bords sont gaufrés d'un motif vermiculé à cartouches floraux ; au fond des paysages rocheux au bord de l'eau. Diam. 0,21.

Idem.

542. — Quatre coupes décorées, en émaux verts, jaunes et violets, d'oiseaux perchés sur des branches. Au bord, une zone ornementale en rouge laisse en réserve trois cartouches ornés d'arbres et de bambous. Marque : *Foukou*. Diam. 0,19.

XVIIIe siècle.

543. — Petit bol sphérique, orné sur émail vert d'un motif de chevaux au milieu des vagues, où flottent des fleurs de cerisier. Décor de style chinois.

Idem.

544. — Kogo en forme de pêche. Email jaune et vert clair.
Idem.

545. — Petit vase tubulaire, offrant par sections tournantes des fonds bleus, jaunes et verts, décorés en noir de petits motifs vermiculés.

xviii° siècle.

546. — Petit pot à thé ovoïde, émaillé à fond vert-gazon. Couvercle de même matière.

Idem.

547. — Petit vase de forme tubulaire, décoré, en rouge rehaussé d'or, de cent chevaux, représentés en troupe serrée dans les attitudes les plus variées.

xix° siècle.

Porcelaines de Sannda.

548. — Petit vase céladon, en forme balustre garni de deux anses supportant des anneaux fixes. Haut. 0,16.

xvii° siècle.

549. — Paire de petites chimères, accroupies sur leurs socles. Haut. 0,11.

xviii° siècle.

POTERIES

Poterie chinoise

550. — Bol Temmokou [1], genre dit *poils de lièvre*, de forme turbinée. L'épaisse couverte qui est d'un noir bleuâtre avec irrisations, s'arrête en gouttelettes autour du pied. Elle est veinée de stries convergeant vers le centre.

x^e ou xie siècle.

551. — Bol Temmokou, de forme campanulée, serti d'argent. L'épaisse couverte noire, à reflets irisés bleu de paon, est veinée des stries rayonnantes appelées poils de lièvre.

Idem.

552. — Très grande jarre de forme turbinée, décorée en relief de six grands dragons sculptés d'écailles, dont les avant-corps se soulèvent sur l'épaulement du vase en six gros anneaux ajourés à l'entour du col. Couverte brun jaune sur terre de même ton. Haut. 0,55.

Idem.

---

[1] Temmokou passe, d'après les Japonais, pour être le nom d'une montagne chinoise où s'accomplissaient certains sacrifices rituels pour lesquels ce genre de bols aurait été créé. En fait, ce genre devrait se classer parmi les *Tchiün-yao*, du commencement de la dynastie des Soung (voir les n°s 508 et 509 du catalogue). L'ouvrage chinois *Liu-ch'ing-ji-cha*, cite en effet parmi cette sorte de céramique le genre qui offre « en teintes dégradées un brillant chatoiement de toutes couleurs, parmi lequel ressort le dessin *t'u ssu-wên* » mot que Stanislas Julien et d'autres savants sinologues traduisent unanimement par « veines imitant les soies (poils) du lièvre. »

Poteries coréennes

553. — Genre Koughibori [1]. Grand bol hémisphérique en grès noir à couverture jaunâtre, gravé au pourtour d'un dessin de roseaux accompagné de motifs symétriques, dont l'incision est remplie par un émail noir. La pièce, qui est sillonnée de nombreux fils de laque d'or recouvrant autant de fêlures, a été consolidée par une multitude d'agrafes d'argent — elles sont au nombre de soixante-neuf — et cette somptueuse réparation ajoute beaucoup au pittoresque de l'objet.

xiie siècle.

554. — Genre Raïchinn [2]. Petit plateau circulaire, dont le corps de pâte, très noir, est revêtu d'une couverte grise, incrustée elle-même d'un dessin rayonnant d'émaux noirs. Diam. 0,10.

xiie siècle.

555. — Genre Michima [3]. Bol à bords évasés incrustés de rayures d'émail blanc dans une couverte de céladon vert. Une fraction manquante du bol a été postérieurement remplacée par la fraction d'une autre pièce ornée d'un dessin moins fin et d'un ton de couleur différent.

Antérieur au xive siècle.

---

[1] Koughibori ou Koughihori signifie : Gravé au clou.
[2] Raïchinn détermine un genre spécial de Michima (voir ci-dessous).
[3] Le nom de Michima, qui jadis désignait probablement une province coréenne, sert aujourd'hui à qualifier toutes les poteries dont les décors gravés au trait sont rehaussés par des incrustations d'émaux blancs ou noirs.

POTERIES CORÉENNES

556. — Genre Raïchinn Michima. Petit plateau circulaire, incrusté d'un dessin pointillé d'émail blanc au milieu d'une couverte grise. Diam. 0,14.

Antérieur au xiv° siècle.

557. — Genre Hakémé [1]. Bol de forme turbinée, largement ouvert. Sur un fond vert, recouvrant un corps de pâte très dense, se détachent des traînées circulaires d'émail blanc à l'intérieur, qui se répètent au pourtour en brusques coups de pinceaux.

Antérieur au xv° siècle.

558. — Genre Kohiki [2]. Bol de forme bursaire, gravé d'un dessin ornemental dans une terre noire, revêtue d'une couverte verdâtre mélangée de tons clairs.

Idem.

559. — Genre Ao-Ido [3]. Pot à panse surbaissée, s'effilant vers le haut. Couverte craquelée de ton verdâtre. Haut. 0,09.

Idem.

560. — Genre Kohiki. Petit pot, forme dite Dharma, renflée vers la base. Couverte blanchâtre, veloutée et finement teintée. Haut. 0,07.

Idem.

561. — Genre Ao-Ido. Bol de forme turbinée. Sur couverte verdâtre piquetée, une large traînée d'émail gris contourne le bord.

Idem.

[1] Hakémé : *Coups de brosses*, désigne les traînées circulaires d'émail blanc, rudement appliquées au moyen de larges pinceaux.
[2] Kohiki (Ko : *poudre de parfums* ; Hiki : *une poussée*) s'applique à une poterie de matière assez tendre sur laquelle, prétend-on, un bain d'eau prolongé provoque le dépôt d'une poussière semblable à la poudre de parfums.
[3] Ao-Ido : Ido vert. Sous le nom d'Ido ou Yédo (ancien nom d'un strict coréen), se collectionne une poterie dont l'émail est très ferme et finement craquelé.

562. — Genre Komogaï [1]. Bol campanulé à couverte fauve clair, truitée.

Antérieur au xv° siècle.

563. — Genre Ido. Bol évasé à couverte fauve truité.

Idem.

564. — Genre Mouji-Hakémé. Bol très évasé. Sur un corps de pâte très dense, une couverte blanche est surémaillée de vert autour de la base et à l'entour du bord.

Idem.

565. — Genre Ido. Coupe plate à couverte fauve, dont une section nettement délimitée, est surémaillée en ivoire craquelé. Diam. 0,17.

Idem.

566. — Genre Kohiki. Bol de forme ovale aplatie. Il est revêtu au pourtour d'une couverte crémeuse de ton clair et à l'intérieur d'un fond vert.

Idem.

567. — Genre Idowaki [2]. Petit pot forme balustre. Couverte gris craquelé, partiellement chargée d'émail blanc. Haut. 0,08.

Idem.

568. — Genre Ido. Petit pot de forme élevée sur un petit pied. Couverte fauve, finement truitée. Haut. 0,07.

Idem.

569. — Genre Ao-Ido. Petit pot à base élargie, sur piédouche. Couverte gris craquelé. Haut. 0,08.

Idem.

---

[1] Komogaï est le nom d'une localité coréenne.
[2] Idowaki est une variété spéciale du genre Ido.

570. — Genre Ido. Petit pot à panse sphérique, surélevée d'un petit bord. Couverte fauve truité et nuagé de gris. Haut. 0,08.

Antérieur au xve siècle.

571. — Genre Hakémé. Bol de forme bursaire à légères traînées d'émail blanc sur couverte grise.

Idem.

572. — Genre Hana-Michima[1]. Bouteille piriforme allongée, incrustée, en émail blanc dans une couverte grise, d'une large tige de fleurs et feuillages, formant couronne autour de la panse et surmontée d'une frise ornementale. Haut. 0,29.

Antérieur au xvie siècle.

573. — Genre Hakémé. Pot surbaissé à bords évasés. Traînées d'émail, se détachant en blanc sur une couverte violacée. Haut. 0.08.

Idem.

574. — Genre Sounkorokou[2]. Bol campanulé sur piédouche, façonné très épais dans une matière lourde de ton rougeâtre. Au pourtour une frise ornementale est peinte en brun sur couverte ivoire.

Idem.

575. — Genre Soba-Ido.[3] Bol très évasé en terre pierreuse, revêtue d'un émail opaque gris verdâtre. Un petit fragment triangulaire, manquant au bord par suite d'une écornure, y fut remplacé par le potier *Kenzan* au moyen d'un morceau fabriqué dans ce but spécial. La signature du grand artiste japonais du xviiie siècle se découvre en minuscules lettres noires sous l'émail de la partie incrustée, dont le vert intense et lumineux forme un contraste pittoresque avec la pâleur des autres surfaces du bol.

Idem.

---

[1] Hana-Michima : Michima à fleurs.

[2] Le nom de Sounkorokou s'applique généralement à un décor d'ornements noirs sur couverte grise.

[3] Soba : Feuille de thé.

576. — Genre Katadé [1]. Bol évasé en pâte très dense, revêtue d'une couverte blanc opaque.

Antérieur au xvi⁰ siècle.

577. — Genre Hana-Michima. Bol à parois élevées et légèrement évasées du bord. Sous la couverte, de ton verdâtre, toutes les surfaces offrent une gravure de petits ornements circulaires, dont l'incision est remplie d'émail blanc.

Idem.

578. — Genre Ido. Bol très évasé, dont le très mince corps de pâte est enduit d'une légère couverte de ton verdâtre.

Idem.

579. — Petit bol campanulé, genre Katadé. Brillante couverte gris verdâtre.

Idem.

580. — Genre Katadé. Petit pot à panse surbaissée. Couverte grise finement truitée. Haut. 0,07.

Idem.

581. — Petite potiche de forme turbinée et aplatie sur deux faces. Couverte gris truité, recouvrant des décors en incrustations blanches et en peinture brune. Les motifs se composent d'arbres fleuris, de bambous et d'un semis de feuilles d'arbres.

xvi⁰ siècle.

582. — Genre Komogaï. [2] Bol campanulé à couverte fauve sectionnée d'émail gris.

Idem.

---

[1] Katadé désigne un genre de poterie façonnée dans une pâte dure.
[2] Komogaï est une localité coréenne.

N° 572

N° 856

N° 788

N° 353

N° 897

N° 793

N° 754

N° 512

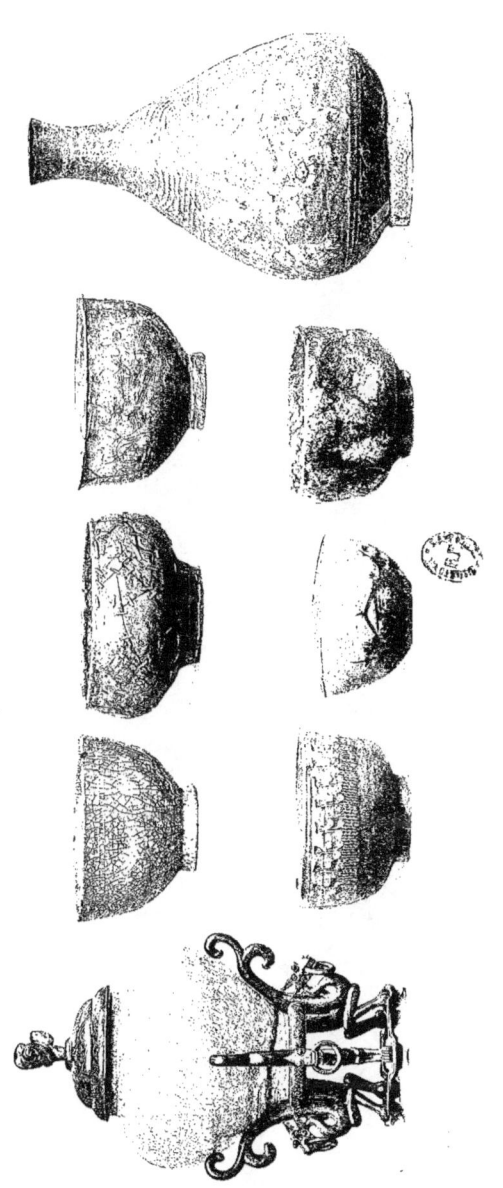

583. — Genre Amamori[1] Kataclé. Bol campanulé à bords quadrangulaires. Email blanc gercé, et nuagé de taches grises.

Antérieur au xvi° siècle.

584. — Genre Mouji hakémé[2]. Bol à parois élevées, légèrement évasées du bord. Couverte en vert jaunâtre, surémaillée de gris.

Idem.

585. — Genre Torinoko[3] Kataclé. Bol hémisphérique à bords évasés, Couverte ivoirine truitée.

Idem.

586. — Genre Gohon[4]. Bol campanulé à couverte de ton ivoire, surémaillée, par places, de coulées verdâtres.

Idem.

587. — Genre Yégohon[5]. Bol élancé et rétréci vers la base. Sa couverte ivoire est ornée d'une ondulation noire; à la face opposée se trouve une fruste ornementation, laissée en réserve de biscuit.

Idem.

588. — Genre Ido. Bol campanulé, enduit d'une mince couverte fauve.

Idem.

589. — Genre Gohon. Bol campanulé à mince couverte rose, marbrée d'émail verdâtre.

Idem.

---

[1] Amamori : Taches de pluie. Nom donné à certaines taches jaunes nuançant un émail de ton clair.

[2] Par Mouji hakémé (mouji : uni) on désigne les objets en même matière que le genre hakémé, mais dépourvus des traînées d'émail blanc.

[3] Torinoko désigne une fine terre de ton jaunâtre.

[4] Gohon signifie : Fait sur commande d'un seigneur.

[5] Yégohon : Gohon décoré.

590. — Genre Gohon. Bol de forme campanulée élevé sur un petit pied. Couverte rose-chair, rompue par des surémaillages de ton vert clair.

Antérieur au xvie siècle.

591. — Genre Gohon Michima. Bol à quatre angles arrondis. Une série de frises à rosaces sont estampées dans un émail blanc sur fond vert.

Idem.

592. — Genre Gohon. Bol à pied étroit et à bord élargi, émaillé de traînées verdâtres mélangées de blanc, sur couverte de ton chamois.

Idem.

593. — Genre Ido. Petit pot surbaissé à couverte ivoire truité. Haut. 0,09.

Idem.

594. — Genre Tatchitsourou[1]. Bol de forme haute à bords évasés. Dans la pâte, qui est revêtue d'une couverte verdâtre mélangée de saumon, se voit la gravure de deux hérons, dont l'incision est remplie d'émail blanc, rehaussé de touches noires.

Idem.

595. — Genre Ido. Bouteille piriforme trapue à petit goulot. Couverte grise. Haut. 0,18.

Idem.

596. — Genre Ido. Coupe évasée à couverte gris brun, laissant une réserve circulaire de biscuit au centre intérieur du bol.

Idem.

---

[1] Tsourou signifie cigognes.

597. — Grand bol tribolé. Genre Hakémé avec, au bord, une frise ornementale gravée et incrustée de blanc.

Antérieur au xvie siècle.

598. — Genre Michima. Bol de forme cabossée. Des zones ondulées sont incrustées en émail blanc dans une couverte gris vert.

Idem.

599. — Genre Yégohon. Bol plat de forme irrégulière, à bords évasés. Sous une couverte vitreuse de ton maïs est tracée au pinceau une fruste ornementation bleue.

Idem.

600. — Bol campanulé à couverte gris-perle et gravé d'une zone ornementale auprès du bord.

Idem.

601. — Genre Tamagodé[1]. Coupe plate à couverte crémeuse, finement truitée. Diam. 0.14.

Idem.

602. — Genre Ido. Pot à thé de forme turbinée. Couverte fauve truitée.

Idem.

603. — Genre Sounkorokou. Trois pots à thé. L'un d'eux de profil courbé, est décoré d'une frise ornementale en noir sous une couverte

---

[1] Tamagodé : Coquille d'œuf.

fauve ; l'autre, de forme lenticulaire, est gravé sous couverte brun d'oseille de traits entrecroisés ; le troisième, à panse sphérique sur piédouche, offre un petit craquelé brun, émaillé de bleu.

Antérieur au xvie siècle.

604. — Genre Ounkwakou[1]. Bol campanulé, portant dans un fond céladon vert sur terre rouge, des incrustations d'émail blanc. Trois petits motifs floraux entourés de cercles, ornent le pourtour et d'autres cercles d'émail blanc sont incrustés au fond intérieur.

xviie siècle.

605. — Genre Kinkaï[2]. Bol hémisphérique décoré d'une tige de ran en brun sous couverte de ton maïs clair.

Idem.

606. — Genre Todoya[3]. Bol annelé, de forme plate et très évasée, en terre rouge légèrement lustrée d'une glaçure naturelle. Le revers et le tour du pied sont façonnés à l'imitation d'une section de bambou.

Idem.

607. — Genre Gohon Michima. Bol hémisphérique. Il est contourné par des frises ornementales, incrustées en émail blanc dans une couverte gris rosé.

Idem.

---

[1] Oun (nuages) Kwakou (cigognes). Cette dénomination s'applique à certaine couverte de céladon sombre, le plus souvent incrustée en émail blanc d'un motif de cigognes entourées de nuages.

[2] Kinkaï est l'ancien nom d'une province coréenne, où se fabriquaient notamment des poteries à couverte blanche.

[3] Ce genre de poteries est dénommé Todoya, parce que l'amateur de ce nom, qui vivait à la fin du xvie siècle, a dû en être l'inspirateur.

608. — Bol cylindrique, incrusté d'un décor de paysage en émail blanc dans une couverte brune granulée.

xviiᵉ siècle.

609. — Trois pots à thé de formes variées. Genre Hana-Michima ; Ounkwakou ; Katadé.

Idem.

Poterie de Luçon

610. — Pot à corps ovoïde avec col cylindrique et surmonté à l'épaulement de quatre petits anneaux ; couverte peau de nèfle. Cet objet porte au revers cinq marques à l'encre de Chine, qui sont les paraphes des divers amateurs-tchajinn auxquels il a successivement appartenu. Haut. 0,35.

xvi° siècle.

Poteries du Japon

Poteries Ghiôghi[1].

611. — Petit pot de forme bursaire en terre mate noirâtre et gravée de petites stries tournantes, qui semblent être l'empreinte produite par une toile grossière.

VIIIe siècle.

612. — Boite circulaire à couvercle plat surmonté d'un bouton. Elle est en biscuit de terre grise, finement façonnée au tour et porte en laque d'or, de la main de *Koyetsu*, avec son paraphe, cette inscription : Saï-raï. (*Venu de l'ouest*). Diam. 0,14.

Poteries de Séto.

613. — Tchaïré à panse sphérique et col cylindrique clouté. Couverte brune, jaspée de noir. Genre Ruiza.

XIIIe siècle.

614. — Grand tchaïré de forme surbaissée. Couverte brune agatisée.
Idem.

615. — Tchaïré à couverte noire irisée, genre Hirokoutchi.
Idem.

---

[1] Ghiôghi, prêtre renommé et ardent propagateur de la culture artistique, passe pour avoir inventé au Japon le tour à poterie au commencement du VIIIe siècle de notre ère.

616. — Tchaïré à base renflée, forme dite Dhar'ma. Couverte brune, agatisée noir.

xiii⁰ siècle.

617. —— à large base, forme dite Dhar'ma. Couverte marron surémaillée de brun foncé.

Idem.

618. —— de forme bursaire. Émail brun foncé sur couverte brune.

Idem.

619. — Deux tchaïré, dits Karamono (terre de la Chine) à couverte brune. Par *Tochiro* ou un de ses disciples.

Idem.

620. ——— à couverte brune surémaillée de noir.

Idem.

621. ——— à couverte brune jaspée.

xiii⁰ et xiv⁰ siècles.

622. ——— couverte marron, tachetée d'émail brun.

xiv⁰ siècle.

623. ——— couverte brune, surémaillée de noir ou de fauve.

Idem.

624. ——— de forme cylindrique, l'un à couverte brune, l'autre brun jaune craquelé.

Idem.

625. — Tchaïré de forme balustre, revêtu d'une couverte de ton noir profond. Genre dit Séto-temmokou.

xv⁰ siècle.

626. — Deux petits tchaïré Karamono (terre de la Chine) à couverte brune; le premier, de forme ovoïde, jaspé en clair; le second, à panse sphérique, surmontée d'un col droit, de ton uni.

xve siècle.

627. — Tchaïré cylindrique, couverte marron, surémaillée de brun.

Idem.

628. —— à profil bombé avec épaulement aplati. Jaspé brun de taches ambrées.

Idem.

629. —— en forme d'une sphère aplatie, couverte marron, marbrée de taches brunes, style Shunkei.

Idem.

630. —— en forme d'une sphère aplatie, couverte marron, marbrée d'émaux ambrés.

Idem.

631. — Deux tchaïré, à couverte marron, diversement accidentée de taches verdâtres ou brunes.

xve et xvie siècles.

632. —— à couverte brun tacheté.

Idem.

633. — Genre Kiséto[1]. Bol de forme turbinée, revêtu d'une couverte vitreuse de ton jaunâtre, qui enveloppe le pourtour jusqu'aux deux tiers de sa hauteur.

xvie siècle.

[1] Kiséto: Séto jaune.

634. — Bol largement évasé, revêtu d'une brillante couverte en jaune craquelé.

XVIe siècle.

635. — Pot sphérique à étroit orifice et garni sur l'épaulement de quatre petits anneaux. Couverte gris craquelé. Auprès de la base l'artiste a incisé cette inscription : *Façonné par Shimbé pendant la période Yérokou* (1558-1569). Haut. 0,14.

Idem.

636. — Flacon en forme de trapèze, garni de deux petites anses surélevées auprès du goulot. Couverte jaune mélangée de coulées vertes. Au revers est incisée la marque de *Shimbé*. Haut. 0,10.

Idem.

637. — Bouteille Kiséto à petit col cylindrique, surmontant une panse aplatie. Brillante couverte fauve, craquelée. Haut. 0,17.

Idem.

638. — Bouteille Kiséto à panse cylindrique avec goulot cintré. L'épaulement du vase est gravé de trois motifs de roseaux, incisés sous la couverte jaune craquelée. Haut. 0,18.

Idem.

639. — Tchaïré ovoïde à couverte brune et verticalement strié. Style de Rikiu.

Idem.

640. — Tchaïré cylindrique, dont la couverte marron jaspé est surémaillée d'une large coulée jaune.

Idem.

641. — Deux tchaïré à couverte brun agatisé.

xvie siècle.

642. — —— cylindriques à couverte marron, surémaillée de coulures brun jaune.

Idem.

643. — Tchaïré de forme dite Maroukatatsuki (épaulement arrondi) à couverte marron surémaillée de coulures brun irisé.

Idem.

644. — Grand tchaïré à panse cylindrique surmontée d'un petit col évasé. Couverte kaki, surémaillée brun.

Idem.

645. — Tchaïré ovoïde, flammé brun jaune.

Idem.

646. — —— ovoïde se terminant par une petite gorge, d'où s'échappe une coulée d'émail noir par-dessus la couverte marron uni. Ce petit pot reçut du célèbre tchajinn Yenchû le nom : *Issoukagawa*.

Idem.

647. — Deux tchaïré à couverte marron, accidentée de taches brunes.

Idem.

648. — Pot à thé en forme de balustre élancé. L'épaulement est recouvert d'un émail brun d'oseille dont une longue coulée descend sur le gris brun jusqu'à la base du pot où elle se termine en gouttelette.

Idem.

649. — Style Temmokou[1]. Trois bols de forme évasée, représentant différents spécimens du genre.

xvie et xviie siècles.

[1] Voir renvois de la page 115.

650. — Trois bols, différents de forme et de couleurs d'émail.
xvie et xviie siècles.

651. — Deux tchaïré à couverte brune; le premier, offrant une panse sphérique surmontée d'un long col légèrement évasé du bord. et l'autre, de forme ovoïde, accidenté par une large coulée d'émail jaune.
Idem.

652. ——— variés à couverte brune.
Idem.

653. — Petit tchaïré piriforme, dit Karamono (terre de la Chine). Coulées brunes sous couverte marron.
xviie siècle.

654. — Deux tchaïré, genre Shunkei, consistant en marbrures sur couverte marron; l'un de forme ovoïde et l'autre, très bas, de forme bursaire.
Idem.

655. ——— variés, à couverte marron, marbrée brun.
Idem.

656. — Tchaïré décoré de feuillages bruns sous couverte gris jaune craquelée.
Idem.

657. — Grand bol de forme turbinée à couverte jaunâtre craquelée. Par *Hakuan* (vers 1624).
Idem.

658. — Genre Temmokou gousouri (émail Temmokou). Bol campanulé, à couverte brune fouettée noir.
Idem.

659. — Genre Nignôdé de la Corée. Bol de forme basse à profil cintré et revêtu d'une couverte vitreuse jaune.

xviie siècle.

660. — Bol à bords droits, rétrécis du haut. Couverte brune mélangée de parties noires.

Idem.

661. — Grand pot, dit Matsubo, de forme ovoïde, avec petit col cylindrique et surmonté à l'épaulement de quatre petits anneaux. Couverte brune sur terre rougeâtre. Haut. 0,32.

Idem.

662. — Porte-bouquet en tronc de bambou. Coulée bleue sur couverte grise. Haut. 0,19.

Idem.

663. — Vase rectangulaire, gravé en plein d'un petit motif vermiculé et revêtu d'une couverte brune à coulée blanchâtre. Haut. 0.26.

Idem.

664. — Vase de forme ovale à dépression et portant deux boutons latéraux à l'épaulement. Couverte brune sur terre rouge, accidentée de petites coulures bleuâtres dans le haut. Haut. 0.20.

Idem.

665. — Vase de forme élancée, portant au col une rangée de six clous saillants. Couverte brune sur terre rouge. Haut. 0,25.

Idem.

666. — Mizusachi cylindrique à couverte brun irisé, fouettée d'un émail couleur rouille. Haut. 0,19.

Idem.

667. — Petit pot à panse trapue, turbinée, et surmontée d'une petite gorge. Couverte gris craquelé, marbrée de coulées bleues et brunes. Haut. 0,12.

xviie siècle.

668. — Kogo carré à couvercle plat, avec un oiseau pour bouton, les bords intérieurs de la boîte sertis d'argent. Couverte brune.

Idem.

669. — Trois petits pots de formes variées et revêtus d'émail jaune craquelé.

Idem.

670. — Coupe ronde sur piédouche, revêtue d'une couverte grise truitée dans le style Ido.

Idem.

671. — Grand bol de forme campanulée. Un motif d'arbres est peint en brun sous une couverte brillante et veloutée de ton gris.

Idem.

672. — Deux tchaïré, le premier, formant une sphère aplatie, est tacheté brun jaune sur couverte brune ; l'autre, élancé, est jaspé brun sur couverte marron.

xviie et xviiie siècles.

673. — Petit bol évasé à couverte grise, surémaillée aux bords de coulées agatisées brun et noir.

xviiie siècle.

674. — Petit bol cylindrique à brillante couverte brune, fouettée de tons plus pâles.

Idem.

675. — Petit tube à neuf pans. Couverte brune, accidentée d'une tache d'émail bleu sur chaque pan.

xviiie siècle.

676. — Bol circulaire à petits bords droits, revêtu d'une couverte ton de rouille.

Idem.

677. — Deux bols hémisphériques très ouverts. Émail bleuâtre, accidenté de taches brunes, par *Shuntaï*. Le cachet de l'artiste est estampé au revers.

Idem.

678. — Gourde à double renflement, portant en relief une cordelière nouée. Couverte brune brillante. Haut. 0,20.

Idem.

679. — Coupe plate à bords dentelés, avec trois larges taches d'émail blanc sur couverte brune. Diam. 0,18.

Idem.

680. — Petit pot à bec, de forme irrégulière. Couverte brune sur terre rouge. Haut. 0,08.

Idem.

681. — Bouteille de forme bursaire, à petit goulot. Couverte brune, largement tigrée de jaune. Genre *Tobigousouri*. Haut. 0,18.

Idem.

682. — Deux bols de forme cintrée, à couverte brune, fouettée d'émail blanc.

xixe siècle.

683. — Présentoir pour coupe à saké, de forme circulaire sur piédouche. Couverte craquelée teintée de bleu. Marque de *Shuntaï*.

xixe siècle.

Poteries d'Oribé.

684. — Dix tchaïré, chacun de la main d'un de dix artistes différents qui ont travaillé pour Fourouta Oribé, créateur de la poterie dite Oribé ou pour Nobounaga. Ces pots sont pour la plupart de forme élancée, revêtue d'une couverte brune entremêlée d'émaux de tons variés et portent chacun au revers la marque de l'artiste créateur [1] :

    a. par Hanchitchi [2].
    b. » Rokoubei.
    c. » Kitchiyémon.
    d. » Motozô.
    e. » Tomojû.
    f. » Jôhatchi.
    g. » Dôyu.
    h. » Kanjiro [3].
    i. » Sasouki.
    k. » Tchôson.

xvie siècle.

685. — Six tchaïré, chacun de la main d'un des six célèbres artistes qui ont créé des vases Oribé pour le shogoun Nobounaga. Ils sont

---

[1] Voir page suivante, la reproduction des marques des plus célèbres artistes d'Oribé.
[2] Ce pot porte, outre la marque adoptée par l'artiste, la signature *Chitchi*.
[3] » » » » » *Kanjiro*.

Marques des plus célèbres artistes d'Oribé.

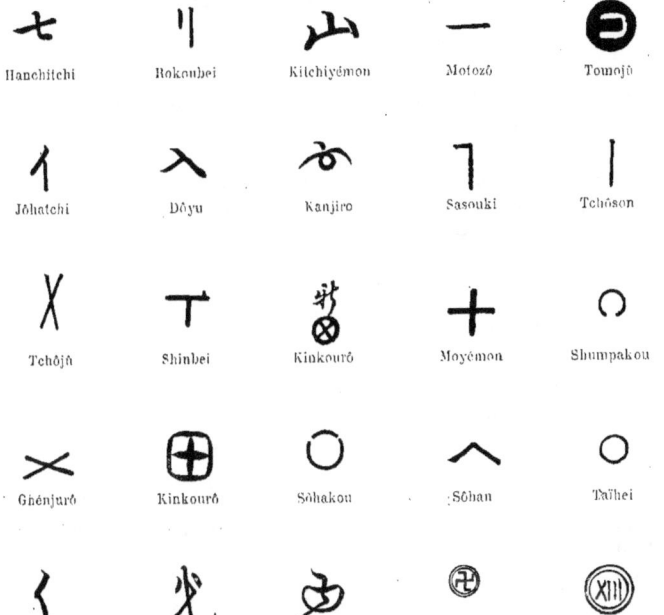

de forme élancée et revêtus d'une couverte brune, différemment nuancée et portent chacun au revers la marque de son artiste créateur [1] :

    a. par Tchôju.
    b. » Kôson.
    c. » Shinbei.
    d. » Kinkourô [2].
    e. » Moyémon.
    f. » Shumpakou.
    xvie siècle.

686. — Six tchaïré de la main de six artistes célèbres en poterie d'Oribé. Ils sont de formes variées et diversement émaillés d'une couverte brune :

    a. Ghénjurô.
    b. Kinkourô.
    c. Sôhakou.
    d. Sôhan.
    e. Taïhei.
    f. Inconnu.
    Idem.

687. — Tchaïré par *Kôson*. Il est de forme tubulaire, offrant un poudré noir sur couverte marron. Au revers est gravée la marque de l'artiste.

    Idem.

688. — Tchaïré par *Kitchibei*. Il est de forme élancée à quatre pans, avec couverte kaki, surémaillée de brun autour du col.

    Idem.

689. — Tchaïré cylindrique à couverte brun jaspé.

    Idem.

---

[1] Voir pour la reproduction de ces marques la page 137.
[2] Ce pot porte, outre la marque adoptée par l'artiste le caractère *Shin*.

690. — Tchaïré cylindrique. Couverte kaki, surémaillée de coulées brunes.

XVIe siècle.

691. — Deux tchaïré de formes élancées, à couverte brune. Le premier est cerclé, auprès de sa base renflée, de trois anneaux circulaires et l'autre porte au pourtour des incisions de bâtons entrecroisés, surmontés d'une large entaille.

XVIe et XVIIe siècles.

692. — Tchaïré de forme cylindrique à dépressions. Couverte brune à coulée bleue, sur terre de Shigaraki.

XVIIe siècle.

693. — Trois tchaïré de formes et couleurs variées.

XVIIe et XVIIIe siècles.

694. — Grand bol, formant un ovale irrégulier. La couverte grise est enduite à l'intérieur d'une couche d'émail noir, qui recouvre également une partie du pourtour, laissant en réserve un champ gris décoré de rayures noires.

XVIe siècle.

695. — Grand bol de forme surbaissée et irrégulière, à parois droites. Émail noir, laissant apparaître par endroits la première couverte qui est de ton clair. Au revers une inscription en laque rouge donne le nom d'un tchajinn, ancien possesseur de la pièce : *Chôgan*.

Idem.

696. — Deux bols en ovale irrégulier, décorés de motifs ornementaux en blanc sur couverte rose ou chamois avec coulées d'émail vert. L'un des deux bols est en outre orné d'un dessin d'aubergine dans le fond et porte au revers la marque d'un des artistes de Fourouta Oribé : *Jôhatchi*.

Idem.

697. — Trois bols de formes irrégulières, émaillés de noir et offrant des dessins divers en noir sous couverte grise.

xvi⁰ et xvii⁰ siècles.

698. — Vase de forme cylindrique, s'évasant dans le haut par un bord dentelé simulant des pétales de fleurs. Emaux verts sur couverte craquelée. Haut. 0,12.

xvii⁰ siècle.

699. — Petite coupe évasée, sur piédouche ajouré. Email vert brillant sur terre brune. Diam. 0,12.

Idem.

700. — Petit pot de forme balustre, garni de deux anses au bord. Entre deux nappes d'émail vert, qui coulent de l'orifice au long des côtés latéraux, est tracé un dessin d'entrelacs en brun sous couverte ivoire. Un couvercle en métal ajouré a fait servir cet objet comme brûle-parfums.

Idem.

701. — Coupe oblongue à bords lobés. Coulées vertes sur fond craquelé, décoré d'ornements bruns. Long. 0.16.

Idem.

702. — Trois vases cylindriques. Leurs parois sont divisées en quatre sections verticales, alternées d'émail vert et de décors bruns sur couverte fauve. Haut. 0.10.

Idem.

703. — Vase de forme bursaire, garni de deux anneaux surélevés près du bord, d'où s'échappent des coulées vertes. Le pourtour du vase est décoré de motifs ornementaux en brun sur couverte fauve. Haut. 0,10.

xviii⁰ siècle.

704. — Kogo, affectant la figure à longue tête de Foukourokou. Couverte blanc rosé.

xvii° siècle.

705. — Kogo trilobé, tacheté d'émail vert.

xviii° siècle.

706. — Futa-oki (pose-couvercle) figurant un crabe dans le creux d'une bûche. Émail vert.

Idem.

707. — Petit bol cylindrique, à couverte gris craquelé, ornée d'un motif de fleurettes en noir et d'une large coulée d'émail vert émeraude.

Idem.

708. — Petit bol évasé et lobé. Sur fond craquelé, entre deux coulées d'émail vert, une bande ornementale médiane est peinte en brun. Diam. 0,125.

Idem.

709. — Petit gobelet évasé et annelé. Coulée d'émail vert sur fond gris, décoré d'ornements bruns. Haut. 0,07.

Idem.

710. — Petit vase lobé à bords élevés. Deux coulées d'émail vert recouvrent partiellement un décor linéaire en brun sur fond clair. Haut. 0,09.

Idem.

Poteries de Shino.

711. — Grand bol à bords droits, portant, sous sa couverte grise à gros craquelé, un motif de bâtons entrecroisés, peint en bleu. La marque d'artiste, incisée sous le pied, est attribuée à *Johatchi*.

xvi° siècle.

712. — Bol cylindrique, décoré d'un motif de bambous, peint en brun sous la couverte blanche.

Idem.

713. — Bol renflé par la base, offrant, sous la couverte grise, qui est elle-même surémaillée de blanc, un motif linéaire peint en bleu. Par *Shumpakou*, dont la marque circulaire est incisée sous le pied.

Idem.

714. — Bol surbaissé, à parois cylindriques, décoré d'une frise à motif vertical en noir sous la couverte gris craquelé.

Idem.

715. — Bol de forme surbaissée à bords droits, arrondis à la base. Couverte en blanc craquelé, par *Tomojô*, dont la marque, consistant en une double barre, est incisée au revers.

Idem.

716. — Grand bol surbaissé, à parois droites. Un décor de treillages se trouve peint en brun sous l'émail blanc.

Idem.

717. — Petite théière balustre, verticalement rayée de brun sur couverte craquelée. Haut. 0.10.

Idem.

718. — Coupe trilobée à bords droits, décorée d'un motif de lignes sinueuses, en brun sur couverte craquelée. Diam. 0,15.

xvi⁰ siècle.

719. — Kogo rond en forme de grelot, décoré d'entrelacs bruns sous couverte grise.

Idem.

Poteries d'Ofouké.

720. — Présentoir pour coupe à saké, de forme circulaire. Couverte d'un émail jaune à paillettes.

xvii⁰ siècle.

721. — Grand bol quadrangulaire à profils cintrés. Couverte brun craquelé, accidentée de coulées jaunes et bleues, sur gris rouge. Largeur, 0,14.

xviii⁰ siècle.

722. — Petit bol cylindrique à couverte brun chiné, au milieu de laquelle tranchent trois tessons de porcelaine blanche, incrustés dans le corps du grès. L'intérieur du bol est revêtu d'un émail bleu, qui se répand aussi en petites coulées autour des bords extérieurs.

Idem.

723. — Grand bol de forme ovoïde, à base étroite. La couverte, de ton laiteux, est surémaillée à l'intérieur de larges sections vert bleu.

Idem.

724. — Futa-oki (pose-couvercle) représentant une ronde de trois lapins. Email vert.

Idem.

725. — Coupe basse, à bords ondulés, marbrés de coulées brunes sur couverte craquelée. Diam. 0,14.

xviiie siècle.

726. — Bouteille en forme de courge, côtelée. Coulures d'émail vert bleu transparent, sur couverte fauve craquelée. Haut. 0,14.

Idem.

727. — Petite coupe ovale sur piédouche, en forme d'un demi-sac à riz. Couverte brune avec agglomération d'émail blanc dans le fond. Largeur 0,11 1/2.

xviie siècle.

Poteries de Tokonamé.

728. — Vase de forme bursaire à quatre dépressions perpendiculaires. Les côtés latéraux, à bords effilés, se terminent de haut en bas par des arêtes saillantes. Couverte brune sur terre pareille. Haut. 0,19.

xvie siècle.

729. — Figure d'un Rakan, grandeur petite nature. Le saint est représenté accroupi, le bras gauche posant sur le genou relevé, le corps légèrement incliné et soutenu par la main droite qui s'appuie à plat sur le sol.

xviiie siècle.

Poterie de Narumi.

730. — Petit tchaïré ovoïde, tacheté brun jaune sur couverte marron.

xviie siècle.

N° 729

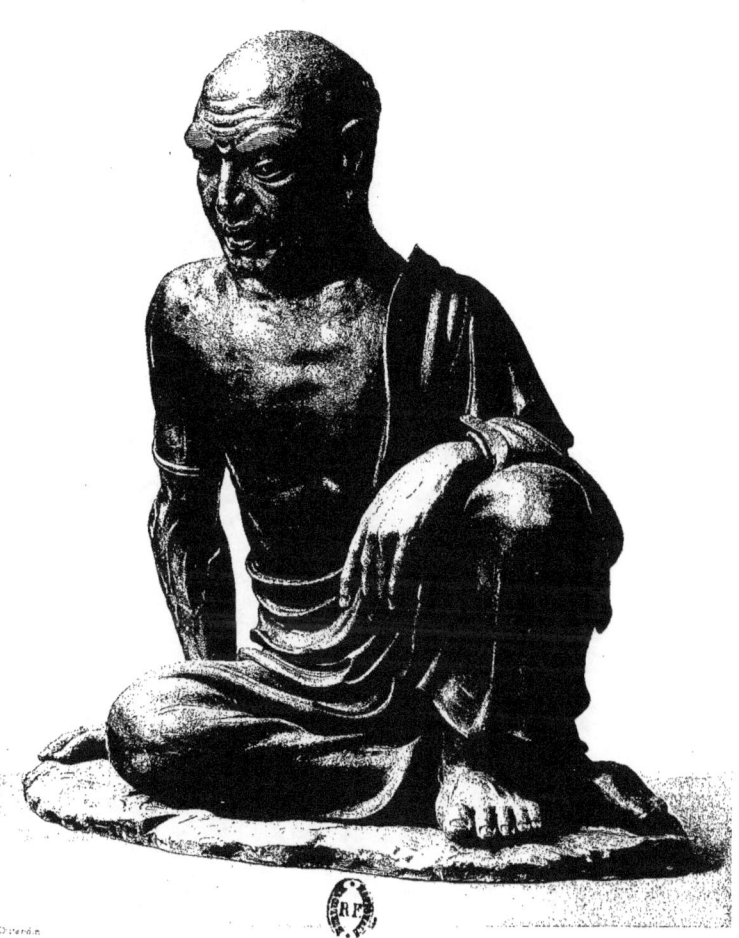

Poteries de Karatsu.

731. — Petit pot à profil bombé et garni au pourtour de trois petites anses. Il est décoré de deux légères frises ornementales en brun sous la couverte craquelée de ton gris clair.

xvi⁰ siècle.

732. — Genre Tchôcen Karatsu [1]. Petit pot turbiné à couverte brune avec liséré bleu.

Idem.

733. — Genre Tchôcen Karatsu. Tchaïré à épaulement renflé. La couverte, blanc craquelé, est chargée à la partie supérieure d'une couche d'émail brun.

Idem.

734. — Genre Nabaridé. (Email gras.) Bol sphérique, légèrement évasé du bord. Couverte grise mêlée de brun, laissant à nu, dans la partie inférieure du bol, la couleur ferrugineuse du grès.

Idem.

735. — Grand bol cylindro-ovoïde à couverte grise, laissant la terre noire à découvert dans la partie inférieure du bol.

Idem.

736. — Genre Nabaridé. Bol campanulé, à couverte grise, jaunie vers les bords.

Idem.

737. — Genre Jokatsu. Bol à bords droits, avec rétrécissement médian. Couverte brune, rétractée en gouttelettes dans la partie inférieure du bol.

xvi⁰ siècle.

---

[1] Tchôcen est un nom japonais pour la Corée. On appelle Tchôcen Karatsu une importante production de poteries qui s'est faite à Karatsu avec des matières importées de la Corée, notamment au moment de l'expédition de Hidéyochi.

POTERIES DE KARATSU

738. — Genre Hana-michima[1]. Bol plat à bords évasés. La couverte, de ton verdâtre, est incrustée en émail blanc de fleurettes gravées dans la pâte.

xvie siècle.

739. — Genre Kacédé. (Email sec). Bol campanulé, revêtu d'une couverte gris brun, à surface mousseuse.

Idem.

740. — Genre Abouradé (émail huileux). Petit vase de forme conique, à couverte brillante de ton d'oseille.

Idem.

741. — Quatre petites coupes plates de style coréen, à couverte fauve craquelé.

xvie et xviie siècles.

742. — Bol triangulaire, revêtu mi-partie d'une couverte blanc opaque et mi-partie de jaune transparent, fouetté bleu. Au revers se trouve incisé la marque d'artiste *Zoun*.

xviie siècle.

743. — Genre Ohibi (grand craquelé). Deux bols de forme campanulée à couverte gris craquelé.

Idem.

744. — Bouteille conique, se terminant par un petit goulot. Un émail bleuâtre descend de l'orifice sur la couverte brune, enveloppant le tiers supérieur du vase. Haut. 0,22.

Idem.

745. — Petit pot tubulaire à dépressions, couverte gris brillant, sous laquelle est peint en noir un motif de roseaux fleuris.

xviie siècle.

[1] Voir notes pages 116 et 119.

746. — Genre Hacégousouri (émail blanc). Bol évasé, à couverte gris clair, craquelée noir.

xvii° siècle.

747. — Genre Tchôcen-Karatsu. Petit pot tubulaire à couverte blanc laiteux, légèrement surémaillée de bleu clair.

Idem.

748. — Genre Kacédé (Émail sec). Bol cylindrique, revêtu d'une couverte blanc craquelé, opaque.

749. — Bol hémisphérique, décoré en brun sous couverte grise, d'un motif de lianes à l'intérieur et de six cercles concentriques au pourtour.

Idem.

750. — Bol de forme triangulaire, à couverte brun oseille, accidentée de taches d'émail bleuâtre.

Idem.

751. — Genre Tchôcen-Karatsu. Bol évasé, à couverte blanc bleuâtre, dite clair de lune.

Idem.

752. — Petit pot dit chighé (pot à sel) à base renflée. Couverte gris brun craquelé.

Idem.

753. — Petit pot hexagone, à bords droits élevés. Décor ornemental en brun sur émail gris, recouvrant la terre rouge. Haut. 0,09.

Idem.

754. — Bol hémisphérique de style coréen. La couverte gris verdâtre, incrustée, sur le pourtour extérieur, d'une frise d'ornements

linéaires en émail blanc, laisse à découvert la terre rouge dans la partie inférieure du bol.

Idem.

754 *bis*. — Bouteille cylindro-ovoïde à petit goulot. Elle est décorée, en brun sur couverte fauve, de quatre cartouches verticaux, ornés de fleurs et de paysages. Haut. 0,25.

xviie siècle.

755. — Petit bol évasé, avec dépression au bord, à couverte ton de rouille.

Idem.

756. — Petite bouteille annnelée, de forme turbinée à col étroit. Couverte fauve sur terre rougeâtre. Haut. 0,17.

Idem.

757. — Petit pot à bords élevés, s'évasant légèrement du haut. Craquelé gris, genre coréen.

Idem.

758. — Genre Bidoro-gousouri (émail transparent). Petit bol d'un ovale irrégulier, à couverte vitreuse de ton vert jaune.

Idem.

759. — Kogo rond et plat à couverte grise.

Idem.

760. — Coupe ronde, à bec, offrant dans l'intérieur, en brun et en incrustations blanches, le motif d'une plante fleurie sur fond gris. Diam. 0,17.

Idem.

761. — Bol hémisphérique, à couverte verdâtre craquelée.

xviiie siècle.

Poteries de Takatori.

762. — Tchaïré, Yenchu-Takatori[1], à couverte brune surémaillée de noir.

xvii° siècle.

763. — Deux tchaïré, à couverte brun jaune. Le premier est en forme de losange et l'autre de forme basse, avec épaulement arrondi.
Idem.

764. ——— garnis de petites anses auprès de l'orifice. Ils présentent des coulées brunes sur couverte marron.
Idem.

765. ——— émaillés de brun sur couverte verdâtre. L'un se distingue par une panse sphérique surmontée d'un col droit, et l'autre, de forme cylindrique, présente une dépression à sa partie inférieure.
Idem.

766. ——— le premier, de forme tubulaire, est revêtu d'une brune couverte glacée, surémaillée en ton de rouille et l'autre, à panse sphérique, offre à la naissance du col un poudré jaune sur couverte brun mat.
Idem.

767. ——— à couverte brun flammé; le premier piriforme, et l'autre de forme pansue surmontée d'un petit col.
Idem.

768. ——— l'un, de forme ovoïde, offre un émail noir uni et l'autre,

[1] Yenchu fut un célèbre tchajinn dont le nom est resté attaché à toutes les pièces de poteries que cet amateur ultra-raffiné avait commandées aux artistes en renom.

à panse renflée du bas, est émaillée de brun avec des taches jaunâtres.

xvii⁰ et xviii⁰ siècles.

769. — Pot surbaissé, à large base plate. Sur la couverte, ton de nèfle, coule, de l'orifice, une nappe d'émail brun mêlé de blanc. Diam. à la base, 0,23.

xviii⁰ siècle.

770. — Bouteille, dont la mi-partie supérieure est enveloppée d'un émail blanc, laissant la couverte brune apparente sur une panse de profil sphérique. Haut. 0,20.

Idem.

771. — Cornet annelé, chargé dans le haut d'une riche couche d'émail bleuté, qui se répand sur la couverte brune jusqu'à mi-hauteur du vase. Haut. 0,32.

772. — Bol évasé, dont une section du bord empiète sur l'épaisseur de l'autre. Couverte brune sur terre rouge. Diam. 0,14.

Idem.

773. — Petit bol évasé, décoré de palmettes en émail blanc sur couverte brune.

xix⁰ siècle.

Poteries de Tampa.

774. — Tchaïré de forme tubulaire, offrant une couverte de noir mat, avivée par des traînées de noir brillant.

xvii⁰ siècle.

775. — Tchaïré de forme ovoïde allongée. Il est revêtu d'une couverte brun poudré, sur laquelle descend de l'orifice une longue traînée d'émail blanc.

xviie siècle.

776. — Deux tchaïré. Le premier, à panse bombée et surmontée d'une petite gorge cloutée, est enduit d'une couverte brun mat; l'autre, ovoïde, offre une couverte de brun jaspé.

Idem.

Poteries de Zézé.

777. — Tchaïré de forme ovoïde, rétrécie du haut. Pot du tchajinn *Yenchu* [1]. Il est revêtu d'une couverte brun mat, sur laquelle descend une coulée brillante, mélangée de brun jaune.

xviie siècle.

778. — Quatre tchaïré à couverte brune; le premier de forme ovoïde; le second dont la panse ovoïde est surmontée d'un col évasé garni de deux petites anses; le troisième de profil droit est surmonté de deux petites anses; le dernier de forme élancée à col étroit.

Idem.

779. — Trois tchaïré à couverte marron, diversement accidentée d'émaux bruns et d'une coulée bleue.

Idem.

Poteries de Shigaraki.

780. — Deux tchaïré. Dans l'un, de forme effilée, la terre rouge est partiellement revêtue d'une couverte Joça [2] de ton brun verdâtre jaspé

---

[1] Voir note de la page 149.
[2] Pour le nom Joça voir page 177 du catalogue.

et l'autre offre, sur biscuit, un émail moucheté de petites pierres blanches.

xvii° siècle.

781. — Trois tchaïré à couverte marron, diversement surémaillée de coulées ou de taches brunes.

Idem.

782. ——— Yenchû-Shigaraki. Le premier, de forme ovoïde, offre une couverte brun jaspé ; le second est émaillé d'une coulée de ton clair sur couverte marron et le dernier, ovoïde, porte sur couverte marron une balafre verticale en noir.

Idem.

783. — Kogo en forme de blaireau. Grès brun de nature pierreuse marqué en lettres gravées : *Shigaraki*.

Idem.

784. — Petite gourde à triple renflement, portant à l'épaulement de la panse inférieure deux ornements saillants qui semblent figurer des pieuvres. Couverte gris vert. Haut. 0,19.

xviii° siècle.

785. — Bouteille avec panse ovoïde incisée de gravures. La couverte brune est surémaillée de bleu au goulot. Haut. 0,19.

xviii° siècle.

Poteries d'Iga.

786. — Déversoir avec couvercle, en forme d'une pêche. Terre grise, partiellement enduite d'un émail vitreux à paillettes, de ton verdâtre.

xvi° siècle.

787. — Kogo en forme de gourde à double renflement. Couverte verdâtre sur matière pierreuse. Travail de *Moyémon*, dont la marque en forme de croix est incisée au revers.

xvi° siècle.

788. — Grand bol à bords droits cabossés. Sur une terre rouge est étendue une couverte de même couleur, surémaillée de larges sections d'émail vert.

xvii° siècle.

789. — Genre Yenchû-Iga. Bol campanulé, d'un façonnage très mince. Sur une légère glaçure rosée se trouve irrégulièrement épandu un émail vert vitreux, qui s'agglomère au fond du bol dans une masse opaque de ton bleu.

Idem.

790. — Grand bol sphérique, modelé à la main et enduit d'une très légère glaçure rosée.

xvi° siècle.

Poteries de Hagni.

791. — Genre Kohagni (Hagni ancien). Bol campanulé, aux bords repliés en triangle. Il est revêtu d'une brillante couverte jaune-paille, très veloutée. Cette pièce, de grande rareté, passe pour avoir été fabriquée à Matsumoto avant l'arrivée du Coréen *Rikiu* (voir numéro suivant).

xvi° siècle.

792. — Bol de forme dite liseron. Couverte de ton fauve très finement craquelée et chargée par endroits d'un enduit d'émail blanc

piqueté de trous. Pièce attribuée à *Rikiu*, potier coréen, connu pour avoir travaillé à Hagni sous le nom de *Koraïzayémou*.

xviᵉ siècle.

793. — Style Ido de Corée. Bol campanulé, gravé à sa partie inférieure d'une frise de côtes tournantes. Couverte jaunâtre craquelé, très lisse.

Idem.

794. — Bol campanulé, cerclé au tiers de sa hauteur d'une profonde rainure que surmonte une gravure de bâtons entrecroisés. Couverte grise, finement truitée. Fabrication de Matsumoto.

xviiᵉ siècle.

795. — Genre Onihagni (Hagni du diable). Bol à orifice quadrangulaire, sur piédouche entaillé de deux encoches. Couverte grise, puissamment craquelée, fendillée et piquetée de trous.

Idem.

796. — Genre Shiwahazé (émail ridé et cassé). Bol évasé, de forme turbinée, sur étroit piédouche, entaillé de trois encoches. Couverte de ton ivoire, profondément sillonnée de gerçures noires entre lesquelles l'émail se soulève en gros bouillons.

997. — Genre Koraïzayémon[1]. Petit bol sphérique, revêtu de couverte jaune à gerçures.

Idem.

798. — Petit bol turbiné, à couverte craquelée de ton gris rosé.

Idem.

799. — Genre Hori-Michima. Grand bol ovale en forme d'un sac de riz coupé. Les deux faces longues, légèrement aplaties, sont incrustées en émail blanc d'un ornement circulaire au milieu de la couverte de ton gris vert. Le haut du bol est contourné d'une coulée d'émail bleu clair, échappée de l'orifice.

xviii° siècle.

800. — Flacon à couverte craquelée, genre coréen. Au revers, l'inscription gravée : Travail de *Kiô-ou*.

Idem.

Poteries de Higo.

801. — Bol à hautes parois, à profil incurvé. Sous la couverte blanche, vitreuse et étoilée de minuscules paillettes argentées, est peint auprès du bord le vol de deux oiseaux de Hô noirs.

Idem.

802. — Petit bol à bords évasés. Couverte gris perle, décorée, en incrustations blanches, de médaillons et de frises.

Idem.

803. — Bol campanulé, dont l'émail gris est décoré à l'entour du bord d'une frise bleue, représentant les douze signes du zodiaque. Une bordure sinueuse court au-dessous.

Idem.

804. — Petit bol cylindrique. Terre noire, lustrée brun et éclaboussée de taches d'émail vert.

Idem.

805. — Trois tchaïré de formes variées, à couverte brun jaspé.

Idem.

806. — Tchaïré cylindrique, revêtu d'une couverte brune à mélange de vert couleur thé en poudre, offrant sous l'épaulement une tache d'émail blanc.

xviii® siècle.

Poteries de Bizen.

807. — Deux tchaïré. Le premier, à épaulement renflé, est enduit d'un émail gris sur terre rouge, et l'autre, dont la panse annelée supporte un petit col bas, est en simple grès brun veiné de rouge.

xvi® siècle.

808. — Mizusashi de forme bursaire, pourvu d'un couvercle de même matière Sur le fond rouge du grès tombe une coulée d'émail jaune grenu, partiellement recouverte à son tour par une coulée brune, qui s'arrête en gouttelettes tout au bas du pot. Par *Kimoura Shichitchiro*. Au revers, est gravée la barre qui servit de marque à cet artiste renommé. Haut. 0,17.

Idem.

809. — Faucon en grès rouge, posé sur un vieux tronçon d'arbre. Haut. 0,33.

Idem.

810. — Mizusashi en forme de losange, en grès rouge, éclaboussé d'un émail jaune, partiellement boursoufflé. Haut. 0,15.

Idem.

811. — Vase brun en forme de gourde à double renflement, horizontalement striée. La panse inférieure est cabossée par quatre dépressions. Au revers, l'incision de la marque : *Man*. Haut. 0,24.

Idem.

No 318

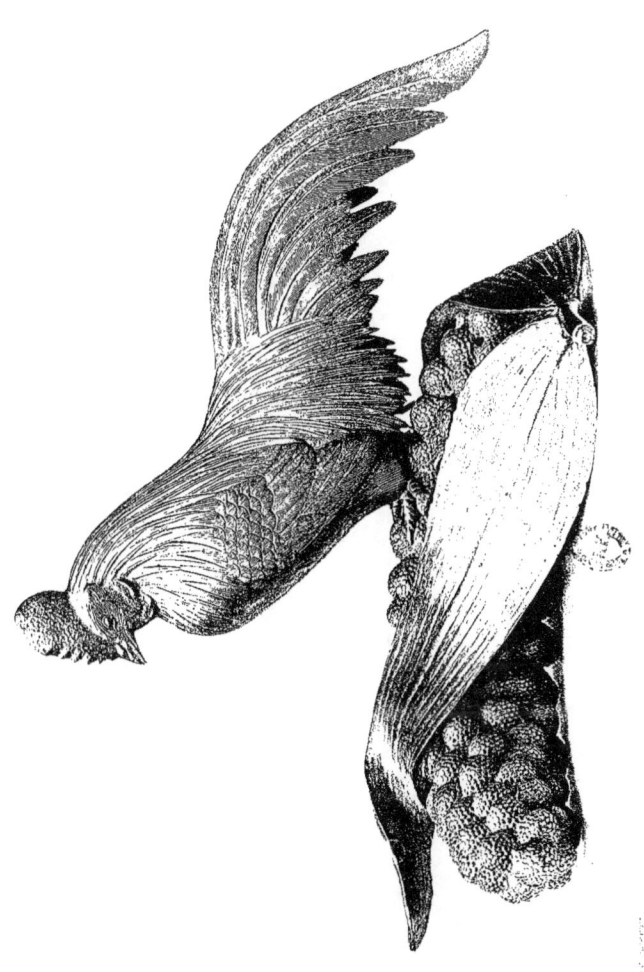

812. — Vase brun en forme de gourde à double renflement et garni à sa partie rétrécie de deux anses en tête d'éléphant. Au revers, est incisé le caractère en forme de cône qui fut la marque de *Monzabouro*. Haut. 0,24.

xvi° siècle.

813. — Un coq, debout sur une cuvette renversée; grès rouge, partiellement lustré d'un léger émail. Haut. 0,23.

Idem.

814. — Grès rouge, représentant une gerbe de riz sur laquelle se sont posés un coq et une poule. Haut. 0,18.

xvii° siècle.

815. — Cassolette en grès brunâtre, représentant un coq, debout sur un régime de millet entouré de deux feuilles longues et souples. Le revers d'une de ces feuilles porte en gravure la barre surmontée d'une croix qui fut la marque de l'artiste. Haut. 0,17. *Kimoura Tchozayémonn*.

Par la grâce de sa composition, la perfection de son modelé et la finesse de tous ses détails d'exécution, cet objet résume ce que le Japon nous a montré de plus remarquable en ce genre de grès de Bizen.

Idem.

816. — Mizusashi ovale, de forme irrégulière. Grès rouge, jaspé de jaune. Par *Kanamori Ousouké*, dont la marque, sous forme d'une ligne circulaire, est incisée au revers. Haut. 0,16.

Idem.

817. — Gourde plate, dont la panse est surmontée de deux petites anses cordées, et portant en relief, sur chaque face, une figure du dieu de longévité. Glaçure brune éclaboussée de jaune. Haut. 0,20.

Idem.

818. — Gourde à double renflement, flanquée sur la panse principale de deux boutons. Glaçure brune, tachetée jaune. Haut. 0,20.

XVIIIe siècle.

819. — Petite chimère en grès rouge lustré par places d'une légère glaçure. Haut. 0,17.

XVIe siècle.

820. — Kogo en forme de tortue.

XVIIe siècle.

821. — Pose-pinceaux (presse-papier), en grès rouge, simulant un sac de cuir affaissé. Long. 0,17.

Idem.

822. — Bouteille brune, piriforme, à long col, et gravée au pourtour de petites lignes circulaires. Au revers, est incisée la marque de *Sadayémon*. Haut. 0,22.

Idem.

823. — Cornet finement annelé, de forme turbinée. Glaçure brune jaspée jaune. Au revers, le caractère en delta qui fut la marque d'*Ouroko-itchi*. Haut. 0,23.

XVIIIe siècle.

824. — Petit canard mandarin en grès brun, entaillé d'une encoche qui a pour but de servir de cale aux paravents.

Idem.

825. — Petite bouteille brune, à panse bursaire, surmontée d'un goulot étroit. Au revers, est incisée la marque *Térami*. Haut. 0,13.

XIXe siècle.

826. — Vase à eau de forme évasée, en grès rouge. Marque : *Sanko*. Diam. au bord, 0,17.

xixe siècle.

827. — Bol d'une forme ovale, irrégulière. Sur le grès rouge est étendue une très légère glaçure bleue.

Idem.

Poteries de Shidoro.

828. — Deux tchaïré à couverte brune, surémaillée de taches foncées.

xvie et xviie siècles.

Poteries de Sôma.

829. — Deux tchaïré : L'un, sphérique, est revêtu d'une couverte noir uni, et l'autre, en forme de gourde à double renflement, est vermiculé d'émail jaune sur fond marron.

xviie siècle.

830. — Grand bol campanulé, à couverte noir chiné, appelée Namako.

831. — Bol campanulé à couverte brillante de ton vert rétractée en gouttelettes à l'intérieur.

xviiie siècle.

832. — Bol cylindrique à dépressions verticales. Il est profondément creusé au pourtour d'ornements circulaires sur lesquels se détachent en reliefs blancs et bleus trois motifs de chevaux. Deux autres chevaux, ornent également en relief le fond intérieur. Le décor se complète

par une bordure à la grecque, contournant le bord. Cachet au revers : *Kamachighé*.

⋅xix⁰ siècle.

833. — Petit bol, à bords légèrement évasés. Sur couverte de ton pâle s'enroulent de gros rinceaux d'un épais émail bleu.

Idem.

834. — Petit bol cylindrique, offrant la riche coulée d'un émail rouge sur une couverte bleuâtre. Au fond intérieur, un cheval galopant se trouve peint en émail blanc.

Idem.

Poterie de Maïko.

835. — Bol cylindrique annelé, enduit d'un émail brun jaune moucheté ; marque gravée au revers : *Maïko*.

xix⁰ siècle.

836. — Genre Warikôdaï. Bol en cône renversé. Grès couleur de fer, revêtu d'un émail gris à craquelures serrées. Fabrication dite Taïchiyaki.

xvii⁰ siècle.

837. — Pot à thé turbiné, revêtu d'une couverte brun mat provenant de Takatori. Il porte en puissante gravure, à la partie inférieure du pourtour, les deux caractères composant le nom de *Noboutsura* et au centre de la face opposée le caractère *Tsoubo*.

xvi⁰ siècle.

838. — Petit pot à thé turbiné, marbré de jaune sur brun.

xvi⁰ siècle.

839. — Pot à thé à panse ovoïde surmontée d'un col conique garni de deux petites anses. Couverte brune surémaillée d'une coulée brillante.

xviiᵉ siècle.

Poterie d'Idzoumo.

840. — Bol à bords droits surmontant une base cintrée. Couverte lisse de ton gris, finement truitée et traversée par de larges taches jaunâtres. Pièce attribuée à *Gombei*.

xviiᵉ siècle.

841. — Deux tchaïré surbaissés. L'un, à panse de forme bursaire surmontée d'un col cylindrique, est finement jaspé brun, et l'autre, à panse sphérique et gorge cloutée, est flammé jaune sur une riche et brillante couverte brune.

xviiᵉ et xviiiᵉ siècles.

842. — Une collection de cinq tchaïré par *Ghô-zan*, en formes variées. Le corps de pâte, d'un ton clair de terre cuite, est enveloppé d'une couverte brillante où le rouge se mélange de parties transparantes jaune de miel.

xviiiᵉ siècle.

Lot à diviser.

Poteries d'Ohi.

843. — Deux bols de formes variées, à couverte rouge brique. Cachet *Ohi*.

xviiᵉ siècle.

844. — Bol à bords droits, gravé d'un pin sous couverte brune à transparences claires. Cachet *Binn*.

xviii° siècle.

845. — Petit bol bas et très évasé à couverte noire très brillante, picotée. Cachet *Ohi*.

846. — Bol à panse sphérique surmontée de bords droits. Couverte rouge granulée et gravée d'un nuage stylisé. Cachet *Massakitchi*.

xix° siècle

847. — Kogo, figurant un bœuf couché. Couverte jaune. Travail de *Ghensaï*.

xviii° siècle

Poterie d'Odo.

848. — Kogo en forme d'un rectangle tronqué, à couvercle plat sur lequel est peinte une tige d'iris noire. Couverte rose.

xviii° siècle.

Poterie de Banko.

849. — Kogo sous la forme d'un blaireau, émaillé de gris. Une inscription gravée au revers explique que cette pièce fut faite d'après une boîte analogue conservée au temple de Kenkokouji.

xviii° siècle.

850. — Kogo formé d'une petite boîte carrée, émaillée vert bleu et surmontée d'une chimère en terre noire.

xix° siècle.

Poteries de Rakou.

COLLECTION HISTORIQUE, COMPRENANT DES SPÉCIMENS DE TOUS LES ARTISTES DE LA FAMILLE RAKOU DEPUIS LA TROISIÈME JUSQU'A LA DIXIÈME GÉNÉRATION

851. — *Donin*, plus connu sous le nom de *Nonko*. Troisième génération des Rakou. Bol cylindrique à couverte noire, dans laquelle l'artiste a gravé deux cigognes debout sur leurs pattes.

xviie siècle.

852. — *Ichiniû*. Quatrième génération des Rakou. Quatre bols divers de formes et couleurs.
 a. Forme cylindrique, à couverte brune, fortement boursoufflée ;
 b. Forme sphérique à couverte noire irisée ;
 c. Forme surbaissée à bords droits. Couverte noire, partiellement surémaillée de rouge ;
 d. Forme cylindrique avec dépression, à couverte noire mate et grenue.

xviie siècle.

853. — *Sóniû*. Cinquième génération des Rakou. Grand bol cylindrique. La couverte noire, d'une fermeté exceptionnelle, est gravée de deux rangées de cercles, laissant apparent le gris du corps de pâte.

xviiie siècle.

854. — *Saniû*. Sixième génération des Rakou. Bol sphérique à couverte rose, saupoudrée d'un très fin sablé jaune.

Idem.

855. — *Tchóniû*. Septième génération des Rakou. Bol de forme surbaissée de profil arrondi. Couverte rouge velouté, à larges craquelures.

Idem.

856. — *Tokouniû*. Huitième génération des Rakou. Deux bols divers de formes et couleurs.

a. Forme élancée à couverte orangée et gravée d'une fleur de paulownia ;

b. Forme cylindrique à couverte noire, surémaillée de rouge par endroits.

XVIIIe siècle.

857. — *Rioniû*. Neuvième génération des Rakou. Quatre bols variés de formes et de couleurs.

a. Forme à bords droits, creusés d'entailles et offrant sur couverte rouge feu la perle sacrée en larges traits d'émail blanc ;

b. Forme surbaissée, à couverte rouge marbrée de vert ;

c. Forme droite décorée, en brun sur couverte grise, du calendrier de l'année ;

d. Forme droite à dépressions. Couverte rose chair, portant en gravure la signature : *Rioniû, vieillard de soixante-douze ans*.

Idem.

858. — *Taniû*. Dixième génération des Rakou. Quatre bols variés de formes et de couleurs.

a. Forme droite, portant en larges réserves grises le mont Fouji au milieu d'une brillante couverte noire ;

b. Forme à profil bombé, avec couverte rose pâle, surémaillée de bleu ;

c. Forme hémisphérique à couverte brune portant, en réserve grise, une branche de cerisier, qui affecte la silhouette du mont Fouji.

d. Forme basse à bords droits, offrant, gravée sous couverte brune, un grand cachet avec le caractère Rakou. Au revers l'inscription : *Fait par Taniû*.

XVIIIe et XIXe siècle.

859. — *Yahei*. Bol à bords élevés de forme irrégulière, à couverte rouge mélangée de brun. Une inscription tracée au revers en laque rouge se lit : *Travail de Yahei l'aîné*, avec le nom *Sôakou* [1].

xviiie et xixe siècles.

860. — *Kato*. Bol de forme cylindrique à couverte rouge, partiellement surémaillée de vert. Une inscription en laque rouge tracée au revers porte le paraphe d'authentification de *Sochitsu* [2].

Idem.

861. — *Kawakami Ihakou*. Bol cylindrique, à couverte noire d'une contexture très ferme. Le paraphe de l'artiste est gravé dans la pâte au revers.

Idem.

862. — *Mokou Mok'saï*. Bol à bords élevés, légèrement renflés à la base. Couverte noire mate ferme et grenue, portant en reliefs blancs un papillon à côté du caractère signifiant : Rêve-Travail *Mokou-Mok'saï* [3], portant sur le pied le cachet Mokou.

Idem.

863. — *Tanrakou*. Bol à bords droits, à couverte rouge légèrement engobée d'émail blanc.

Idem.

864. — *Ousetsu-an*. Bol cylindrique à couverte rouge écarlate, zébré vert. Le nom de l'artiste est gravé au revers.

Idem.

---

[1] Ce Yahei, frère ou fils du potier Itchiniû, fut plus connu sous le nom Itchignén. Ses œuvres sont extrêmement rares et recherchées.

[2] Célèbre tchajinn.

[3] Ce Mokou fut l'auteur du Tchadô Sentaï (*Manuel de l'art du thé*), 7 volumes, parus en 1810.

865. — *Sôça.* Bol sphérique à couverte jaune, verdie d'un côté. La marque du tchajinn est gravée dans la pâte.

xviiie et xixe siècles.

866. — *Baïyén.* Bol hémisphérique à couverte noire, réservant en émail gris la forme du mont Fouji. La signature de ce tchajinn est gravée dans la pâte.

Idem.

867. — *Sénsen.* Petit bol évasé, à couverte de ton vert opaque. Marque *Sénchi* gravée sous l'émail.

Idem.

868. — *Gorakouyen* de Mito. Petit bol annelé à bords droits. Émail vert, laissant apparaître par place la couverte rouge qui est dessous. Cachet *Gorakou*.

Idem.

869. — *Choçaï.* Bol à bords droits évasés du bord. Il est revêtu d'une couverte rouge mélangée de gris. Le nom de l'artiste est gravé au revers.

xixe siècle.

870. — *Moumei-i.* Bol trapu à bords droits, à couverte huileuse de ton rouge brique. Signature gravée au revers.

Idem.

871. — *Itchiniù.* Kogo en forme de fruit. Couverte rose.

xviie siècle.

872. — *Sôchitsu.* Kogo, figurant une marmite de forme élancée, garnie de quatre anses. Couverte rouge.

Idem.

873. — *Rioniû*. Deux kogo rouges, l'un en forme de courge, l'autre tout rond.

xvii° siècle.

874. — *Rioniû*. Pot à thé de forme bursaire, pourvue d'une couverte rosée mélangée de gris.

xviii° siècle.

Poteries diverses de Rakou.

875. — Bol de forme cylindrique, dont la couverte rouge est surémaillée par endroits d'un émail gris verdâtre à surface grenue. Une inscription en laque rouge donne comme son ancien possesseur le nom du tchajinn *Anchinn*.

xvii° siècle.

876. — Petit pot conique, creusé d'un cercle à mi-hauteur. Couverte jaune saupoudrée de paillettes et surémaillée de rouge par places. Au revers se trouve incisée l'inscription : D'après le modèle de *Hikiki no saya*, suivi en manière de paraphe du caractère *Ten*.

Idem.

877. — Bol de forme surbaissée à bords droits. Couverte brune avec transparences rouges.

xvii° siècle.

878. — Bol à bords droits, s'évasant du haut. Il offre une couverte saumon piquetée de trous noirs. Travail d'un tchajinn.

Idem.

879. — Cassolette, dont le dessus représente, en vigoureuse sculpture, la tête d'une chimère, très vivante d'aspect.

xvii° siècle.

880. — Grand pot à thé de forme basse hémisphérique. Couverte noire sur grès dur. Inscription gravée au revers : *Travail de*

Rakou-ô (nom d'artiste adopté par le prince Shirakawa) *à l'âge de quatre-vingt-deux ans.*

XIX⁰ siècle.

881. — Kogo en forme de nœud, à couverte noire.

XVIII⁰ siècle.

882. — Deux kogo circulaires à couvercle plat dans le style de Koyétsu. Couverte rose et rouge.

Idem.

883. — Deux kogo rouges; l'un en forme d'une petite balle ovale, l'autre de forme circulaire et semée de fleurettes blanches.

XIX⁰ siècle.

884. — Kogo en forme d'un fruit rond, à couverte rouge, garni de feuilles vertes. Cachet : *Rakouçai.*

Idem.

Poterie par Manyémon.

885. — Pot à thé ovoïde à traînées brunes sur couverte de ton marron. Au revers est incisée la marque de l'artiste.

XVI⁰ siècle.

Poteries par Koyetsu.

886. — Bol à parois droites, rétrécies vers le haut. Couverte en noir irisé, au milieu de laquelle se détachent deux motifs ornementaux en émail blanc.

XVII⁰ siècle.

887. — Bol cylindrique, légèrement taillé à facettes et revêtu d'une couverte rose craquelé.

xvii° siècle.

Poteries par Fouhakou.

888. — Bol de forme ovoïde; couverte rose, mélangée d'émail verdâtre. Le paraphe connu de l'artiste est incisé au revers.

xviii° siècle.

889. — Bol à bords élevés à couverte noire peau d'orange, dite Méppoyaki.

Idem.

890. — Bol à bords droits resserrés vers le haut. Couverte rose accidentée d'un lavis verdâtre sur lequel se détache un large coup de pinceau d'émail blanc. Le paraphe de l'artiste est tracé au revers en émail blanc.

Idem.

Poteries par Rikiu.

891. — Grand bol à profils bombés, offrant une couverte très lisse de ton brun chiné.

xvi° siècle.

Poteries par Ninsei.

892. — Bol de forme surbaissée à couverte grise, décorée en noir d'un vol d'hirondelle au-dessus de pins au bord de la mer. Au revers se trouve gravée la marque *Ninsei*.

xvii° siècle.

893. — Bol de forme ovoïde avec dépression au bord. Sur couverte grise, un très riche décor en émaux bleus et verts accompagnés de rouge et d'or, représente des vagues stylisées, surmontées d'une bordure formée du motif quatre fois répété du sac aux richesses. A l'intérieur se ramifie une grande branche de paulownia garnie de feuilles. Sous le pied est gravé en creux la signature : *Ninsei*.

xvii° siècle.

894. — Pot à thé de forme ovoïde tronquée, à dessus plat. D'une couche d'émail brun, qui entoure la moitié supérieure du pot, s'échappe une grosse coulée qui descend sur le biscuit brun jusqu'auprès de la base, où elle se termine par une goutte épaisse. La signature de l'artiste est incisée au revers.

Idem.

895. — Deux pots à thé. L'un, de forme sphérique, porte à sa partie supérieure une couverte brune à poudré métallique ; l'autre, de forme cylindrique cannelée, offre une étendue d'émail brun jaune sur le corps de pâte en terre rouge, semblable au grès de Bizen. Signés : *Ninsei*.

Idem.

896. — Kogo, figurant un cormoran accroupi. Email jaune bleuâtre.

Idem.

Poteries par Kenzan.

897. — Petit bol ovale, décoré en brun sous couverte grise, d'un paysage où le toit d'un temple émerge derrière les arbres. Au revers une inscription poétique, avec la signature *Kenzan-chô* et deux cachets rouges de l'artiste.

xviii siècle.

898. — Petit kogo, figurant la perle hochu. Email violet, laissant en réserve des parties de ton fauve où apparaît, comme entouré de nuages, un dragon dessiné en bleu. Signature : *Kenzan*, peinte en émail au revers.

XVIIIe siècle.

899. — Petit flacon cylindrique, décoré de rinceaux noirs sur fond clair.

Idem.

Poterie par Rokoubei.

900. — Bol plat et évasé à couverte noir brillant, laissant en réserve d'émail blanc le vol d'une grande cigogne.

XVIIIe siècle.

Poterie par Dôhatchi.

901. — Bol campanulé, décoré, en réserves brunes dans une couverte blanc rosé, de deux cigognes debout. Au revers la marque : *Dôhatchi*.

XVIIIe siècle.

Poterie par Mokoubei.

902. — Bol sphérique à couverte noire, au milieu de laquelle est ménagée une réserve figurant deux pages décorées de peinture en vert, rouge et or sur un fond crémeux, à motifs de roseaux et de pins.

Commencement du XIXe siècle.

Poteries par Kenya.

903. — Jardinière à bords droits, de forme trilobée, couverte mi-parties noir et blanc; les surfaces blanches décorées en brun et bleu de grandes herbes fleuries. Signature : *Kenya*.

XIX⁰ siècle.

904. — Bol à profil cintré, à couverte vert-olive, sur laquelle s'enlèvent en reliefs d'émail blanc les trois grands caractères chinois Yo-sei-kio (le monde où règne la pureté).

Idem.

Poteries d'Omouro.

905. — Grand bol cylindro-ovoïde. Couverte de ton fauve foncé très finement truité, où se voient deux médaillons héraldiques gravés dans la pâte et rechampis d'émail blanc.

XVII⁰ siècle.

906. — Bouteille piriforme à col étroit. Elle est décorée, en vert et bleu sur couverte fauve, de lianes fleuries sur la panse et d'un motif imbriqué autour du col. Haut. 0,22.

XVIII⁰ siècle.

907. — Petit bol sphérique décoré de feuilles de bambou en émaux vert et en rouge sur fond truité.

Idem.

908. — Petit bol à profil bombé. Couverte du ton du thé vert en poudre.

Idem.

Poterie de Mizoro.

909. — Gourde à double renflement, décorée en bleu et vert sur couverte fauve, de pins, de bambous et de cerisiers en fleurs. Haut. 0,20.

xviiie siècle.

Poteries d'Awata.

910. — Brûle-parfums en forme d'une caisse rectangulaire, supportée par quatre petits pieds. Le décor, peint en émaux vert et bleu sur couverte fauve, se compose, sur les faces principales, d'un entre-croisement de bâtons, et sur les côtés latéraux, d'un motif de vagues stylisées. Le couvercle, en bronze, est finement gravé de rinceaux et ajouré d'ornements circulaires.

xviie siècle.

911. — Bouteille de forme carrée aux angles arrondis et terminée par un petit goulot. Branches de cerisier fleuries, en émaux bleus et verts rehaussés d'or, sur couverte fauve truitée. Haut. 0,18.

Idem.

912. — Bouteille hexagonale à long col. Elle est décorée sur couverte truitée, de médaillons de pins, de bambous et de fleurettes en émaux bleus et verts, rehaussés d'or. Haut. 0,24.

Idem.

913. — Petite bouteille ovoïde à petit goulot. Elle est décorée en bleu et or sur couverte fauve, de fleurettes charriées par des ruisseaux. Haut. 0,16.

Idem.

914. — Trois petites coupes à profil bombé, dont le fond est décoré de motifs floraux en émaux bleus et verts sur couverte truitée.

xviii° siècle.

Poteries de Kiyomizu.

915. — Potiche ovoïde à couverte fauve, décorée en brun d'un motif de pivoines poussant entre des roches colorées d'émaux bleu et rouge. Haut. 0,27.

xvii° siècle.

916. — Grand bol évasé et légèrement cabossé. Sous une couverte de ton gris fauve, lisse et finement truitée, sont peints en noir trois chevaux, gambadant en liberté.

Idem.

917. — Jardinière cylindrique à rinceaux noirs sur couverte fauve sur laquelle se détache au bord une bande d'émail bleu. Haut. 0,14.

Idem.

918. — Bouteille carrée à petit goulot, décorée de paysages agrestes en bleu sous couverte de ton d'ivoire. Haut. 0,14.

Idem.

919. — Bouteille même forme et même décor que le précédent numéro. Haut. 0,18.

Idem.

920. — Jardinière surbaissée, de forme cylindrique, ornée, en émaux bleus sur fond craquelé, d'un décor de pivoines accompagnées de rinceaux. Diam. 0,19.

Idem.

921. — Brûle-parfums sphérique, rehaussé sur quatre pieds. Il est décoré, en noir sous couverte fauve, d'une tige de pivoine fleurie. Son couvercle est en chakoudo, ajouré à la façon d'un natté.

xviie siècle.

922. — Petit pot cylindrique, à couverte fauve, sur laquelle se détache au bord une bande d'émail bleu intense. Haut. 0,07.

Idem.

923. — Trois pots à thé à couverte brune. Le premier, ovoïde, est légèrement sablé de noir; le second, à panse cylindrique, offre une large section de blanc craquelé et le troisième, piriforme, est suremaillé de coulées brillantes, en brun accidenté de bleu.

xviie et xviiie siècles.

924. — Gourde à double renflement décoré, en émail bleu sur couverte craquelée, d'une forte tige de bambou garnie de feuilles. Haut. 0,25.

xviiie siècle.

925. — Bouteille à large panse surbaissée, avec petit goulot. Elle est décorée, en brun sur couverte fauve, de crabes dans les roseaux et d'une ornementation rayonnante sur le dessus aplati de la panse. Haut. 0,15.

Idem.

926. — Coupe, en forme d'une double coquille, décorée, en émaux bleus sur fond craquelé, d'un motif de roseau fleuri. Long. 0,19.

Idem.

927. — Petit bol hémisphérique, à couverte ivoirine piquetée noir et décoré, en brun et bleu, d'une crevette et d'une branche de pin.

xixe siècle.

Poteries d'Asahi.

928. — Style Michima. Grand bol hémisphérique, à couverte grise nuagée de rouge et incrustée en émail blanc, à l'entour du bord, d'une frise ornementale.

xvii° siècle.

929. — Grand bol campanulé à couverte gris opaque sur grès de ton fer.

xvii° siècle.

Poterie de divers ateliers de Kioto.

930. — Kogo, figurant une pomme de pin, émaillé vert foncé. Signature gravée : *Tôça*.

xix° siècle.

931. — Kogo en forme de feuille de sagittaire. Couverte de ton vert à effets rouges, genre Oribé. Signé en gravure au revers : *Rakouchitei*.

xviii° siècle.

932. — Coupe ronde et plate revêtue d'une couverte noire, sur laquelle se détache, en relief blanc détaillé bleu, le vol d'une grande cigogne. Signature au revers : *Kenzan*. Diam. 0,20.

Idem.

933. — Mizusashi de forme balustre, garni de deux anses en doubles tiges de bambou. Couverte brune, balafrée jaune. Marque : *Ninsei*. Haut. 0,16.

Idem.

934. — Théière de forme bursaire, décorée en sections verticales, de fleurs rouges et vertes, sur couverte ivoirine. Par *Kinkozan*. Haut. 0,16.

xviii° siècle.

935. — Kogo en forme de cigogne accroupie; couverte blanche, avec détails bruns et rouges. Signature gravée au revers : *Yeiga*.

xix° siècle.

936. — Trois coupes plates, rectangulaires, à petits bords droits. Décors de fleurs en noir et bleu sur fond ivoire. Signature *Kenzan*. Long. 0,17.

Idem.

Poteries de Satsuma.

937. — Joça[1]. Grand pot à thé de forme effilée. Une première couverte brun jaune est surémaillée d'une couche de brun foncé, sur laquelle se détachent de petites mousses blanches.

xvi° siècle.

938. — Joça. Pot à thé de forme élancée. Sur l'émail verdâtre foncé, recouvrant une première couverte brun jaune, apparaissent des taches d'un blanc mousseux.

Idem.

939. — Joça. Trois [pots à thé à couverte mauve surémaillée de brun et partiellement fouettée de blancs bleuâtres.

Idem.

940. — Joça. Deux pots à thé. L'un, effilé vers la base, est revêtu d'une couverte brun irisé; le second, de forme sphérique, porte

---

[1] *Joça* est le nom d'un district situé en dehors des limites de Satsuma (dans la province Ousoumi) mais appartenant néanmoins au prince de Satsuma.

à sa moitié supérieure une riche couche d'émail brun, marbrée de jaune et tachetée de blanc ; le dernier, cylindrique, offre une couche d'émail verdâtre foncée sur couverte brun clair.

xvi° siècle.

941. — Joça. Pot à thé cylindrique, dont la couverte brune s'est rétractée en grosses gouttelettes, formant peau de serpent.

xvii° siècle.

942. — Genre Sounkorokou. Bouteille élancée, garnie au col de deux anses tubulaires. Le décor se divise en compartiments diversement ornés en brun sur couverte grise. Haut. 0,31.

xviii° siècle.

943. — Joça en style Temmokou. Bol de forme turbinée. La terre noire est revêtue d'une couverte en noir brillant, accidentée de petites parcelles mates étroitement serrées.

xvii° siècle.

944. — Genre Hibakari[1]. Grand bol campanulé, à couverte opaque très finement truitée.

Idem.

945. —— Bol de forme turbinée, couverte sablonneuse gris pâle, accidentée d'une large tache bleuâtre au bord et ornée d'un fruste dessin linéaire.

Idem.

946. — Bol en forme de cône, à couverte très lisse, en ton fauve violacé et finement traitée.

---

[1] *Hi* : feu. — *Bakari* : seulement. Cette singulière dénomination sous-entend que c'est un genre de poterie cuite dans les fours de Satsuma, mais façonnée par la main d'artistes coréens au moyen de matières de leur pays. Autrement dit : *Le feu seul est de Satsuma*.

947. — Nawashirogawa[1]. Bol de forme bursaire, à couverte ivoirine vitreuse, finement traitée.
XVII° siècle.

948. — Bol évasé, décoré sur couverte crème, d'un très riche décor de chrysantèmes en émaux verts et bleus, rehaussés de rouge et d'ors mats en relief.
Idem.

949. — Kadjiki[2]. Petit pot de forme bursaire à couverte brune, fouettée vert bleu et rouge.
Idem.

950. — Petite bouteille à panse sphérique et goulot étroit. Genre *Kadjiki*, consistant en une couverte brune chargée de coulées bleu foncé. Haut. 0,17.
Idem.

951. — Bouteille, dont le col effilé est entouré à sa base d'ornements en relief qui se composent d'une rangée de clous et de deux petites têtes de chimères. Ces ornements se détachent en bleu, rouge et or sur la couverte fauve du vase. Haut. 0,24.
Idem.

952. — Petit cornet de forme carrée, à profil cintré. Un bandeau en relief, coupant le vase à mi-hauteur, est orné ainsi que le bord supérieur et la base, d'un riche décor ornemental en rouge, vert et or, qui se détache sur le fond ivoirin finement truité du vase. Haut. 0,18.
Idem.

953. — Versoir à panse renflée, pourvue d'un court bec rond. Le décor se compose d'une ornementation en émaux bleus mêlés de rouge et rehaussés d'or sur couverte truitée. Haut. 0,15.
Idem.

---

[1] *Nawashirogawa* est l'endroit de la province de Satsuma où la colonie des potiers coréens était venue s'établir.
[2] *Kadjiki* est un centre de fabrication de la province de Satsuma qui produit des poteries d'un ordre assez courant.

954. — Grande jardinière sphérique, décorée sur émail ivoirin, d'un large décor de cerisiers fleuris en tons polychromes rehaussés d'or. Bordure ornementale au col. Haut. 0,37. (Exposition Universelle 1878.)

xix° siècle.

955. — Petit brûle-parfums de forme ovoïde, avec couvercle de même matière, ajouré de trois ouvertures et surmonté d'un bouton. Le décor à la fois fin et somptueux représente, en or et et émaux polychromes, des branches d'érable, de pin et de saule, partiellement perdues derrière les nuages.

xviii° siècle.

956. — Petite coupe ovale, dont les bords s'aplatissent sur les deux côtés latéraux en anses à angles droits. Le décor, en émaux de couleurs et en or, offre une tige de pivoine fleurie avec une balle à jouer, attachée à une cordelière.

Idem.

957. — Théière sphérique, à décors de glycines en émaux polychromes sur fond truité. Haut. 0,12.

Idem.

958. — Petite théière piriforme avec anse et bec ronds. Sur la panse court une tige de courges en or, rehaussé de bleu, vert et rouge. Au-dessus s'élève un décor de cannelures rouges. Haut. 0,12.

Idem.

Poterie d'Agano.

959. — Pot à thé de forme élancée légèrement ovoïde. Il est revêtu d'une couverte brune piquetée de trous marron.

xvii° siècle.

Poteries d'Inouyama.

960. — Grand bol à hautes parois resserrées du bord. Au milieu d'une couverte de ton rosé se détache en noir et en émail blanc un grand décor de navets, garnis de leurs feuilles.

xviiie siècle.

961. — Bol cylindrique, décoré de trois motifs de fleurs stylisées, en brun sur couverte ivoire. Diam. 0,13.

Idem.

962. — Deux bols du style Kenzan, décorés en brun, bleu et blanc sur fond gris, de feuilles et de fleurs. Inscription et cachet : *Inouyama*.

Poterie de Toyosouké.

963. — Pot à thé à panse conique, surmontée d'un col cintré. C'est une terre enduite d'une couche de laque de ton pâle et décorée de cartouches ornementaux en or mat. Cachet : *Dôrakou*, accompagné d'une inscription gravée : Vieillard de soixante-dix-huit ans.

xixe siècle.

Poterie par Souyéhiroyama.

964. — Petite coupe à bec en forme d'une demi-pêche. Émaux gris et bruns. Le cachet *Souyéhiroyama* est estampé auprès de la base. Diam. 0,13.

xixe siècle.

Poterie par Sobokwaï.

965. — Style Oribé. Petit bol rétréci du haut. Couverte noire, laissant en réserve grise deux cartouches triangulaires décorés d'ornements noirs. Cachet incisé au revers : *Sobokwaï*.

  xixe siècle.

Poteries de Mito.

966. — Bol cylindrique légèrement cabossé, offrant une couverte vitreuse et truitée, d'un ton vert pâle. Au revers, le cachet *Mitsumo-Miyako*.

  xixe siècle.

967. — Pot à thé à panse surbaissée, s'effilant dans un col élevé. Couverte noire sur gris brun. Cachet : *Gorokouyen*.

  Idem.

Poterie de Koçobé.

968. — Grand bol évasé à couverte blanche très veloutée, décorée en brun d'une touffe de la fleur Ran et de cette inscription : Fait par *Daïnen* à l'âge de soixante-dix-huit ans. Marque incisée au revers : *Koçobé*.

  xixe siècle.

Poteries de Kikko.

969. — Grand kogo, figurant une mouette, couverte blanche, les ailes en bleu clair. Le cachet s'accompagne de cette inscription gravée : Fait sur les bords de la Soumida.

  xixe siècle.

970. — Bol hémisphérique à couverte noire surémaillée d'une couche de noir brillant criblé de petits trous. Il porte sous le pied le cachet *Jusanken* et sous la panse l'inscription gravée : Fait à l'âge de soixante-dix ans.

xixe siècle.

Poterie d'Akahada.

971. — Petite coupe évasée, émaillée mi-parties blanc et brun tigré.
Le cachet *Akahada* est imprimé au revers.

xixe siècle.

Poterie d'Awaji

972. — Kogo figurant un blaireau. Emaux verts et jaunes. Travail de *Mimpei*.

xixe siècle.

Poterie de Foujimi.

973. — Pot à thé en forme de gourde à double renflement et garni de deux petites anses. Couverte blanc craquelé, chargée dans la partie supérieure de gros plaquages d'émail rouge.

xixe siècle.

Poterie d'Aïzou.

974. — Petite jardinière élancée, émaillée, sur biscuit foncé, d'un émail noir à motifs de vagues et de papillon. Haut. 0,12.

xive siècle.

Poterie de Hira.

975. — Petit bol hémisphérique à mince couverte gris pâle, décoré en brun d'une tige de camélia. Marque incisée au revers : *Hira*.

Poterie d'Imado.

976. — Petit vase cylindrique à bords dentelés. Dans une couverte noire, genre Rakou, se trouve réservé, en reliefs blancs détaillés bleu, un semis de petits motifs stylisés.

xviiie siècle.

Poteries par Kôren [1].

977. — Statuette en terre brune. Jeune femme debout, occupée à nouer son jupon sous l'ample peignoir retombant, qui laisse à nu la poitrine. Haut. 0,29.

Signé : *Kôren*.

978. — Groupe en terre brune. Jeune mère portant sur le dos son enfant, une jambe passée sous le bras de la femme. Haut. 0,24.

Idem.

979. — Statuette en terre brune. Danseuse debout, son éventail ouvert dans sa main droite. Haut. 0,31.

Idem.

980. — Jeune fille accroupie, le buste nu, se fardant l'épaule. Haut. 0,21.

Idem.

---

[1] *Kôren* est le nom d'une artiste femme, jouissant d'une grande célébrité pour ses modelages en terre céramique.

N° 981

N° 978

N° 990

N° 984

N° 980

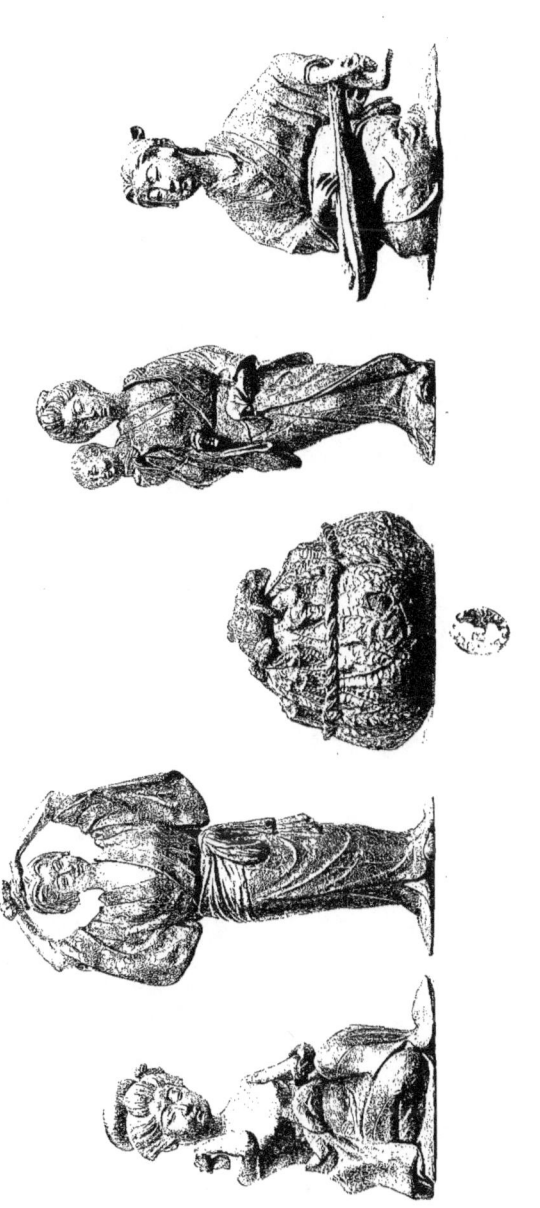

981. — Statuette. Une ghécha accroupie, tenant sa biwa (sorte de guitare) et serrant les cordes de l'instrument. Haut. 0,19.

Signé : *Kôren*.

982. — Statuette en terre cuite. Jeune femme debout, tenant à la main une petite tige de cerisier en fleurs. Haut. 0,32.

Idem.

983. — Statuette en terre brune. Jeune femme debout, en peignoir, les cheveux déroulés au long du dos. Haut. 0,23.

Idem.

984. —— Une jeune femme, debout dans sa robe de chambre, rassemble de ses deux mains son chignon sur le haut de la tête. Haut. 0,26.

Idem.

985. —— Jeune femme accroupie, pliant un morceau d'étoffe, dont elle tient un bout entre ses dents. Haut. 0,20.

Idem.

986. — Petite boîte en terre brune, dont la sculpture, d'une merveilleuse perfection, représente une fleur d'hortensia épanouie, avec son amorce de tige, servant de prise. Inscription gravée : *Travail de Kôren*.

987. — Petite boîte en terre, figurant une gerbe de paille de riz, sur laquelle est attaché une branche de kaki avec ses fruits. Inscription gravée : *Travail de Kôren*.

988. — Petite boîte en Rakou rouge. Cachet *Rên* en outre de la signature.

989. — Quatre bols en terre brune de forme et décors variés :

Feuille de lotus; pavots; branche de cerisier; grandes fleurs de cerisier. Mêmes inscription et signature.

990. — Boîte en terre brune. Un sac formé de grandes feuilles de lotus nouées par des cordes, est rempli de grenouilles et de crabes, dont les corps ou les têtes émergent par endroits à travers les déchirures des feuilles. Une grosse grenouille, sculptée en haut relief sur le couvercle, couronne la boîte. Mêmes inscription et signature qu'aux numéros précédents.

991. — Petite boîte en terre brune, représentant un nid de frelons. L'inscription gravée : *Travail de Kôren*, suivie du cachet *Rèn*.

992. — Petite boîte en terre brune, représentant un éventail de gala, éployé. Mêmes inscription et cachet que le précédent numéro.

993. — Petite boîte en terre brune, figurant une coquille bivalve, portant trois petites coquilles. Inscription gravée : *Travail de Kôren*.

994. — Petite boîte en terre brune, représentant un gros colimaçon sur une feuille d'arbre. Mêmes incription et cachet qu'au précédent numéro.

995. — Petite boîte, terre brune. Bouton de lotus. Inscription gravée : *Travail de Kôren*, suivie du cachet *Rèn*.

996. — Statuette en terre cuite. Une fillette accroupie maintient de ses deux mains son écran à plat sur le sol. Haut. 0,15.

Signée : *Gniokouren* (fille de Kôren).

BRONZES

Bronzes Chinois

Dynastie des Chang [1].
(1783 a 1134 avant J.-C.)

997. — Grande cuve dite Daïban, de forme hémisphérique. Le décor comporte une zone continue d'ornements géométriques, avec, au-dessous, une rangée de palmettes régulièrement espacées. Une double moulure sépare cette zone d'une large gorge unie qui règne tout autour de l'ouverture. Chacune des deux anses fixées aux parois se termine en une tête de tigre stylisée, d'un caractère très puissant, tournée vers l'intérieur du vase. A l'intérieur, gravée sur le fond, se lit l'inscription suivante : *Son-i* (vase) *fondu, sur ordre royal, par Kishin, pour l'usage de Kwatan et de ses descendants.*

Pièce du genre appelé par les Japonais Suiseï « sorti de l'eau » ; l'action de l'humidité a rongé la surface de métal et déposé, sur les parois, des scories épaisses d'oxydes verts et bleus. Haut. 0,28 ; diam. 0,46.

998. — Vase à libations, dit Y ou Chaô-Y (coupe de Chaô), de forme analogue à la pièce précédente. La panse est striée de lignes verticales, au-dessus desquelles court une frise de motifs en relief, offrant alternativement un médaillon uni et un ornement rectiligne, avec, au centre, un mascaron d'animal ; un décor identique est répété sur le piédouche. Deux anses très massives, à têtes d'animaux fantastiques, sont fixées verticalement aux parois. Patine brune piquetée de petites

---

[1] Cette indication d'époque est surtout basée sur une estimation de tradition, car elle se réfère à un temps en quelque sorte préhistorique.

scories rouges. Dans le fond est gravée, en caractères Chaò, l'inscription : *Son-Y (vase) précieux de Hôki, fait pour le mausolée de Kiou.* Genre Densuï. Haut. 0,15 ; diam. 0,21.

Dynasties des Tchéou jusqu'aux Tang.
(1134 AVANT J.-C. A 618 APRÈS J.-C.)

999. — Très petit miroir circulaire, portant, autour du bouton central, un médaillon à bordure dentelée, formé d'une double frise circulaire de petits points en relief et de fines palmettes. Sous l'action du temps, la surface du métal a pris une coloration gris verdâtre d'une extrême délicatesse, pareille à celle de certains verres antiques. Des oxydations vert-de-grisées, nuancées de taches rouges, recouvrent en grande partie le dessus de la pièce sans empâter la finesse du décor. Une boîte en laque, de travail japonais, renferme ce précieux petit objet. Diam. 0,07.
Commencement de la dynastie Tchéou.

1000. — Vase à libations, dit Y ou Shou-Y (coupe de Tchéou). Forme balustre très surbaissée, sur piédouche évasé, avec rebord à profil cintré autour de l'ouverture. Le décor comporte deux zones identiques d'ornements géométriques, dont l'une enserre la base, et l'autre, rehaussée de deux petits mascarons, règne autour du rebord supérieur. Les anses, recourbées, figurent deux têtes très stylisées de quadrupèdes cornus. La patine vert sombre, nuagée par endroits de plaques vert malachite et de marbrures rouges, a pris, sur l'une des faces du vase particulièrement, une profondeur et une intensité admirables. Dans l'intérieur, sur le fond, sont gravés les deux caractères Tchéou : *Ki-kio*, nom du personnage pour qui fut fondue cette pièce. Genre Densuï. Haut. 0,17 ; diam. 0,22.

1001. — Vasque dite Ban (coupe à laver les mains), de forme basse, à bords évasés, reposant sur un piédouche que supportent trois pieds

N° 997

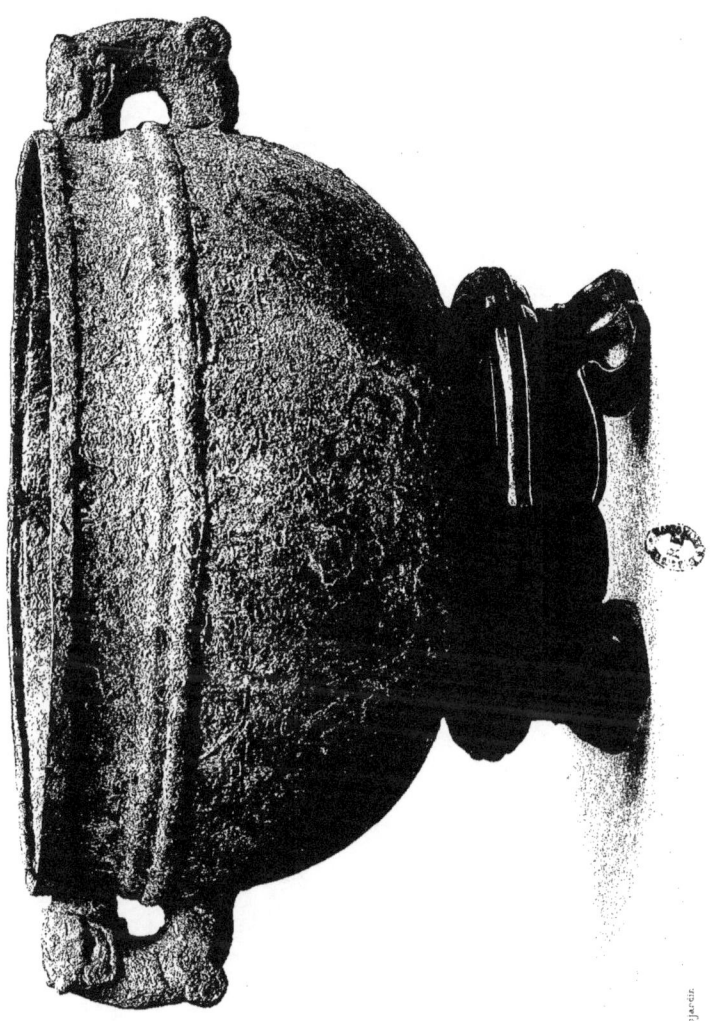

unis. Un des ornements, représentant des dragons stylisés, contourne le bord extérieur de la coupe, ainsi que le piédouche. Deux anses relevées sont fixées sur les parois. A l'intérieur, sur le fond, se lit l'inscription suivante en trois colonnes de caractères Tchéou : *La dixième année de ce règne, au premier jour favorable du cinquième mois, ce précieux objet a été fait d'après modèle par Kinyô, pour un usage de dix mille années ; sur ordre royal écrit et transmis par les contre-signataires Loshing, Betsusei et Tchuwo, des dignitaires services intérieurs.* Patine brune, tachetée à l'intérieur d'oxydations vert malachite. Diam. 0,40.

1002. — Petite cuve, dite Chu-sen (cuve de Chu), en forme d'un hémisphère aplati à la base, avec large rebord surplombant tout autour de l'ouverture ; elle repose sur trois très petits pieds en forme de clous. Pour tout décor, deux petites anses dont les attaches figurent un mascaron monstrueux. Pièce du genre Suisei. Le pourtour de l'ouverture, partiellement dégagé de l'épaisse couche de scories vertes et brunes qui se sont déposées sur les parois, laisse apparaître la dorure primitive. Haut. 0,14 ; diam. 0,25.

1003. — Vase à offrandes, dit Tei, formé d'une coupe hémisphérique garnie sur les bords de deux anses dressées verticalement, et supportée par trois pieds cylindriques. Le pourtour de la coupe est garni de clous ronds régulièrement espacés, entourés chacun d'un ornement gravé en losange. Au-dessus court une frise d'ornements géométriques qui, sur l'une des faces, a été dégagée de l'épaisse couche de scories vert-de-grisées recouvrant toutes les surfaces de la pièce. Pièce dite de la « catégorie des fouilles. » Haut. 0,25.
Fin de la dynastie Tchéou.

1004. — Petit vase à sacrifice, dit Hi-Tsouen, destiné à recevoir le sang de la victime. Il représente un quadrupède à grosse tête, dont la forme rappelle celle du mulet ; le détail des yeux, des naseaux, du collier est indiqué par des lignes gravées en creux. Au milieu du dos est pratiquée une ouverture que recouvre un couvercle en argent ajouré, de travail japonais. Long. 0,20.

Fin de la dynastie Tchéou.

1005. — Kei-Son, vase représentant un phénix, debout sur une haute base circulaire à double gorge et portant sur son dos un petit vase faisant office de couvercle. L'exécution vigoureuse et large de l'animal, le caractère puissant de sa silhouette, font de cette pièce un très curieux spécimen de l'antique art chinois. Un somptueux travail de damasquine enrichit toutes ses surfaces ; ce sont de minces filets d'argent incrustés en forme de grecques et de rosaces, avec, sur le haut des ailes éployées et, sur la tête, de larges volutes d'or et d'argent. Le corps de l'oiseau se termine en une tête monstrueuse, au mufle aplati, d'où s'échappent les quatre plumes ondoyantes de la queue.

Le petit vase qui sert de couvercle, également damasquiné de fins ornements d'argent, est en forme de cornet à col et à piédouches cintrés, séparés par un large renflement. Deux arêtes verticales garnissent le col et le corps du vase. Sur la paroi intérieure est gravée une inscription en caractères Hang. Patine brune, piquetée par endroits de petites oxydations vert malachite. Haut. 0,48.

1006. — Vase à libations, dit Song, en forme de balustre aplati, rectangulaire, et dont la panse, terminée en col cintré, repose sur un piédouche à gorge. Le corps du vase est divisé, de part et d'autre, en quatre compartiments encadrés par le croisement de larges bandes moulurées, en relief sur le fond, et dont les arêtes médianes s'élèvent en saillie aiguë à leur point de jonction, au centre de chacune des faces. Une bague plate enserre le col que garnissent deux anses en forme de tubes, fixés verticalement. Patine vert sombre, piquetée de quelques points rouges et parsemée de scories en petite épaisseur. Sur l'une des parois intérieures est vigoureusement gravée l'inscription suivante : *San-Kô, fait par Teijikô pour un précieux et long usage.* Haut. 0,40.

N° 1005

N° 1006

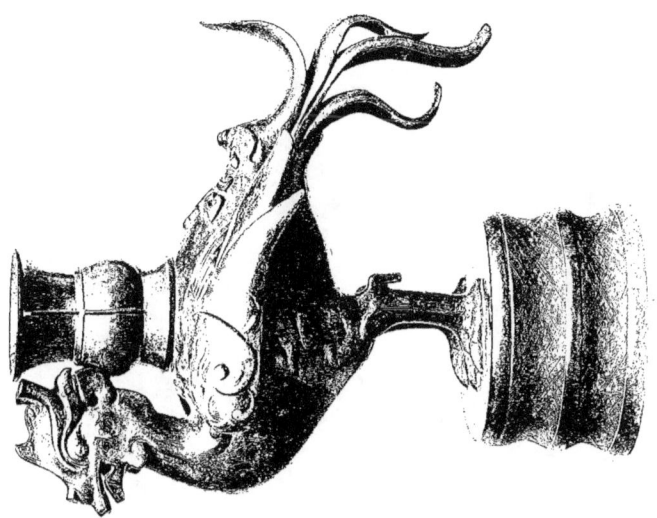
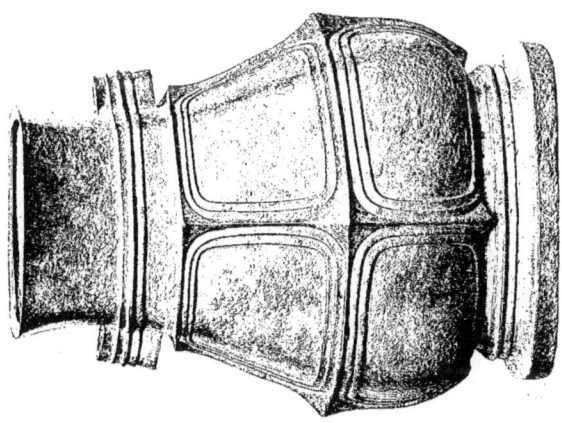

1007. — Vase à libations, dit Kan-Song, en forme de cornet à base large, à embouchure évasée. Pièce d'une forme très pure, d'une fonte vigoureuse et grasse, décorée d'une large frise ornementale, représentant l'effigie du T'aot'ié deux fois répétée ; deux autres zones d'arabesques encadrent ce motif. Patine noire. Haut. 0,29.

1008. — Vase à libations, dit Kô, à corps sphérique, surmonté d'un col évasé, orné sur le pourtour de la panse et du col de quatre bandes unies, en léger relief. Sur l'épaulement, deux mascarons à tête fantastique, d'une fonte très grasse. Belle patine vert sombre, nuancée de taches d'un vert plus clair, et de marbrures brun rouge avec quelques plaques vert malachite. Haut. 0,42.

1009. — Vase à offrandes tripode, dit Teï, en forme de sphère, garni de deux anses relevées, avec couvercle faisant office de coupe dans les cérémonies. Le décor comporte quatre zones d'ornements géométriques. Patine brun verdâtre avec taches rouges. Haut. 0,15.

1010. — Vase dit Ho-kô, à quatre faces, forme balustre, à col cintré, reposant sur un piédouche évasé ; il est orné de deux mascarons à anneau mobile. Patine brune, marbrée de taches rouges, verdâtres et brun clair. Haut. 0,35.

1011. — Cuve dite Kan-sen (cuve de Hang), de même forme que la précédente, ornée, sur le pourtour, d'une étroite bande moulurée et garnie de deux petites anses à mascaron. Les surfaces extérieures, que l'action de l'eau a profondément creusées par endroits, sont recouvertes d'une belle patine vert sombre, très grasse, avec quelques oxydations vert malachite. Pièce du genre Denséï (« transmis de génération en génération »). Haut. 0,14 ; diam. 0,31.

1012. — Petit vase à libations, dit Kô, en forme de cornet, renflé de la base et reposant sur un piédouche. Belle patine brune avec taches rouges, recouverte par endroits d'oxydations vert malachite. Haut. 0.17.

1013. — Miroir circulaire, à bords relevés formant cuvette, avec décor très touffu d'animaux et de plantes. Au centre de la composition, un médaillon encadré par une forte moulure offre un motif de cinq lions groupés autour d'un quadrupède fantastique dont le corps forme l'anneau central du miroir. Les animaux, d'une exécution puissante et large, se détachent en fort relief sur un fond représentant une vigne avec ses feuilles et ses grappes disposées symétriquement contre le rebord du médaillon. Tout autour de cette composition se déroule une frise d'oiseaux variés et d'insectes volant ou marchant dans des rinceaux de feuillage dont les éléments sont également empruntés à la vigne. Bronze à patine grise, d'une fonte à la fois grasse et fine. La face du miroir et le rebord sont polis. Diam. 0,14.

1014. — Cloche en forme de cône aplati, garnie de deux arêtes latérales. Manque la poignée. Cassures anciennes sur l'une des faces. Sous l'épaisse patine noire apparaît à peine un décor de bandes quadrillées. Haut. 0,24.

1015. — Deux pièces :
1° Petite coupe tripode, dite Teï, garnie de deux anses relevées et gravée d'une frise d'arabesques coupée par quatre arêtes verticales. Haut. 0,13.
Dynastie Hang (206 av. J.-C. — 265 ap. J.-C.).
2° Petite bouteille, dite Shô-ko, à panse lobée, piriforme et lobée; le col, renflé près de l'embouchure, est cerclé d'une bande d'arabesques et de palmettes. Patine verte, marbrée de rouge. Haut. 0,17.

Dynastie des Tang.
(618 a 907 après J.-C.).

1046. — Vase à libations, dit Kô ; le corps du vase, en forme de sphère très aplatie, est élevé sur un haut piédouche évasé et se termine en un col cintré. Il porte, sur le pourtour, depuis la base jusqu'à l'épaulement, une série de gorges légèrement creusées, avec deux mascarons à anneaux. Haut. 0,27.

1017. — Vase à panse surbaissée ; le col est encerclé, vers le haut, par une bague plate garnie de deux têtes de chimères formant deux anses recourbées. Deux arêtes unies montent verticalement de chaque côté de la panse. Décor de cinq zones à ornements géométriques sur le corps du vase, le col et le piédouche. Haut. 0,22.

Dynastie des Soung.
(960 A 1278 APRÈS J.-C.).

1018. — Vase à corps piriforme, sur piédouche évasé ; il se termine par un long col serti d'un anneau plat, à mi-hauteur, et dont la partie supérieure se renfle en forme de bulbe lobé. Deux zones de motifs géométriques, surmontées d'une frise à sujet d'animaux dans les vagues et de six cartouches triangulaires ornent la panse et le piédouche. Sur le fond se lit l'inscription : *Pour l'usage précieux des enfants et des petits enfants.* Haut. 0,25.

xe siècle.

1019. — Très petit brûle-parfums, de forme hémisphérique, sur piédouche évasé ; il est surmonté d'un couvercle ajouré au centre et maintenu par cinq griffes. Haut. 0,05.

xiie siècle.

Dynastie des Ming.
(1368 A 1643 APRÈS J.-C.).

1020. — Vase à corps sphérique sur piédouche, surmonté d'un col cylindrique. Le décor comporte des frises d'ornement et des cartouches triangulaires, et, sur la panse, qui est flanquée de deux mascarons, une large zone à oiseaux de Hô et à dragons dans les vagues. Haut. 0,21.

xiie siècle.

1021. — Vase en forme de balustre trapu, à large ouverture, portant deux petites anses à mascarons, et décoré d'une bande d'ornements géométriques. Haut. 0,18.

Idem.

1022. — Vase balustre, à quatre faces, à col évasé et garni de deux mascarons à anneaux. Très curieuse patine présentant en épaisseur sur le fond brun, un jaspé de tons jaunes et orangés, striés de noir, auxquels s'amalgament des taches d'émail bleu et vert. Haut. 0,24. Période de Suen-té (1426-1435).

1023. — Vase quadrangulaire, en forme de cornet, à bords très évasés. Il est coupé, à sa partie médiane, par un renflement lenticulaire, portant une frise à motif de grecques. Une palmette et un cartouche à décor archaïque ornent chacune des quatre faces. Haut. 0,26.

Époque de Suen-té (1426-1435).

1024. — Cerf accroupi, formant brûle-parfums ; il porte sur son dos une figure de mandarin de l'époque des Tang. Long. 0,23.

Idem.

1025. — Deux pièces :

a. Petit gong, dit Kei, formé d'une plaque circulaire avec couronnement dentelé. Il offre d'un côté le décor d'un cheval galopant, dessiné d'un trait en relief, et, sur l'autre face, une inscription mentionnant la date du douzième mois de Sung-Ting, 6e année (1572), le cachet du temple Shôzui-inn. Diam. 0,15.

b. Petite chimère, la tête tournée, portant sur le dos un ornement troué où l'on fixait la baguette d'encens. Haut. 0,08.

xvie siècle.

N° 1043

N° 1024

N° 1003

N° 1000

N° 1023

N° 1004

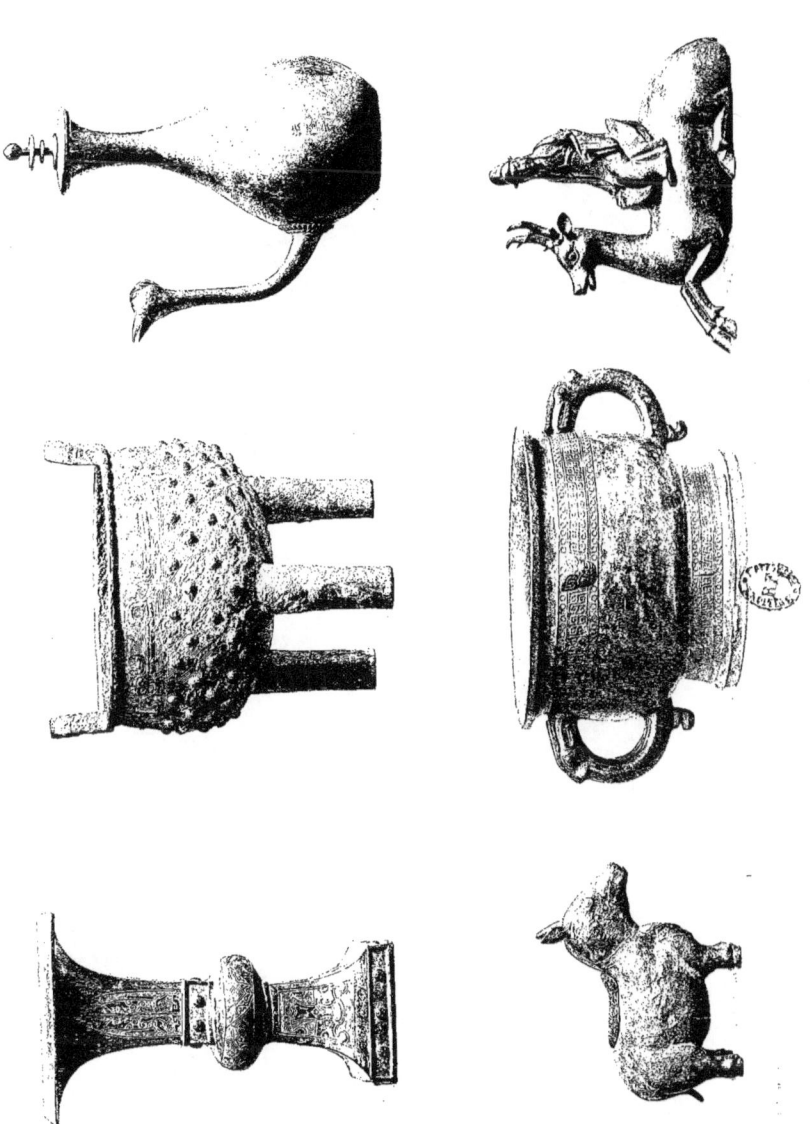

1026. — Vase à corps sphérique, reposant sur un piédouche élevé et se terminant en un col cylindrique garni de deux têtes de licorne. L'ouverture du col et la base du piédouche sont en forme de bague à bords droits. Une frise d'ornements géométriques, avec rosaces en relief, contourne la panse. Un motif analogue décore la base et se répète en deux bandes sur le col, ainsi que dans les quatre palmettes ornant la panse. Belle patine à marbrures vertes et brun rouge. Haut. 0,31.

xvɪe siècle.

1027. — Oiseau de Hô, formant brûle-parfums, représenté marchant la tête retournée. Long. 0,38.

Idem.

1028. — Statue de Kwanon, assis les jambes croisées, faisant des deux mains le geste de prédication. Style de Yuen.

Idem.

1029. — Vase en forme de balustre aplati, orné de frises et de palmettes à décor archaïque. Le col est garni de deux anses en forme de tube. Haut. 0,28.

Idem.

1030. — Vase à panse turbinée, sur piédouche; il est surmonté d'un col cintré, se terminant par un rebord droit garni de deux anses à têtes de chimère que relie une bande d'ornements. Deux zones à décor de boutons et de cercles concentriques ornent le rebord du col et la base; sur la panse, les trois caractères *Ju* (longévité) deux fois répétés. Sur le fond, une marque en forme de poisson. Haut. 0,30.

Idem.

1031. — Vase en forme de balustre aplati, garni de deux anses recourbées et décoré de deux zones d'ornements géométriques sur la panse et sur le col. et d'une bordure à motif de vagues sur le piédouche. Patine rouge. Haut. 0,26.

xvi° siècle.

1032. — Vase hexagone, dont la panse turbinée, montée sur piédouche, est surmontée d'un col très évasé que garnissent deux anses recourbées à têtes chimériques. Sur le pied, un décor de vagues. Les angles de chaque pan sont garnis d'arêtes verticales montant jusqu'à l'épaulement. Haut. 0,28.

Idem.

1033. — Vase à panse sphérique, sur piédouche, surmonté d'un col cintré dont l'ouverture, à bords lobés, s'évase en forme de cornet. Deux anses recourbées, à tête de chimère, s'appuient sur l'épaulement. Sur le fond, le caractère *Ju*. Haut. 0,25.

Idem.

1034. — Deux pièces :
a. Petite figure représentant un Rakan accroupi. Haut. 0,10. levée.
b. Chimère Kilin, accroupie sur les pattes de derrière, la tête levée. Haut. 0,09.

Idem.

1035. — Deux pièces :
a. Vase à panse très surbaissée, surmontée d'un long col garni de deux anses. Décor de vagues et de motifs géométriques. Haut. 0,23.
b. Vase à six pans, forme balustre, dont le col évasé offre un décor géométrique en trois zones superposées. Anses en forme de racine stylisée. Haut. 0.20.

xvi° et xvii° siècles.

1036. — Deux godets à eau : 1° Monju et la chimère : 2° Perche avec singe.

xvii° siècle.

1036 *bis*. — Vase cornet, orné de deux anses en forme de poissons que relie une frise d'ornements géométriques. Belle patine brune à marbrures rouges. Haut. 0,24.

xvii° siècle.

1037. — Deux pièces :
a. Vase hexagonal, à col évasé, portant sur toute sa surface un décor d'ornements géométriques. Haut. 0,19.
b. Vase forme cornet, à corps sphérique portant un décor archaïque et dont le col est enlacé par un dragon. Patine noire avec quelques taches d'or. Haut. 0,22.

xvi° et xvii° siècles.

1038. — Aiguière à corps droit, surmonté d'un col cintré avec couvercle à bouton. Anse plate ornée, vers le haut, d'un contrefort dentelé servant à fixer la charnière du couvercle. Bronze doré à patine brune. Haut. 0,23.

Idem.

Bronzes Japonais

Époques primitives.

1039. — Plaque de cuivre repoussé de forme rectangulaire, dite « Habotoké ». Elle est décorée de quatre sujets religieux, groupés deux par deux dans le sens de la hauteur et représentant chacun, dans un encadrement en forme d'ogive, un Bouddha assis sur le lotus, entouré de deux acolytes. D'autres figures, plus petites, s'étagent entre chacun de ces quatre motifs. Patine noire, sous laquelle la dorure primitive apparaît par endroits. Une pièce identique à celle-ci se voit encore dans le temple Horiuji à Nara. Haut. 0,34; Larg. 0.25.

vi^e siècle.

1040. — Statuette en bronze doré, représentant le Bodhisatwa Mirokou assis dans une pose de méditation, la main droite appuyée au menton. Pièce de même style que les célèbres petits bronzes dorés du Musée impérial. Haut. 0,16.

viie-viiie siècle.

1041. — Vase à panse turbinée, supportée par un piédouche aplati à la base et surmontée d'un col étroit, s'évasant à l'embouchure. Pièce de style purement japonais, dont l'analogue se trouve dans le trésor de Nara. Patine brune, recouverte d'oxydations vert-malachite.

viiie siècle.

1042. — Plaque de bronze, à bords lobés, terminée en pointe à sa partie supérieure, en forme de l'auréole *funagoko*. Chacune des faces

N° 1042

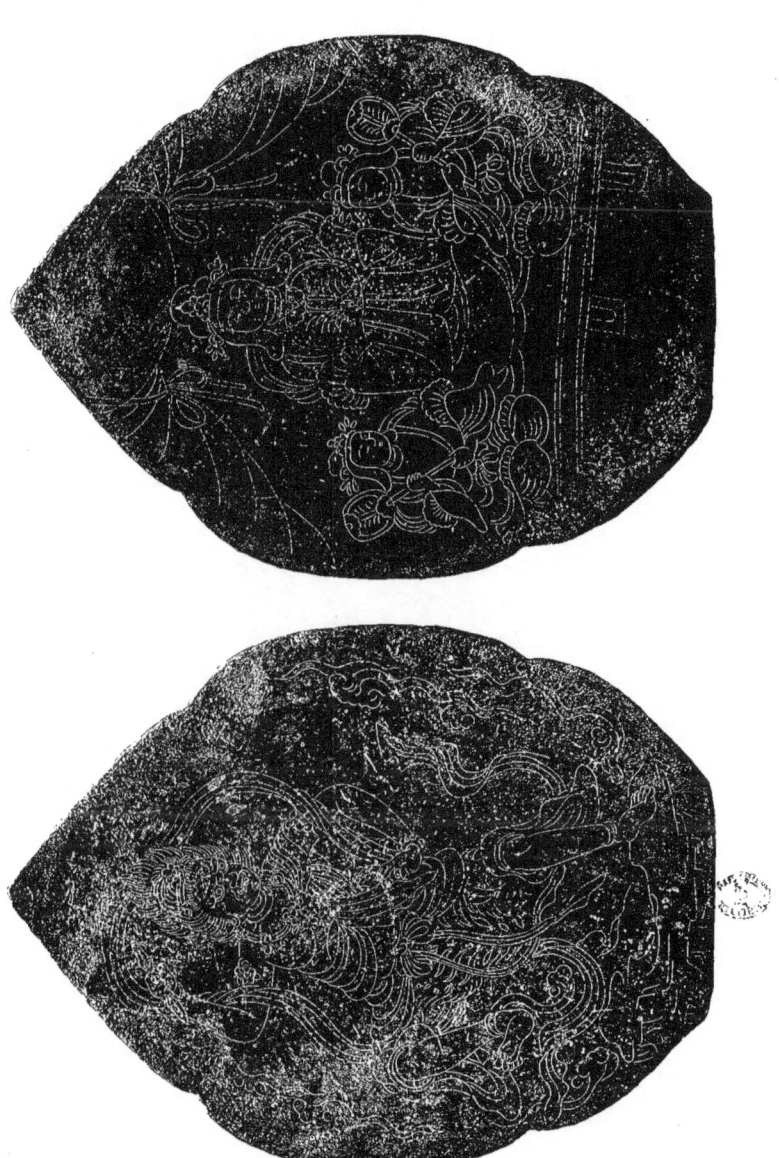

porte un décor incisé au trait, représentant des divinités de la secte Shinghon, secte bouddhique créée par le prêtre Koukaï, à qui l'on attribue la gravure de cette pièce. D'un côté apparaît Joshino Zoò Gonghen sous les traits d'un personnage aux traits menaçants, bondissant sur un pied et tenant la foudre de la main gauche. Par la netteté et la sûreté du trait, par la pureté du dessin, par la liberté du mouvement, cette figure rappelle les beaux décors gravés de certains bronzes grecs. L'autre face, en un dessin plus naïf, mais d'un style très calme et très noble, présente les trois effigies de Niou-Daï-Miojin, la « mère de toutes choses » et de ses deux filles Kitchimiojinn et Benzaï-ten. Haut. 0,28.

VIII° siècle.

1043. — Aiguière dite « Djòbinn », à panse piriforme, terminée par un col cintré d'un galbe très élégant ; l'embouchure, évasée, est fermée par un couvercle plat que surmonte une tige garnie de deux rondelles. Le déversoir figure un cou d'oiseau long et mince, terminé par une tête de poule. Patine noire presque totalement recouverte d'une oxydation verte. Sur l'une des faces l'inscription gravée *Horiuji* indique la provenance de cette pièce curieuse, dont une semblable se trouve conservée encore dans le trésor du même temple Horiuji de Nara. Époque de l'empereur Shiomou. Haut. 0,28.

Idem.

1044. — Petit panneau en cuivre doré, repoussé d'une figure de Sanno Gonguen brandissant la foudre.

XIV° siècle.

Bronzes postérieurs au XIV° siècle.

1045. — Vase à panse sphérique, surmonté d'un long col évasé, garni de deux mascarons à tête de chimère, d'une fonte vigoureuse. Le décor comporte une frise de rosaces sur le piédouche et, sur le col, le motif deux fois répété du T'aot'ié surmonté d'une autre frise de rosaces. Patine brune à marbrures vertes. Haut. 0,28.

1046. — Bouteille à panse piriforme, terminée par un long col que garnissent, près de l'embouchure, deux petites anses tubulaires verticalement dressées ; quatre palmettes allongées à ornements de grecques montent de la base au milieu du col. Style de Tokô. Haut. 0,27.

1047. — Vase à corps cintré, terminé par un épaulement brusque d'où sort un long col cylindrique ; une frise de palmettes en relief contourne l'ouverture et deux petites anses garnissent l'épaulement. Une rosace de palmettes décore le fond du vase. Haut. 0,25.

1048. — Brûle-parfums à trois pieds sphériques, avec couvercle en forme de dôme, ajouré à sa partie supérieure d'une frise de rinceaux et d'un motif de nuages. Au sommet, une petite chimère accroupie. Bronze jaune. Haut. 0,23.

1049. — Vase en forme de balustre allongé, garni, près de l'ouverture, de deux anses à motifs archaïques. Sur le fond, l'inscription : « Foujiwara sakou ». Haut. 0,23.

1050. — Héron formant brûle-parfums, représenté debout sur une feuille de sagittaire, la tête tournée. Haut. 0,36.

xve siècle.

1051. — Vase à contenir les rouleaux de prière, en forme d'un cylindre à large diamètre. Patine verte, avec quelques taches rouges. Haut. 0,22.

xvie siècle.

1052. — Trois pièces :
a. Deux kobachitaté[1] de forme hexagonale, en argent, l'un ajouré, gravé et repercé.
b. Coupe à saké en argent gravé d'un décor de paysage.

xviie siècle.

[1] Petit vase dans lequel on pique les bâtonnets d'encens à brûler.

1053. — Statue de Jiso, debout sur un piédestal en forme de lotus, tenant de la main gauche la boule *mani*. Le sistre manque dans la main droite. Une inscription gravée sur le dos mentionne le nom des donateurs : « Kei-yei et les paroissiens du temple Ghiokouzô-inn, bourg ouest supérieur de Kôya. — Sur la base est gravé le nom du fondeur : *Ceci est l'œuvre de Nishimoura Izoumino-Kami.* Haut. 0,63.

xvii° siècle.

1054. — Vase hexagonal, à panse basse et renflée, surmontée d'un haut col en forme de cornet, que garnissent deux anses à têtes monstrueuses. Le décor de chacune des six faces comporte, sur la panse, un cartouche orné d'un papillon en relief et, sur le col, une longue palmette à motifs géométriques. Haut. 0,32.

Idem.

1055. — Cigogne, formant brûle-parfums. Elle est debout sur une feuille de lotus, une patte en avant, la tête tournée en arrière. Bronze jaune. Haut. 0,36.

Idem.

1056. — Bouilloire à corps ovoïde avec anse recourbée ; elle porte, tout autour de l'orifice, une frise de palmettes à fond d'émail blanc, en partie craquelé. Couvercle en ivoire. Patine vert clair. Haut. 0,12 et 0,32.

Idem.

1057. — Héron formant brûle-parfums, marchant sur une feuille de lotus. Haut. 0,40.

Idem.

1058. — Bouteille à long col cylindrique, légèrement évasé vers l'orifice. Patine brune tachetée de rouge, dite Murahido (nuage rouge).

Idem.

1059. — Petite aiguière, à panse sphérique surmontée d'un col tubulaire à bord évasé, avec couvercle plat. Bronze repoussé et doré, à patine rouge. Haut. 0,18.

xviie siècle.

1060. — Héron formant brûle-parfums. L'oiseau est figuré debout, dans un mouvement de marche, le cou allongé, le bec pointant en l'air. Sur la feuille de lotus, qui sert de base, rampe un petit crabe. Bronze marbré couleur écaille, avec détails des plumes en gravure sur le cou et sur le ventre. Haut. 0,55.

Idem.

1061. — Vase hexagonal à col droit, garni de trois anses, sur piédouche: la panse est décorée de deux zones de mascarons archaïques et de stries; sur le col, une bande avec branche d'arbre sur fond de rosaces. Haut. 0,26.

Idem.

1062. — Héron formant brûle-parfums, debout sur une feuille de lotus, une patte repliée. Haut. 0,35.

Idem.

1063. — Vase à six pans, renflé vers la base, portant, depuis le pied jusqu'à l'embouchure, un décor géométrique en quatre parties superposées, à motif d'imbrications et d'ornements archaïques. Deux anses en forme de courge. Haut. 0,24.

Idem.

1064. — Deux pièces :
a. Bouteille à panse surbaissée, surmontée d'un col élancé. Bronze dit *Sahari* (avec alliage d'argent). Haut. 0,31.
b. Vase forme balustre aplatie, imitant un panier clissé, avec deux anses recourbées. Haut. 0,23.

Idem.

1065. — Deux pièces :
a. Vase en bronze *sahari*, sans décor, forme conique très allongée. Haut. 0,27.
b. Vase à double renflement surmonté d'un col évasé. Imitation d'un clissage de bambou. Deux anses garnissent l'épaulement. Haut. 0,26.

xvii° siècle.

1066. — Vase rectangulaire à panse surbaissée sur piédouche évasé et surmontée d'un col forme cornet, que garnissent deux anses à tête de chimère. Sur chaque face, en relief, un caractère d'écriture archaïque, signifiant l'un des quatre symboles de la longévité, le pin, la cigogne, le bambou, la tortue. Haut. 0,29.

Idem.

1067. — Trois pièces :
a. Deux kobashitaté en argent repercé et gravé de rinceaux et de fleurettes.
b. Coupe à saké en bronze doré et gravé.

Idem.

1068. — Vase, forme cornet, à panse conique, contre laquelle s'adossent trois petits personnages, tenant chacun l'extrémité d'une cordelette qui fait le tour du vase. Le long du col monte, de chaque côté, une tige de lotus à deux feuilles faisant office d'anses. Haut. 0,16.

Idem.

1069. — Vase en forme de gourde, à corps uni ; l'étranglement du col est entouré d'une corde dont les nœuds forment une anse arrondie des deux côtés du vase. Haut. 0,25.

Idem.

1070. — Vase à col tubulaire, dont la panse, de forme conique, repose sur un pied évasé, que décore une frise de vagues. Sur le corps, quatre cartouches à motifs de paysage, surmontés d'une bordure d'ornements archaïques, décorent l'épaulement. Le col, garni de deux anses à créneaux mobiles, porte un décor de vagues et d'iris en deux zones superposées. Haut. 0,32.

xviie siècle.

1071. — Trois godets à eau représentant l'un, un cerf accroupi, avec, sur son dos, la pêche de longévité ; l'autre un bœuf accroupi ; le troisième un cheval.

Idem.

1072. — Vase en forme de courge, sur piédouche ; le col est garni de deux anses, simulant une branche dont les feuilles garnissent l'épaulement du vase. Sur la panse, un décor de palmettes en relief montant verticalement de la base. Haut. 0,24.

Idem.

1073. — Trois pièces :
a. Petite jardinière carrée, sur quatre pieds, décorée sur chaque face d'une bande d'ornements géométriques. Larg. 0,12.
b. Petit vase, forme balustre aplati sur socle rectangulaire à quatre pieds, portant près de l'embouchure deux cartouches triangulaires, séparés par deux anses à tête d'éléphant. Haut. 0,12.
c. Petit brûle-parfums hémisphérique, forme dite Tô, monté sur un piédouche et fermé par un couvercle ajouré. Haut. 0,09.

Idem.

1074. — Petit vase ovoïde, à goulot cintré. Belle patine brun chamois, tachetée de rouge, dite patine Murachido (au nuage rouge). Signée sur le fond : *Katsuzo*. Haut. 0,14.

Idem.

1075. — Vase à panse ovoïde sur piédouche, surmontée d'un col cintré très évasé. Deux anses, très élégamment recourbées en forme de volutes, garnissent le col, que décore une large zone ornementale. Le pied est décoré d'une frise à motif de vagues. Haut. 0,23.

Idem.

1076. — Vase cylindro-ovoïde, sans décor. Patine brun verdâtre. Haut. 0,26.

xviie siècle.

1077. — Trois pièces :
a. Godet à eau, en forme de pêche ;
b. Godet à eau, représentant un enfant au tambour ;
c. Groupe de trois enfants servant de pose-couvercle.

Idem.

1078. — Vase tubulaire, sans décor, portant un anneau. Patine dite hido (bronze de feu), à taches rouges. Haut. 0,21.

Idem.

1079. — Quatre pièces :
a. Presse-papier, singe et châtaigne en chakoudo et bronze rouge ;
b. Presse-papier, accessoires de la danse de Nô en chakoudo et argent ;
c. Très petit vase à long col ; bronze doré à décor gravé ;
d. Petit vase à anneaux, à corps ajouré.

Idem.

1080. — Panneau d'applique en bronze doré et ciselé, à motif de chimères dans les pivoines.

Idem.

1081. — Deux bouteilles à long col étiré, dit col de cigogne, l'une à patine brune marbrée de taches rouges, l'autre à patine noire. Haut. 0,31 et 0,32.

xviie et xviiie siècles.

1082. — Quatre pièces :
a. Petit godet à eau, forme pêche ;
b. Godet à eau, représentant un enfant battant du tambour :

c. Presse-papier, grappe de raisins ;
d. Presse-papier, branche d'arbre fleurie.
xviii° siècle.

1083. — Six pièces :
a. Trois plaques, servant de cache-clous, en cuivre gravé, doré et émaillé ;
b. Boussole formant netzuké, cuivre jaune, décor en filigrane et émaux ;
c. Presse-papier, représentant une cigale ;
d. Tabatière forme pochette en bronze martelé. Signée : *Jurindo*.

1084. — Deux pièces :
a. Presse-papier, formé d'une règle relevée en crochet à l'une des extrémités. Bronze doré et gravé avec application d'un papillon en chakoudo. Signé et daté : *Nagayome Saï-itchi Mototoshi*, 1654.
b. Encensoir en forme de fleur de lotus ; sur le côté est fixée une poignée dont l'extrémité, simulant une feuille de lotus retournée, forme support; bronze jaune.

1085. — Bouteille à long col tubulaire légèrement cintré, à panse surbaissée. Patine brune marbrée rouge. Haut. 0,30.
xviii° siècle.

1086. — Vase à double renflement sphérique, décoré de trois zones d'ornements géométriques. Patine rouge à marbrures. Haut. 0,25.
Idem.

1087. — Gong en cuivre jaune martelé, affectant la forme d'une sphère coupée à sa partie supérieure. Sur le rebord de l'ouverture est gravée l'inscription suivante : *Pour être placé devant l'effigie sacrée du Bouddha Sousho Boutcho Niorai, offert respectueusement par le prêtre Ghijou, de la secte Ritsou, du temple Zenjou-in Kaurozan.*

bourg de *Mizouko*, district *Irima* de *Bouchu*. Diam. 0,31. Haut. 0,21.

xviiie siècle.

1088. — Bouilloire carrée, à déversoir court, avec anse plate en forme d'S. Shibuitchi dit Sahari, gravé sur les quatre faces et sur le couvercle d'un décor de plantes fleuries. Haut. 0,16.

Idem.

1089. — Paire de bougeoirs à trois pieds, formant deux renflements sphériques reliés par une gorge et surmontés d'un col très évasé. Décor, en relief, de têtes de chimères et de médaillons à motif de chimères dans des paysages. Bronze jaune. Haut. 0,26.

1090. — Bouilloire à corps cylindrique, arrondie à la base et à l'épaulement, avec couvercle plat à bouton. Poignée mobile en cuivre jaune. Belle patine à fond noir nuancé de traînées rouges. Haut. 0,17.

Idem.

1091. — Bouilloire à saké, en étain, avec déversoir droit et poignée mobile. Couvercle plat, en émail cloisonné, orné de fleurettes sur fond vert translucide. Sur la panse est gravé, au trait, un décor de rinceaux. Haut. 0,17.

Idem.

1092. — Brûle-parfums, affectant la forme d'une coiffure de cour. La coiffe haute, derrière laquelle se dresse la double banderole flottante, est ajourée à l'extrémité et fait office de couvercle. Semis de fleurs de cerisier en relief sur la partie plate de la coiffure ; un motif analogue est découpé dans la banderole. Patine noire. Haut. 0,32.

Idem.

1093. — Bouilloire de forme surbaissée, s'élargissant vers la base, avec poignée mobile. Bronze martelé, à patine rouge, décoré d'un semis de paulownia gravés et particiellement dorés. Travail de Hirochima. Haut. 0,22.

xviii° siècle.

1094. — Paire de vases à col et pied évasés, avec renflement médian décoré de chimères en relief et d'anses à tête d'éléphant. Bronze jaune. Haut. 0,13.

Idem.

1095. — Bouteille piriforme à col très élancé. Belle patine marbrée de taches rouges et noires sur fond jaune. Signée *Massa-harou*. Haut. 0,30.

Idem.

1096. — Bouilloire en deux pièces. La base est formée d'un réchaud en forme de sphère aplatie, montée sur trois pieds, avec anneaux mobiles en argent, ajourée sur chaque face d'une ouverture trilobée ; sur l'orifice du réchaud s'ajuste un petit récipient hémisphérique fermé par un couvercle à bouton et portant également deux anneaux d'argent. Décor, en gravure, de palmettes à motif de fleurs. Bronze clair, particiellement dépatiné. Haut. 0,20.

Idem.

1097. — Quatre pièces :
a. Porte-couvercle, représentant un paquet de cordages ;
b. Tablette à bâton d'encre de Chine : plateau rectangulaire sur quatre pieds, orné d'une figure de chimère ;
c. Deux petits presse-papiers, forme coquillage, en shibuitchi avec fond argent.

Idem.

1098. — Deux pièces :
a. Brasero, simulant une aubergine, avec, sur une face, une large ouverture dentelée, et par derrière un ajour en forme de trèfle. Patine brune nuancée de rouge. Haut. 0,18.

b. Petite jardinière basse, à quatre pieds; forme carrée, décorée sur chaque face d'un motif archaïque. Signée Kurihara Teijo. Haut. 0,09.

xix° siècle.

1099. — Deux petits vases cylindriques, forme basse, sur trois pieds décorés, en émaux verts, rouges et jaunes, de cartouches semi-circulaires, et d'une bande médiane à motif de rinceaux et de chrysanthèmes. Signés *Yono Tochimitsu*. Haut. 0,08.

Idem.

1100. — Quatre petits masques, formant netsuké, dont deux masques de diable, un masque de renard, un masque de Hiottoko.

Idem.

1101. — Deux pièces :
a. Petite jardinière ronde à quatre pieds, signée *To-oun*. Haut. 0,06.
b. Plateau en forme de lotus ; cuivre rouge repoussé. Long. 0,30.

Idem.

OBJETS DIVERS EN FER

Objets divers en fer

1102. — Tige de lotus avec son fruit, attribut provenant d'une statue de Monjou.

Époque de Kwammou. vııı^e siècle.

1103. — Cinq pièces en fonte de fer :
a. Brûle-parfums représentant un bateau.
b. Un jeu de quatre petits plateaux rectangulaires ou décorés chacun d'une feuille.

xvı^e siècle.

1104. — Trois pièces :
a. Boîte à tabac circulaire et plate, repoussée sur le couvercle d'un mascaron de diable.

Signé : *Yochinaga*. xvıı^e siècle.

b. Blague à tabac, repoussé d'un motif de coquillage avec coulant singe en ivoire et netsuké en fer.

Signé : *Katsushighé*. xvıı^e siècle.

c. Boîte à tabac, sans couvercle, décorée en incrustations d'argent d'une oie dans les roseaux.

xvı^e siècle.

1105. — Trois pièces :

a. Presse-papier en forme de makiémono, avec cordelette et titre en argent.

Signé : *Miôtchinn-Mounétaka*. xviii° siècle.

b. Presse-papier représentant un crabe sur des feuilles de bambou

Signé en inscrustation d'or *Oumétada* : xvii° siècle.

c. Plateau en forme de feuille de lotus.
xviii° siècle.

1106. — Deux bouilloires à saké, l'une à couvercle en laque d'or avec décor de tortues, l'autre à couvercle cloisonné vert et blanc.
xviii° siècle.

1107. — Quatre pièces :
a. Petite applique avec anse mobile, ciselée d'un dragon.
b. Deux crochets en forme de libellule.
c. Godet en forme de tambourin avec incrustations d'argent.

1108. — Deux sceptres bouddhiques, l'un se terminant par une crosse à feuille de mauve, l'autre par une tête de dragon.

Armes et Armures

1109. — Armure complète, aux armes de la famille Saïki. Casque en fer garni d'arêtes saillantes, cuirasse en laque noir doublée de cuir mordoré, manches, jambières et épaulières en soie brochée avec applications de plaques en laque noir, réunies par un réseau de mailles.

XVIe siècle.

1110. — Armure complète aux armes de la famille Ino-ouyé. Casque en fer, garni de rangées de clous saillants, portant, au-dessus de la visière, une double ailette en forme de croissant, surmontée d'un cercle en cuivre; demi-masque à moustaches; cuirasse en fer repoussé, sur le devant, d'un dragon enroulé; manches, jambières et épaulières en soie havane, garnies de plaques en fer laqué.

XVIe siècle.

1111. — Trois casques à calotte hémisphérique, style Ghempei, formés de lames de fer juxtaposées et rivées les unes sur les autres.

Atelier des *Miôtchinn*. XIIIe siècle.

1112. — Casque en fer forgé, affectant la forme d'un chapeau de cérémonie.

Atelier des *Miôtchinn*. XIVe siècle.

1113. — Deux pièces :
a. Casque en forme de coiffure chinoise dont la calotte s'encadre de deux ailettes rectangulaires dressées verticalement.

b. Casque en fer, repoussé d'un motif de dragon dans les nuages.

Atelier des *Miôtchinn*. xiv° siècle.

1114. — Casque en fer forgé à profil fuyant par devant ; il est formé de huit plaques à rivets saillants recouvertes, sur le sommet, d'une plaque circulaire représentant le chrysanthème double.

Atelier des *Miôtchinn*. xv° siècle.

1115. — Casque en fer forgé, forme ovoïde aplatie sur les côtés ; il est composé de trente-deux lamelles de fer dont les arêtes tranchantes rayonnent autour d'un ornement circulaire, garni d'une double rangée de pointes verticales, qui couronne le casque.

Signé : *Miôtchinn Nobouiyé*. xvi° siècle.

1116. — Deux casques en lames de fer juxtaposées et jointes par des rivets dont les têtes forment un décor de clous saillants disposés en rangées verticales sur toute la surface de la calotte. Entre ces rangées montent des tiges de cuivre poli qui se réunissent au sommet du casque.

Signés l'un : *Miôtchinn Iyétsugu* de Sagami ; l'autre *Kouniyoshi*. xvi° siècle.

1117. — Casque en fer forgé, formé d'une juxtaposition de lamelles ondulées ; il est garni de son couvre-nuque en laque dont les ailettes offrent, en reliefs de laques de couleur, les figures de Raïden et de Fouten au milieu des nuages.

xvi° siècle.

1118. — Deux pièces :

a. Casque à profil fuyant sur le devant, droit par derrière, et dont la partie supérieure, maintenue par deux charnières, peut se détacher et faire office de coupe.

b. Casque hémisphérique, composé de lames de fer juxtaposées, dont les rivets forment à l'extérieur des rangées régulières de clous saillants.

Atelier des *Miôtchinn*. xvi° siècle.

1119. — Deux chapeaux de guerre dits *Jingasa*, l'un à motif de clous saillants, l'autre offrant, en travail de repoussé, le glaive de Foudô et le nom de cette divinité.

Atelier des *Miôtchinn*. xvi° siècle.

1120. — Jingasa, forme haute, composée de douze plaques de fer à rivets saillants.

Atelier des *Miôtchinn*. xvi° siècle.

1121. — Jingasa repoussé d'un dragon dans les nuages.

Atelier des *Miôtchinn*. xvi° siècle.

1122. — Casque en fer forgé, à arêtes rayonnantes, avec application en relief de cuivre doré, de cinq tiges d'*aoï*. Le blason de l'*aoï* est répété sur les deux ailettes du couvre nuque qui sont garnies, ainsi que la visière, d'un cuir à décor archaïque.

Signé *Munétsuké*, 19° des Miôtchinn (1648).

1123. — Trois casques formés de lamelles de fer juxtaposées dont deux avec rangées de clous, et le troisième uni.

Par *Yawata Mutsuno-Kami* (1668), et *Jurio Mitsunori*. xvii° siècle.

1124. — Un demi-masque d'armure en fer forgé reperçé dans le couvre-oreilles d'un mon à trois feuilles.

Attribué à *Miôtchinn Tadayoshi*. xv° siècle.

1125. — Quatre demi-masques d'armure, garnis de leurs gorgerins.

Atelier des *Miôtchinn*. xvi° siècle.

1126. — Quatre demi-masques d'armure dont l'un est laqué rouge.

Atelier des *Miôtchinn*. xvi° siècle.

1127. — Paire d'étriers en fer, forme sabot, primitivement ornés d'une incrustation de rinceaux en cuivre dont les vestiges sont revêtus d'oxydations vertes. Une paire d'étriers semblable à celle-ci se voit dans le trésor de Nara.

Époque de Shiomou. viii° siècle.

1128. — Trois paires d'étriers en fer ornées, en incrustation, d'argent, l'une du mon dit *tomoï*, l'autre d'un décor de plantes, la troisième de l'oiseau de Hô. La première signée *Kounihissa Jouta*. xvi° siècle ; les deux dernières par *Yoshiro de Kaga*. xvii° siècle.

1129. — Mors en fer forgé, d'un beau travail, signé sur les montants *Yoshifoussa de Satsouma*.

xvii° siècle.

1130. — Sabre à fourreau de laque brun et noir chagriné, avec monture et garde en fer gravé de fleurs de prunier; kodzuka et kogaï en chakoudo et or décorés d'un paysage et d'une haie fleurie.

Signé : *Koksensaï*. xviii° siècle.

1131. — Sabre à fourreau en laque aventuriné de burgau, orné d'un réseau d'alvéoles brunes. Garnitures en chakoudo ciselé avec incrustations d'or, à motifs d'oiseaux et de fleurs, portant la signature *Ichigouro Korétsumé*. Kodzouka de l'école de Goto, représentant un chariot de fleurs.

xviii° siècle.

1132. — Petit sabre à fourreau de laque noir granulé avec garnitures en fer incrustées de plants de courges en or. Belle lame creusée de deux rigoles et gravée d'une invocation bouddhique.

xviii° siècle.

1133. — Poignard à fourreau et poignée de laque noir, décorés d'un semis de feuilles en laques de couleur. Kodzouka et kogaï en chibuitchi incrustés, l'un d'une fleur de paulownia, l'autre d'un héron au vol. Sur la lame est gravée une inscription bouddhique.

xviiie siècle.

1134. — Poignard à fourreau recouvert de cuir avec garnitures de chibuitchi très finement incrustées de scènes rustiques, en or et bronze rouge. Poignée en galuchat ornée de menouki représentant les deux Nio en bronze rouge et or.

Signée : *Yassoutchika* deuxième du nom. xviiie siècle.

1135. — Poignard à fourreau de laque noir strié et garnitures de chibuitchi ciselé de chrysanthèmes. Poignée en galuchat. Belle lame du xvie siècle en acier nuagé, creusée de deux rigoles sur chaque face.

Signé sur l'anneau de garde : *Inouyé Tadakoré*. xviiie siècle.

1136. — Petit sabre à fourreau de laque brun, dans une monture de bronze rouge gravée, ainsi que les garnitures de la poignée et le manche du kodzuka, d'un décor de dragons dans les flots. La lame est gravée d'un dragon sur chaque face.

Signé : *Tsutchiya Yassoutchika*, troisième du nom. xviiie siècle.

1137. — Sabre de médecin, en bois taillé à facettes et décoré d'une pousse de jeune pin en plomb et laque d'or.

Signé : *Yoyouçaï*. xviiie siècle.

1138. — Sabre de médecin, décoré en laque d'or avec incrustations d'étain et d'ivoire de deux cerfs et de feuilles d'érable.

xviiie siècle.

1139. — Sabre de médecin avec semis de feuilles d'érable en incrustations de nacre.

Signé : *Kimei*. xviiie siècle.

1140. — Deux sabres de médecin ; l'un décoré en relief de laque d'un colimaçon sur une corde d'épouvantail, l'autre à motif de chapelet en incrustations de bois noir et d'ivoire.

xviiie siècle.

1141. — Petit poignard, avec poignée et fourreau en bois noir et brun représentant un tronc d'arbre sur lequel courent des fourmis ; celles-ci sont figurées par des incrustations de bronze, de fer et d'argent. Par *Gamboun*.

xviiie siècle.

1142. — Lame de poignard gravée des attributs de Juro, sur une face le cerf, sur l'autre, le bâton.

Signé : *Jumio*. xviiie siècle.

1143. — Lame de poignard portant sur une face, dans un cartouche profondément creusé, un aigle en incrustation d'or au-dessus d'une cascade. Sur l'autre face est gravée la lance à trois pointes.

Signé : *Moritaka*. xixe siècle.

1144. — Trois pièces :
a. Fourreau de sabre en laque strié, avec bout en chakoudo incrusté de deux libellules.
b. Canne à épée à fourreau laqué imitant le bambou.
c. Canne à épée à fourreau laqué imitant une écorce rugueuse.

1145. — Lame à manche de laque noir du mon dit *tomoï* et du mon aux fleurs de cerisier, se terminant par une garniture de burgau.

xviie siècle.

1146. — Deux pièces :
a. Écran de commandement au blason dit *tomoï*, il se compose d'un manche en bois au sommet duquel sont disposés en cercle douze plumes d'aigle.

b. Gong de guerre en cuir laqué noir portant, en laque d'argent, le blason *tomoï*.

1147. — Deux fers de flèche, dont l'un signé *Fuyuhiro*, repercés de fleurs de cerisier.

XVIIe siècle.

Garnitures de Sabre

Collection dont le détail se trouve énuméré à la page 315

1148. — Gardes de sabre en fer du xiie au xve siècle.

1149. —   —   — du xvie siècle.

1150. —   — en bronze du xvie siècle.

1151. —   — diverses du xvie siècle.

1152. —   — en fer du xviie siècle.

1153. —   — en bronze du xviie siècle.

1154. —   — diverses du xviie siècle.

1155. —   — en fer du xviiie siècle.

1156. —   — diverses du xviiie siècle.

1157. — Collection de Kodzouka.

1158. — Anneaux et bouts de sabre.

1159. — Bouts de sabre.

1160. — Poignées de sabre.

1161. — Ménouki.

Divers objets en métal

1162. — Petit inro à deux cases, en métal repoussé et muni d'un petit netsuké d'argent en forme de gourde.

1163. — Petit couteau en cuivre en forme de sabre, repoussé d'un motif de dragons.

1164. — Ecritoire portative en fer ciselé et incrusté d'argent, avec bouton d'argent ciselé, figurant une fleur de chrysanthème.

1165. — Trois écritoires portatives :

a. Bronze noir orné de fleurs et d'insectes, avec coulant mokoumé.

Cachet *Jikió*.

b. Bronze jaune, ciselé de feuilles d'érable.

c. Argent avec partie fer ciselé et incrusté.

OBJETS EN MATIÈRES DIVERSES

Ustensiles de fumeurs

1166. — Grande pipe en bronze argenté, à motif d'armoiries, gravés et incrustés.

1167. — Trois étuis de pipe, dont l'un, en bambou, sculpté de paysages chinois et les deux autres, en os, sculptés à motifs variés.

1168. — Une collection de cinq étuis de pipe, par *Tessaï* :

a. Bambou où se trouve figurée, dans un travail de gravure, recouverte d'un enduit mat, la reproduction d'une collection de très curieuses terres cuites préhistoriques avec une légende explicative des endroits où ces objets furent découverts.

Signé : *Tessaï*.

b. Bambou sur lequel sont reproduites, en gravure laquée polychrome, quatre figures antiques en terre cuite, dont les originaux font partie du trésor de Horiûji à Nara.

Idem.

c. Bambou gravé du motif des Rakan (saints bouddhiques) traversant l'Océan ; au-dessus, deux personnages les contemplent du haut des nuages.

Idem.

d. Bambou laborieusement gravé d'une composition représentant, au milieu des nuages, les trois démons du tonnerre, du vent et de la pluie.

Idem.

e. Bambou gravé d'un motif représentant des Rakan chevauchant tigre et dragon, entourés de groupes d'enfants.

Signé : *Tessaï*.

1169. — Boîte à tabac portative en bambou, sculptée d'un motif d'oies dans les roseaux. Netsuké masque ; coulant argent filigrané.

1170. — Boîte à tabac en bois sculpté de dragons dans les nuages. Netsuké : Tengou se servant de son nez pour piler. Coulant : Double masque en laque rouge.

1171. — Deux boîtes à tabac portatives en bois sculpté :
 a. Maisons avec personnages sous des arbres contre un rocher. Netsuké attributs de danse ; coulant double masque rouge.
 b. Choki sur une chimère.

Signé : *Chibata Chighétomo*.

1172. — Boîte à tabac portative en bois sculpté, représentant un animal chimérique de la mer. Netsuké en os représentant un aïno ; coulant d'ambre.

Pièce curieuse fabriquée dans l'île d'Yézo par les Aïno à leur propre usage.

Netsuké en bois

1173. — Bois peint, style Shuzan, figurant Riujinn, génie de l'Océan, tenant la perle des marées.

xviie siècle.

1174. — Deux pièces en bois peint, style Shuzan :
 a. Ghiwa, médecin de l'antiquité, tenant le vase aux médicaments.
 b. Le Rakan Handaka avec la chimère.
 Idem.

1175. — Bois peint, style Shuzan, représentant un personnage légendaire portant une pieuvre sur le haut de la tête.
 Idem.

1176. — Chôki.
 Idem.

1177. — Senninn à longue barbe.
 Idem.

1178. — Le senninn Tekkaï.
 Idem.

1179. — Le senninn Gama, son crapaud dans la main.
 Idem.

1180. — Le senninn Gama, son crapaud sur l'épaule.
xvii⁰ siècle.

1181. — Même sujet que précédent, dans une autre interprétation.
Idem.

1182. — Laque rouge. Hommes aux longs bras et aux longues jambes.
Idem.

1183. — Senninn portant une femme sur son dos.
Idem.

1184. — Femme des îles, portant son enfant sur le dos et tenant à la main une trompette.
Idem.

1185. — Un yojiro, dresseur de singes.
Idem.

1186. — Chôki tirant le glaive.
Idem.

1187. — Diablotin ayant attrapé l'exterminateur Chôki sous un immense panier renversé sur lui.
Idem.

1188. — Deux pièces :
 a. Petit diable pleurant sur le bras coupé du grand diable.
 b. Diablesse couchée avec son petit.
Idem.

1189. — Une chimère.
   xviie siècle.

1190. — Aigle emportant un singe dans ses griffes.
   Idem.

1191. — Grenouille dans une tuile.
   Idem.

1192. — Deux pièces :
   a. Masque de Banakou.
   Idem.
   b. Masque de Hania.
   Signé : *Tenka-itchi* (le seul sous le ciel).

1193. — Deux pièces :
   a. Masque d'Akoujô.
   Signé : *Démé Jôman*.

   b. Masque d'Ikazoutchi.
   Signé : *Démé Ouman*.

1194. — Deux pièces :
   a. Masque de Banakou.
   b. — de Hannia.
   Idem.

1195. — Masque de Hannia.
   Signé : *Démé Ouman*.
   Idem.

1196. — Deux pièces :
   a. Masque de Sankôjô.
   Signé : *Démé Ouman*.
   b. Masque d'Okina.
   Signé : *Démé Ouman*.
   xvıı^e siècle.

1197. — Deux pièces :
   a. Masque de renard, articulé.
   Signé : *Démé Ouman*.
   Idem.

1198. — *b*. Masque de Sambasô.
   Signé : *Démé Ouman*.
   Idem.

1199. — Deux pièces :
   a. Masque de singe.
   b. —— double.
   Signé : *Démé Jôman*.
   Idem.

1200. — Deux pièces :
   a. Masque d'Okina.
   Signé : *Démé Ouman*.
   b. Masque de Hania.
   Signé : *Demé Ouman*.
   Idem.

1201. — Bois peint, style Shûzan, représentant un danseur de bongakou : le roi Lanliô-ô.
   Idem.

1202. — Deux netsuké en bois peint, style Shûzan, représentant des danseurs de bongakou : Kakko et Sampaso.

xviie et xviiie siècles.

1203. — — en bois peint, style Shûzan, représentant chacun un Senninn.

Idem.

1204. — Trois pièces en bois peint, style Shûzan. Personnages divers.

1205. — Trois pièces en bois peint, style Shûzan. Personnages divers.

1206. — Deux pièces en bois peint, style Shûzan. Coupeur de tokouza et danseur de Kiôghen.

1207. — — Bois peint, style Shûzan, représentant tous deux le prêtre-renard Kankaï, l'un portant la signature : *Shûzan*.

1208. — Bois peint, style Shûzan. Riôjinn, génie de l'Océan, un grand bâton à la main, et portant une chimère sur sa tête.

1209. — Trois pièces. Différentes figurations du senninn Tekkaï.

1210. — Trois pièces. Senninn à la tortue. — Achinaga, l'homme aux longues jambes. — Figure de tartare ; ce dernier signé : *Hidémassa*.

1211. — L'homme aux longs bras, porté par l'homme aux longues jambes, dégage les pieds de ce dernier des enlacements d'une pieuvre.

1212. — Deux pièces. Le Senninn Gama au crapaud, en deux figurations humoristiques.

1213. — Deux pièces. Le Senninn Gama. L'un d'eux tenant son crapaud sur sa poitrine, l'autre le chevauchant.

1214. — Trois pièces. Divers Senninn.

1215. — Deux pièces. Femme portant son enfant. — Yamamba portant Kintoki.

1216. — Yamamba promenant le petit Kintoki.

1217. — Un Yojiro, dresseur de singes.

1218. — Même sujet que le précédent numéro.

1219. — L'exterminateur Choki, pris par un diablotin sous un grand panier renversé sur lui.

1220. — Chôki garrottant un diable.

1221. — Chôki portant sur sa tête un diablotin qui cherche à se dégager.

1222. — Deux pièces :
    a. Diablotin couvrant d'un large chapeau le masque d'Okamé.
    b. — se fourrant dans une caisse pour échapper à la poursuite.
    Signé : *Ittan*.

1223. — Diablotin se protégeant le dos d'un grand chapeau pour se garer des pois qu'on lui a jetés.
    Signé : *Miwa*.

1224. — Le dieu du tonnerre avec tout un attirail de tambours, émergeant d'un large chapeau.

1225. — Deux pièces :
 a Deux diablotins, rampant sur le chapeau de Chôki
 b. Diable s'abritant sous un chapeau.

1226. — Deux pièces :
 a. Diable sur un nuage, emportant une pagode.
 b. —— se blottissant sous le chapeau de Chôki.
  Signé : *Chôghiokou*.

1227. — Deux pièces :
 a. Diable se roulant en boule pour éviter les pois qu'on lui jette.
  Signé : *Massakazou*.
 b. Diable se ramassant pour éviter les pois.
  Signé : *Minko*.

1228. — Deux pièces :
 a. Démon du tonnerre regardant par un trou de son nuage.
 b. —— se reposant, accroupi, avec tout son chargement de tambours sur le dos.

1229. — Deux pièces :
 a. Démon du tonnerre, couché, très petit, sur un tambour immense.
 b. —— accroupi, battant du tambour.

1230. — Démon du tonnerre, l'air féroce, son tambour entre les jambes.

1231. — Deux pièces :
 a. Diable se posant des moxa.
 b. — se hissant à la corde.
  Signé : *Minko*.

1232. — Neuf pièces, représentant Dharma en diverses incarnations.
   a. En méditation.
   b. Idem.
   c. Idem.
   d. Baillant, la tête entre ses mains.
   e. Faisant la grimace.
   f. Conformé en boule.
   g. En chaufferette.
   h. En jouet d'enfant.
      Signé : *Shuminn*.
   i. En méditation.
      Idem.

1233. — Trois pièces :
   a. Daikokou et Foukourokou lavant le riz.
   b. Foukourokou avec son long bâton.
   c. Daïkokou jetant les pois.
      Signé : *Tomotchika*.

1234. — Deux pièces :
   a. Un senninn.
   b. Tôbosakou sur une pêche.
      Signé : *Massatomo*.

1235. — Kanzan et Jittokou, lisant.

1236. — Deux pièces :
   a. Kanzan et Jittokou, déployant un rouleau.
   b. Les mêmes ; l'un d'eux dormant.

1237. — Deux pièces :
   a. Figure de Portugais.
   b. Senninn portant la perle.
   Signé : *Démé*.

1238. — Deux pièces :
   a. Acrobate marchant sur les mains.
   b. Personnage avec masque d'Okamé, accompagné d'un chien.

1239. — Deux pièces :
   a. Okamé jetant des pois.
   b. Okamé chevauchant un diable.

1240. — Deux pièces :
   a. Femme s'étirant et tirant la langue.
   b. Okamé jetant des pois.

1241. — Deux pièces :
   a. Femme s'amusant du long nez d'un masque.
   b. Komatchi, vieille, assise sur un pieu funéraire.
   Signé : *Tômei*.

1242. — Deux pièces :
   a. Guerrier à cheval.
   b. Shuténdòji, endormi.
   Signé : *Tadatochi*.

1243. — Deux pièces :
   a. Hania, enroulé autour de la cloche de Dôjôji.
   b. Shuténdòji, endormi.
   Signé : *Massaya*.

1244. — Hania, enroulé autour de la cloche de Dôdôji, dont la poignée supérieure tourne et laisse apparaître tour à tour, à travers une ouverture le visage en différentes couleurs du jeune prêtre qu'elle poursuit.

1245. — Deux pièces :
 a. Le renard Konkaï, travesti en vieillard.
 b. Yamabouchi, soufflant dans une conque.

1246. — Deux pièces :
 a. Guerrier attaqué par un fantôme.
 b. Renard pris au piège par un seigneur et un chasseur.

1247. — Deux pièces :
 a. Lutte entre une femme et un aveugle.
 b. Vieillard se faisant masser.

1248. — Vieillard massé par un aveugle.

1249. — Trois pièces :
 a. Femme obèse, se faisant masser.
 b. Personnage se faisant épiler la tête.
 c. Personnage enseignant le calcul à un enfant.

1250. — Un garçonnet effrayant deux enfants par le masque qu'il s'est mis au visage.

1251. — Deux pièces :
 a. Enfant cachant un masque derrière son dos.
 b. Enfant jouant avec une tête de chimère en battant le tambour.
  Signé : *Minko*.

1252. — Enfant cachant un masque derrière le dos, en tirant sa langue, mobile, et colorée en rouge.

Signé : *Miwa*.

1253. — Enfant tenant un gros fruit rouge.

Signé : *Miwa*.

1254. — Deux pièces :

a. Enfant caché sous une tête de chimère, en jouant du tambour.

b. Enfant cherchant à enjamber une chimère énorme.

1255. — Deux pièces :

a. Enfant caché sous une tête de chimère.

b. Enfant se cachant sous une tête de chimère, dont la mâchoire est mobile et laisse apparaître en s'ouvrant le visage de l'enfant figuré en ivoire.

Signé : *Riuminn*.

1256. — Trois pièces :

a. Enfant, un masque au visage, contrefaisant une bête.

b. — soulevant un petit chien.

c. — faisant dada sur son chien.

signé : *Kwachinn*.

1257. — Trois pièces :

a. Enfant à la tortue.

b. — jouant à la tête de cheval.

c. — ayant un masque d'ivoire derrière le dos.

1258. — Deux pièces :

a. Enfant portant le sac de Hotei.

    b. — mangeant un fruit.
    Signé : *Minkokou.*

1259. — Deux pièces :
    a. Enfant couché sur le ventre, un gâteau à la main.
    b. — prenant un poisson dans un baquet.

1260. — Deux pièces :
    a. Personnage assis tirant la langue.
    b. — dansant en faisant la grimace.
    Signé : *Rantei.*

1261. — Deux pièces :
    a. Garçon chantant, un livre à la main.
    b. Manzaï chantant, dansant et tambourinant.
    Signé : *Minkei.*

1262. — Trois pièces.
    a. Hakoutcho buvant du saké.
    b. Personnage éternuant.
    c. Sculpteur imitant la grimace de son masque.
    Signé : *Jugniokou.*

1263. — Deux pièces :
    a. Danseur de Chôjò.
    b. Homme éternuant.

1264. — Joueur de gô attendant contre-partie.

1265. — Personnage remuant la tête en signe d'approbation.
    Signé : *Démé.*

1266. — Deux pièces :
   a. Vendeur de droguerie ambulant.
   b. Marchand de masques se reposant.

1267. — Deux pièces :
   a. Paysan repassant sa faux.
   b. Ouvrier repassant une meule.

1268. — Deux pièces :
   a. Ouvrier taillant sa meule.
   b. Ouvrier brossant le sol.

1269. — Deux pièces :
   a. Ouvrier taillant sa meule.
   b. Aveugle croyant attraper une souris.

1270. — Deux pièces :
   a. Pâtissier.
   b. Aveugle s'efforçant de soulever une grosse pierre.

1271. — Deux pièces :
   a. Aveugle cherchant à soulever une pierre.
   b. — aux écoutes.

1272. — Deux pièces.
   a. Homme pilant.
   Signé : *Massayochi*.
   b. Poissonnier coupant un gros poisson.
   Signé : *Massayochi*.

1273. — Deux pièces :
   a. Personnage pris par une coquille.
   b. Prêtre shintoïste nettoyant un grelot.

1274. — Deux pièces :
   a. Aveugle agenouillé sur un gros poisson.
   b. Paysan endormi sur une feuille de bananier.

1275. — Deux pièces :
   a. Aveugle ayant mis le pied dans la saleté.
   b. Homme pris par une coquille.

1276. — Paysan endormi sur une natte.

1277. — Deux pièces :
   a. Prêtre shintoïste lavant un grelot.
   b. Le prêtre Môrinji dont la bouilloire se transforme en renard.
   Signé : *Massanao*.

1278. — Deux pièces :
   a. Prêtre shintoïste présentant son offrande.
   b. Singe pilant.

1279. — Deux pièces :
   a. Homme au masque de renard ; tête branlante.
   b. Le prêtre Saïgno se reposant sur un tabouret.
   Signé : *Massatochi*.

1280. — Deux pièces :
   a. Squelette grimpant sur un gros crâne.
   b. —   assis en posture cérémoniale.

1281. — Deux pièces :
   a. Hakoutchô criant à tue-tête.
   b. Enfant saisissant un gros poisson par la queue.

1282. — Deux pièces :
   a. Le renard berçant son petit.
   b. Singe chevauchant une gourde.

1283. — Groupe de deux singes, le plus petit croquant un fruit.

1284. — Singe croquant une pêche.

1285. — Deux pièces :
   a. Singe grimpant sur une énorme pêche.
   b. Cheval conduit par un singe.

1286. — Groupe de deux singes, le plus petit dévorant une puce.

1287. — Singe grimpant sur deux châtaignes pour attraper un ver qui sort de l'une d'elles.
   Signé : *Massàtchika*.

1288. — Singe sur deux châtaignes, cherchant à attraper un ver qui sort de l'une d'elles.

1289. — Singe assis sur une rondelle de paille tressée, croquant un fruit.

1290. — Singe chatouillant la tête d'une tortue.

1291. — Deux pièces. Chevaux couchés.
   Signé : *Massanaô*.

1292. — Deux pièces :
   a. Singe saisissant une pêche.
   b. — assis sur un gros fruit.
   Signé : *Yéghiokou*.

1293. — Deux pièces :

 a. Groupe de deux singes, se bouchant les yeux, la bouche et les oreilles.

 b. Singe se jetant sur un poisson.

1294. — Deux pièces :
 a. Cheval couché.
 Signé : *Massanao*.

 b. Bœuf couché.
 Signé : *Sukénaga*.

1295. — Trois pièces :
 a. Bouc accroupi.

 b. Daim couché, les cornes en os.
 Signé : *Noboutérou*.

 c. Sanglier accroupi.
 Signé : *Massanao*.

1296. — Trois pièces :
 a. Cheval couché.
 Signé : *Kokei*.

 b. Chèvre accroupie.
 Idem.

 c. Chienne avec ses trois petits.
 Signé : *Tamétaka*.

1297. — Trois pièces :
 a. Chèvres couchées.
 Signé : *Tomokazu*.

b. Sanglier.

Signé : *Massanao.*

c. Bouc couché.

Signé : *Kokei.*

1298. — Trois pièces. Chiens.

1299. — Deux pièces :
a. Chat et chaton.
b. Jeune chien avec sandale.

1300. — Trois pièces :
a. Chat se grattant.
b. Blaireau debout, chantant.
c. Tengou sortant de l'œuf.

1301. — Deux pièces :
a. Chat couché sur une natte.
b. Jeune chien couché sur une tuile.

1302. — Deux pièces :
a. Chien jouant avec une balle et une coquille.
b. Chien tirant une corde attachée à une coquille.

1303. — Blaireau jouant du tambour sur son gros ventre et s'accompagnant de son chant.

Signé : *Minko.*

1304. — Deux pièces :
a. Un tigre.
b. Chimère assise.

1305. — Deux pièces :
   a. Chimère à la boule.
   Signé : *Tomosada.*
   b. Tengou sortant de l'œuf.
   Signé : *Massayuki.*

1306. — Deux pièces :
   a. Blaireau assis, en vêtement d'homme.
   b. Jeune chien se mordant les puces.
   Signé : *Tomokazu.*

1307. — Trois pièces :
   a. Petite chimère figurant l'extrémité sculptée d'une pièce de charpente.
   b. Tengou sortant de l'œuf.
   c. Bouilloire se transformant en renard.
   Signé : *Kokei.*

1308. — Deux pièces :
   a. Kappa, avec une patte prise entre les valves d'une coquille.
   b. Rat jouant avec une coquille.
   Signé : *Minko.*

1309. — Kappa poursuivant une grenouille sous une feuille de lotus.

1310. — Souris saisissant sa queue enroulée.
   Signé : *Tomokazu.*

1311. — Groupe de deux souris.
   Signé : *Massanaga.*

1312. — Groupe de deux souris.
Signé : *Massayassu*.

1313. — Sept petites souris, roulées en boule.

1314. — Deux pièces :
a. Renard poursuivant une souris qui se blottit sous un grand chapeau.
b. Souris tenant un haricot.

1315. — Souris, la queue prise entre les valves d'une coquille.
Signé : *Miwa*.

1316. — Van rempli de champignons sur lesquels arrive une souris.

1317. — Aigle emportant un singe.
Signé : *Massatsugu*.

1318. — Aigle emportant un singe.

1319. — Oiseau de proie guettant un singe caché dans un creux.
Signé : *Hôguen Massanobou*.

1320. — Deux pièces :
a. Coq sur tambour.
Signé : *Tomokazu*.
b. Dragon enroulé sur lui-même.
Signé : *Massanao*.

1321. — Coq sur tambour.
Signé : *Massakazu*.

1322. — Trois pièces :
   a. Oiseau-jouet.
   b. Coq et poussins.
   c. Tortue emportant son jeune sur le dos.
   Signé : *Sukénaga*.

1323. — Gros serpent roulé en boule.

1324. — Serpent enroulé autour d'un crabe, le corps passé à travers la cavité des deux yeux.
   Signé : *Massakatsu*.

1325. — Groupe de sept tortues en pyramide.

1326. — Groupe de cinq tortues en pyramide.
   Signé : *Tadakazu*.

1327. — Trois pièces :
   a. Tête de saumon fumé dont sort une petite souris.
   b. Pieuvre.
   c. Grenouille sur fruit de lotus.

1328. — Deux pièces :
   a. Saumon fumé.
   b. Grenouille et son petit.
   Signé : *Massanao*.

1329. — Deux pièces :
   a. Colimaçon sur une noix coupée par le milieu.
   b. Grenouille et son petit.

1330. — Deux pièces :
   a. Crapaud sur tuile.

    b. Crapaud sur un fruit.
       Signé : *Sukénaga*.

1331. — Trois pièces :
    a. Grenouille sur noix cassée.
       Signé : *Sukénaga*.
    b. Grenouille sur sandale.
       Signé : *Koké*.
    c. Grenouille sur aubergine.

1332. — Trois pièces :
    a. Crapaud sur sandale.
       Signé : *Massanao*.
    b. Grenouille sur sandale.
    c. Crapaud sur un seau défoncé.
       Signé : *Massakiyo*.

1333. — Deux pièces :
    a. Masque de paysan.
    b. — de diable.
       Signé : *Démé*.

1334. — Trois pièces :
    a. Masque de renard, articulé.
    b. — de Hiottoko, laque rouge.
    c. — d'O-tobidé.

1335. — Deux pièces :
    a. Masque de prêtre.
    b. — d'Okamé.

1336. — Deux pièces :
a. Masque de Jô.
b. — de Tengou.

1337. — Masque de Chôjô, en bois de kaki.

1338. — Masque de Jô.

1339. — Groupe de neuf masques.
Signé : *Oumpô*.

1340. — Deux pièces :
a. Masque de renard.
b. d'Okamé.

1341. — Deux pièces :
a. Masque de Dharma.
b. — de Hiottoko.

1342. — Deux pièces :
a. Masque de Hania.
b. — de Guédô.

1343. — Deux pièces :
a. Masque de Héchimi.
b. — d'O-héchimi.

1344. — Deux pièces :
a. Masque de Banakou.
b. — d'Avare.
Signé : *Sadatochï*.

1345. — Trois pièces :
   a. Masque de renard, articulé.
   b. — de Hiottoko.
   c. — d'Okamé.
   Signé : *Démé Saman*.

1346. — Deux pièces :
   a. Tête de chimère, articulée.
   b. Groupe de sept masques.

1347. — Deux pièces :
   a. Tête de chimère, articulée.
   b. Groupe de sept masques.

1348. — Deux pièces :
   a. Groupe de neuf masques.
   b. — de sept masques.
   Signé : *Ghiokouzan*.

1349. — Deux pièces :
   a. Masques de Tengou et d'Okamé ;
   b. Groupe de sept masques.

Netsuké en ivoire

1350. — Grande dimension. Homme des îles portant une grosse perle.

1351. — Le senninn Tek'kaï exhalant sa propre incarnation.

1352. — Le senninn Tek'kaï, une gourde sur l'épaule.
xviie siècle.

1353. — Le senninn Tek'kaï appuyé sur son bâton.

1354. — Deux senninn : L'un d'eux est Gama avec un crapaud, l'autre tient un panier à la main et une grosse fleur chargée sur son épaule.

1355. — Deux senninn, chacun portant un panier.
xviiie siècle.

1356. — Aveugle marchant.

1357. — Femme de pêcheur, aux longs cheveux déroulés.

1358. — Oussoumé avec une suivante.

1359. — Tomoyé Gozén, la femme de Yochinaka, à cheval.

1360. — Foukourokou accompagné d'une biche et de son faon.
Signé : *Massatochi*.

1361. — Deux personnages :
a. Homme s'étirant.
b. Homme cherchant à attraper une souris.

1362. — Deux personnages :
a. Homme cachant un livre.
b. Bûcheron buvant.

1363. — Deux artisans.

1364. — Deux dormeurs :
a. Bûcheron.
b. Dresseur de singes.

1365. — Foukourokou avec la cigogne.
Signé : *Riugokou*.

1366. — Enfant portant son petit frère sur le dos.

1367. — Enfant jouant avec une tortue.
Signé : *Rakouminn*.

1368. — Deux figures d'enfant : L'un avec un masque, 'autre avec un immense chapeau.

1369. — Deux groupes :
a. Hommes aux longs bras et longues jambes.
b. Les deux Niô s'enivrant.
Signé : *Chôkiuçaï*.

1370. — Trois personnages :
    a. Femme se débarbouillant.
        Signé : *Choughiokou*.
    b. Poseur de Mok'sa.
        Signé : *Jurakou*.
    c. Buveur.
        Signé : *Mitsuhiro*.

1371. — Conteur d'histoires.
    Signé : *Jughiokou*.

1372. — Yochiro avec son singe.
    Signé : *Tomotada*.

1373. — Deux figures :
    a. Diable s'épilant.
        Signé : *Massakazu*.
    b. Démon du tonnerre, son tambour dans le dos.

1374. — Deux figurations du démon du tonnerre.

1375. — Ronde de six enfants, faisant de la musique et dansant.
    Signé : *Ikkôçaï*.

1376. — Deux animaux :
    a. Singe s'épouillant.
    b. Vache couchée et veau.

1377. — Tortue portant son petit.

1378. — Deux animaux :
    a. Bœuf couché.
        Signé : *Tomotada*.

b. Lapin.
   Signé : *Rantei*.

1379. — Trois sujets :
   a. Saumon fumé (en corne de rhinocéros).
   b. Cigale sur des feuillages.
   c. Tortue au milieu de coquillages.

1380. — Trois sujets :
   a. Groupe de six masques.
      Signé : *Kôrin*.
   b. Oiseau sur fruit de kaki.
      Signé : *Anrakou*.
   c. Colimaçon.

1381. — Trois sujets :
   a. Aigle tenant un renard dans ses serres.
      Signé : *Tomotchika*.
   b. Grenouille sur feuilles de lotus.
   c. Cigogne buvant dans un ruisseau auprès d'un saule.

1382. — Trois sujets :
   a. Lapin tenant une branche de biwa.
      Signé : *Okatomo*.
   b. Poule et poussins dans un van.
   c. Quatre grenouilles sur une sandale.

1383. — Trois animaux :
   a. Chimère couchée.
   b. Un loup assis.
      Signé : *Massanao*.

c. Loup avec tête de mort.
Signé : *Tomotchika*.

1384. — Trois animaux :
a. Jeune chien jouant avec une balle.
b. Chimère tenant une grosse boule.
c. Cheval sortant d'une gourde.

1385. — Trois animaux :
a. Jeune chien sur un coussin.
b. Chat avec coquillage.
c. Grenouille dans une feuille de lotus.
Signé : *Juminn*.

1386. — Trois animaux :
a. Petit chien jouant avec une coquille.
b. Tigre couché.
c. Sanglier accroupi.

1387. — Deux animaux :
a. Jeune chien mordillant une sandale.
b. Petite chimère sur une grosse boule.

1388. — Deux sujets d'animaux :
a. Chienne faisant téter ses quatre petits.
b. Grenouille sur une ghéta.

1389. — Deux animaux :
a. Jeune chien déchirant une balle.
b. Chèvre debout sur une embase formant cachet. Ivoire laqué or.

Netsuké en forme de boutons

1390. — Trois sujets de fleurs et fruits :
   a. Un kaki avec sa tige.
   Signé : *Ran-itchi*.
   b. Une tige de biwa.
   c. Une fleur de pivoine.

1391. — Trois sujets d'animaux :
   a. Poisson et coquillages.
   Signé : *Rantei*.
   b. Souris sur cordages.
   c. Souris dans une tuile.

1392. — Deux boutons à plaques de métal :
   a. Ivoire et fer ajouré.
   b. Bois et argent incrusté d'armoiries de paulownia en or.

1393. — Trois boutons à plaque de métal :
   a. Ivoire et chibuitchi gravé d'un Hotei.
   Signé : *Sôyo*.
   b. Ivoire et chibuitchi gravé de deux personnages, représentant le roi des enfers et un empereur chinois.
   Signé : *Fouroukawa Jotén*.

  c. Ivoire et métal doré figurant une monnaie.

1394. — Trois boutons à plaque de chibuitchi :
  a. Deux personnages.
  b. Branches de cerisier.
  c. Paysage.

1395. — Trois boutons en métal tressé.

1396. — Trois boutons ivoire incrusté ou laqué :
  a. Pipe et oreiller.
   Signé : *Minko*.
  b. Fleurs de chrysanthème.
  c. Décor à médaillons.

1397. — Quatre boutons divers :
  a. Ivoire laqué d'une cigogne en or.
  b. Ivoire incrusté de fleurs en argent ciselé.
  c. Bois laqué d'une tige de chrysanthème en or.
  d. Laque d'or à décor de fleurs.

Divers

1398. — Garde de sabre en ivoire teinté, très richement incrusté en burgau, nacre et écaille, d'un grand motif d'hortensias en fleurs.
Travail de *Jitokou Assahi*.

1399. — Deux sceptres bouddhiques :
a. Tige de lotus avec sa feuille enroulée.
b. Manche recourbé à tête de dragon en bois laqué rouge et doré, terminé par un panache de crins.

1400. — Canne en ivoire se démontant en trois pièces, avec viroles en argent ciselé à motif de nuages, et béquille en corail rouge sculpté.

1401. — Cinq ornements de cheveux dont quatre en argent découpé et gravé à décor d'oiseaux et de plantes avec pendentifs et chaînettes ; le cinquième en fer incrusté d'or.

1402. — Deux tubes à pinceaux :
a. Bambou sculpté d'un tigre auprès d'un torrent ; motif accompagné d'une poésie de Tei-jo-sei sur les tigres.
b. Bambou décoré en gravure d'une finesse extrême et d'une grande fermeté de dessin. Le sujet comporte des bateliers conduisant des jonques sur une rivière bordée de grands saules.

1403. — Deux écritoires portatives :
a. Bois verni, décoré en laque d'or d'un semis de feuilles d'éra-

ble. L'un des coulants figure une petite aubergine formant flacon à odeurs.

b. Bois sculpté en torsade, sur lequel est figurée une grenouille.

1404. — Petit couteau en os incrusté de filigrane et laqué de motifs en couleurs et or.

1405. — Eventail offrant sur papier la peinture d'une tête coupée et ensanglantée.

Cachet : *Ghensaï*.

1406. — Ecran à main décoré sur fond d'or d'une peinture de fleurs de l'école de Kôrin.

1407. — Bâton de commandement en laque noir avec garniture d'argent gravé aux extrémités.

xviie siècle.

1408. — *Ritsuo*. Panneau laqué en relief d'un enfant monté sur un bœuf. Cachet : *Kwan*. Larg. 0,60 ; haut. 0,40.

1409. — Garniture de meuble en bronze, comprenant neuf plaques de dimensions variées, portant, en incrustations de métaux divers, des motifs de lotus et de martin-pêcheurs.

xixe siècle.

1410. — Garniture de meuble analogue à la précédente, comprenant également neuf pièces.

xixe siècle.

1411. — Panneau d'applique en bronze doré et ciselé, à motif de chimères dans les pivoines.

xviie siècle.

1412. — Tablette de bois, dite Ren, peinte sur une face d'un danseur de la danse du lion, et sur l'autre d'une figure de Chôki. Signé : *Yeihakou*. Haut. 1,47.

xvii° siècle.

1413. — Grand panneau en bois naturel de ton clair sculpté en bas-relief d'un groupe de singes sur un pin. Signé : *Mitsuaki*. Haut. 1,47 ; larg. 0,72.

xix° siècle.

1414. — Série de trois kakémono brochés, en soie, dont l'un représente la poétesse Komatchi et les deux autres des chrysanthèmes et des pivoines. Haut. 0,85.

xviii° siècle.

1415. — Kakémono broché, représentant, en soie, deux cerfs sous un érable. Haut. 0,82 ; larg. 0,34.

1416. — Kakémono soie, tissé d'un oiseau sur une branche fleurie. Haut. 0,68 ; larg. 0,25.

xviii° siècle.

1417. — Broderie sur store. Groupe représentant la danse du lion. D'après *Itcho*. Long. 0,55 ; haut. 0,30.

BRODERIES RELIGIEUSES

N° 1417

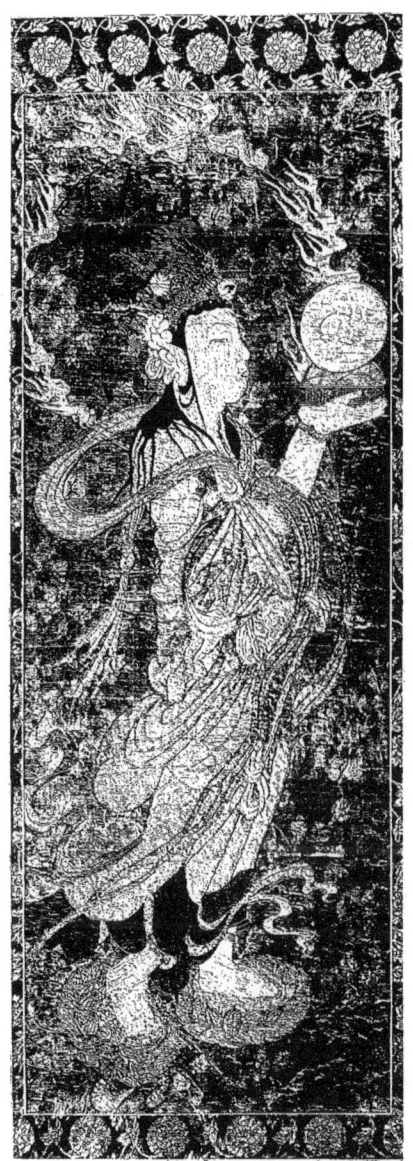

Broderies religieuses

1418. — *Ecole de Takouma.* — Une paire de panneaux représentant les Dêva Nitten et Gwatten, personnifications du soleil et de la lune. Le premier est figuré de face, tenant de la main gauche une tige de lotus, et de l'autre le disque du soleil, renfermant le corbeau symbolique. Sur l'autre panneau, Gwatten, de profil à droite, présente des deux mains le disque de la lune, avec, au centre, un lapin blanc. Chacune de ces figures se détache en tons clairs d'une extrême délicatesse, sur un fond havane damassé d'un motif de pivoines. Haut. 1,34 ; larg. 0,50 (encadrements non compris).

xiie siècle.

Ces deux panneaux ont figuré au pavillon Impérial du Trocadéro à l'Exposition Universelle de 1900.

PEINTURE

Les mesures des kakémono et des panneaux s'entendent encadrement d'étoffe non compris.

Peinture chinoise

1419. — *Ririomin*[1]. Le Rakan Achita Sonja, assis au pied d'un arbre. « Il tient dans la main la boule précieuse. Le dragon, apparaissant sous les traits d'un vieillard, tend les mains pour la demander. Mais le Sonja fait semblant de ne pas le voir. Un brûle-parfums est suspendu à l'arbre[2]. » Kakémono soie. Non signé. Haut. 0,90 ; larg. 0,43.

xii⁰ siècle.

1420. — *Ganki*[3]. Paire de kakémono à l'encre de Chine, représentant Kanzan et Jittokou. Sur soie. Cachet : *Ganki*. Haut. 0,80 ; larg. 0,39.

xiii⁰ siècle.

1421. — *Seikin Koji*[4]. Henjakou, célèbre médecin chinois, avec deux disciples, l'un tenant un livre, l'autre une bouteille. Kakémono soie. Non signé. Haut. 0,64 ; larg. 0,49.

xiv⁰ siècle.

1422. — *Bounkô*. Encre de Chine. Prunier en fleurs. Signature et cachets : *Bounkô*. Haut. 0,90 ; larg. 0,22.

xv⁰ siècle.

---

[1] En chinois Li Lung-Yen, le plus célèbre peintre de la dynastie Suong.
[2] Extrait du *Rakan Zousanshu*, par le prêtre *Guensé* de Foukakusa, 3 vol., 1864.
[3] En chinois *Ngan-Hwui*, l'un des plus grands maîtres des dynasties Suong et Yuen.
[4] En chinois Si-kin Ku-tze, peintre de portraits de la dynastie Yuen. Cette attribution donnée par une inscription peinte sur la boîte du kakémono, est contestée par certains experts qui voient en cette œuvre une peinture de l'école de Tôça.

1423. — *Tchô-Sugo*. Tchòki, à cheval, recevant une tasse d'eau que lui offrent deux paysans. Kakémono soie. Non signé. Haut. 0,95 ; larg. 0,35.

xvi° siècle.

1424. — *Kaho*. Encre de Chine. Tronc de pin. Kakémono soie. Signé : *Kaho*. Haut. 0,16 ; larg. 16 1/2.

xviii° siècle.

N° 1426

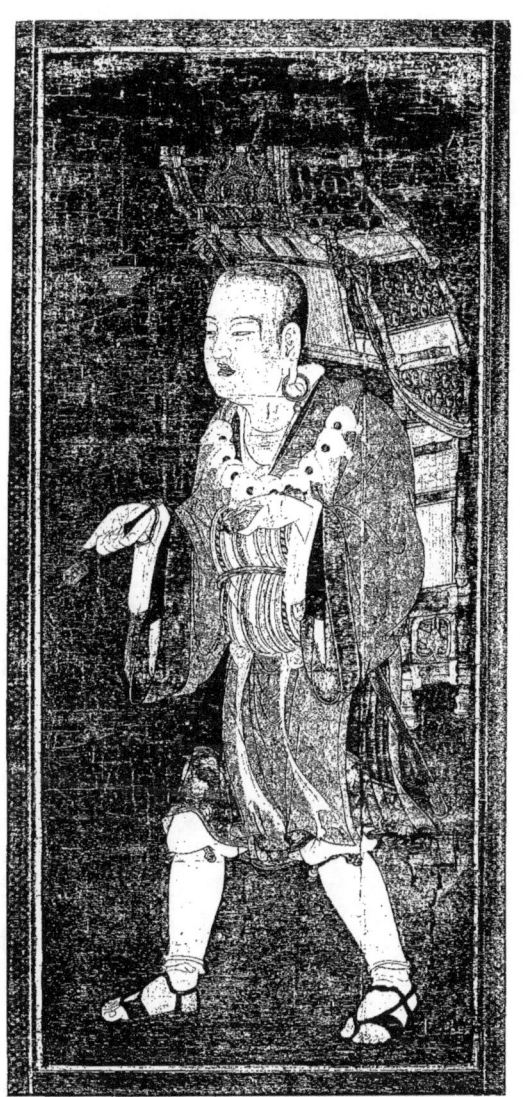

Peinture japonaise

Ecoles bouddhiques.

1425. — *Kobo-Daïshi*[1]. Foudô, assis, entouré d'une auréole de flammes, tenant le glaive et le lacet. Kakémono soie. Non signé[2]. Peinture fatiguée. Haut. 1,04; larg. 0,56.

1426. — *Kondara no Kawanari*[3] (attribué à). Portrait du prêtre Guenjo Sanzô[4]. Il est figuré debout, marchant vers la gauche, et portant sur le dos une hotte chargée de rouleaux d'écriture, du sommet de laquelle pend un petit vase à encens. De la main droite il tient le chasse-mouches honorifique et, dans la main gauche, un rouleau. Un collier de crânes humains pend autour de son cou. Sa robe courte, grise, à décor pointillé, avec bordures de lotus blancs sur fond bleu, laisse voir les jambes, vêtues de chausses grises. Une ceinture à stries verticales rouges, blanches et vertes recouvre la poitrine. OEuvre de haute rareté et d'une merveilleuse conservation. Kakémono soie. Haut. 1,35 ; larg. 0,59.

Kakémono ayant figuré au palais impérial du Trocadéro de l'Exposition Universelle en 1900.

1427. — *Shinzaï*[5]. Portrait de Kobo-Daïshi, assis, tenant le chapelet et

---

[1] Ou *Koukaï* (774-834) peintre, sculpteur et calligraphe, l'un des apôtres du bouddhisme au Japon.

[2] Au revers du kakémono, se lit une inscription certifiant que cette peinture est une œuvre de Kobo-Daïshi.

[3] Artiste favori de l'empereur Nara qui lui conféra un titre de noblesse, mort en 853.

[4] En chinois Hiouen Tsang, célèbre prêtre bouddhique sous le règne de l'empereur TaïSong (627-649) de la dynastie des Tang.

[5] Disciple de Kobo-Daïshi, mort en 860.

le *sanko*. Au-dessus se lit l'inscription suivante : « (Kobo-Daïshi) assis sous les arbres de Koya, tandis que son âme est dans le ciel Tosatsu. » Peinture fatiguée dont les tons sont obscurcis, tout en laissant le dessin visible. Kakémono soie. Non signé. Haut. 0,90; larg. 0,40.

1428. — *Kassouga Takayoshi*[1]. Monju sur la chimère. Kakémono soie. Non signé. Haut. 0,51 ; larg. 0,25.

xie siècle.

1429. — *Kassouga Motomitzou*[2]. Monju sur la chimère. Kakémono soie. Non signé. Peinture fatiguée et écaillée par endroits. Haut. 1,18 ; larg. 0,42.

1430. — *Inconnu*[3]. Portrait du prêtre Shobo-Kokoushi[4], représenté de face, assis sur un fauteuil, tenant de la main droite le sanko et, de la main gauche, un pli de sa robe. Au-dessus, trois petits panneaux de paysages enor sur fonds bleu, brun et gris. La figure du prêtre en vêtements blancs bordés de noir et de rouge se détache en ton clair sur fond brun. Kakémono soie. Haut. 0,98 ; larg. 0,45.

1431. — *Yéshin Sodzou*[5]. Amida accompagné de Seïsi et de Kwannon. Les figures sont peintes en or sur fond noir. Panneau soie. Haut. 0,84 ; larg. 0,35.

1432. — *Style de Dontchô*[6]. Hôzô-Tennio, représentée de face,

---

[1] Fut le premier titulaire de la fonction de Yédokoro.

[2] De la famille des Foujiwara. On lui attribue la fondation de l'école de Yamato. (xie siècle).

[3] Cette peinture est attribuée par certains critiques à Tchinkaï, fils de Kassouga Motomitsu, auteur du Mandara de Sambôin (première moitié du xie siècle) d'autres la font remonter à un prêtre contemporain du personnage représenté.

[4] Plus connu sous le nom de Riguen-Daïshi, fondateur du temple Sambôin de Kioto.

[5] Ou *Ghenshin*, prêtre du monastère de Yéshin-in à Yokokawa, né en 941, mort en 1017.

[6] Prêtre coréen, passe pour avoir introduit au Japon les principes de la peinture chinoise (règne de l'empereur Suiko, viie siècle).

N° 1430

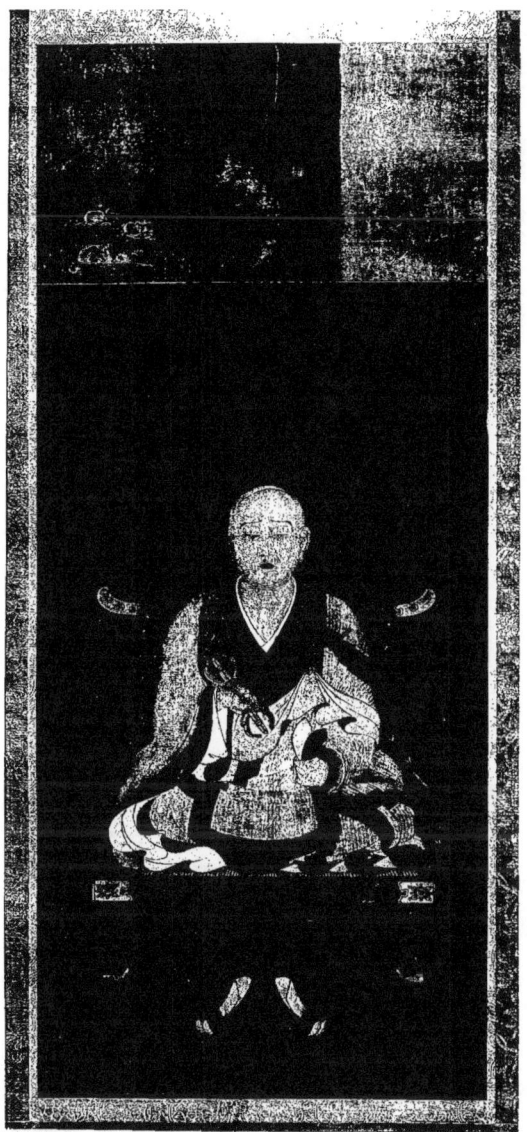

tenant le lotus et la boule *mani*. Kakémono soie. Non signé. Haut. 1,04 ; larg. 0,42.

    xiie siècle.

1433. — *Kocé Mouneyochi*. Jizo, debout sur un nuage, tenant le sistre à anneaux et la boule *mani*. Kakémono soie. Non signé. Haut. 0,84 ; larg. 0,37.

    Idem.

1434. — *Kayochi*(?) [1]. Foughen Yen-Mei. (Foughen aux vingt bras) assis sur le lotus que supporte un groupe de quatre éléphants blancs. Ceux-ci debout sur un socle représentant la roue de la loi, portent sur leurs têtes les effigies des quatre Tennô. Fond noir. Kakémono soie. Haut. 1,09 ; larg. 0,50.

    Idem.

1435. — *Kassouga-no-Yédokoro*. Paire de grands kakémono en largeur Mandara du Kongokai (monde spirituel) et du Taïzokaï (monde matériel). Peinture sur soie, en couleurs et or. Haut. 0,97 ; larg. 0,83.

    Idem.

1436. — *Kassouga-no-Yédokoro*. « Les quatre divinités de Kassouga » assises sur des trônes à l'intérieur d'un temple. En haut Niou-Daïmiojin, et son fils Koya Daïmiojin ; au-dessous ses filles Keimiojin et Itsukoushima-Miojin. Kakémono soie. Haut. 0,94 ; larg. 0,37 1/2.

    Idem.

1437. — *École de Takouma* (attribué à *Takouma Shôga* [2]). Bichamon

---

[1] Le nom de cet artiste, accompagné de la date 1661 qui paraît se rapporter à une restauration de la peinture, se lit dans une inscription, au bas du kakémono.

[2] Ou *Shôga Hôguen*, célèbre par ses portraits et ses peintures religieuses.

tenant le sceptre et la pagode. Peinture fatiguée. Kakémono soie. Haut. 0,92 ; larg. 0,37.

xii-xiii° siècle.

1438. — *École de Takouma.* Dix divinités du groupe dit Jiurokou Zenjin. Kakémono soie. Haut. 1,09 ; larg. 0,40.

xiii° siècle.

1438 bis. — *École de Takouma.* Aïzen-miô-wô, assis sur le trône au lotus rose. Kakémono soie en or et couleurs. Non signé. Haut. 1,01 ; larg. 0,40.

Idem.

1439. — *Jôzen*[1] (attribué à). Amida debout faisant les gestes de charité et de prédication. Kakémono soie en camaïeu or et brun. Haut. 1,00 ; larg. 0,32.

Idem.

1440. — *École de Takouma.* — Suite de douze panneaux représentant le groupe des douze divinités dites Jiunitenno. Peinture sur soie. Haut. 0,79 ; larg. 0,38.

Idem.

1441. — *École de Kassouga.* Monju sur la chimère, tenant le glaive de sagesse et le rouleau sacré. Kakémono soie. Non signé. Haut. 0,74 ; larg. 0,37.

xiv° siècle.

1442. — *École de Takouma.* Le Bodhisatwa Foughen, monté sur l'éléphant blanc. Kakémono or et couleurs, sur soie. Haut. 1,08 ; larg. 0,43.

Idem.

1443. — *Shiba Kwanshin*[2]. Çakyamouni sur le trône au lotus, accom-

---

[1] Auteur d'un célèbre portrait de Shinran, le fondateur de la secte Shin (1173-1262).
[2] Connu sous le nom de *Shiba-hôghen*, peintre du Yedokoro de Kassouga, chef de l'école Shiba, mort vers 1429.

pagné de Foughen et de Monju. Kakémono soie. Non signé. Haut. 1,04; larg. 0,43.

xv⁰ siècle.

1444. — *Inconnu*[1]. Portrait de Shiotokou debout, tenant un brûle-parfums. En haut se lit une invocation bouddhique; à droite l'inscription suivante : *Copié du Shiotokou Kotaïshi du temple Shittennôji de Settsou*. (Célèbre peinture connue sous le nom du « portrait à l'âge de seize ans. ») Non signé. Sceau du temple Shittennôji. Haut. 0,50; larg. 0,25.

xvı⁰ siècle.

1445. — *Style de Meitcho*. Raïden battant ses tambours. Kakémono papier. Cachet : *Sôhakou*. Haut. 1,18 ; larg. 0,50.

Idem.

Ecole de Tôça.

1446. — *Nagaakira*[2] (attribué à). Dagniniten, montée sur un renard, entourée de quinze Dôji, de Benzaïten et de Kisshoden. Kakémono soie. Haut. 0,90; larg. 0,40.

1447. — *Mitsunobou*[3]. Seigneur debout regardant au loin; un serviteur est accroupi auprès de lui. Kakémono papier. Non signé. Haut. 0,40 ; larg. 0,25.

1448. — *Inconnu*. Encre de Chine avec rehauts de rouge et de blanc. Le lapin et le renard. Scène caricaturale d'après *Toba Sôjô*. Panneau papier. Haut. 0,55 ; larg. 0,34.

xv⁰ siècle.

[1] L'auteur est vraisemblablement un prêtre du temple Shittennoji à Settsou.
[2] Fils de Tôça Nagataka et petit fils de Tôça Tsunétaka, qui, le premier, adopta le nom de Tôça (xvıı⁰ siècle).
[3] Fils de Hirotchika, l'un des plus grands artistes de l'école de Tôça. Né en 1445, titulaire de la fonction de yédokoro en 1496, mort en 1513.

1449. — *Mitsushighé*[1]. Monju sur la chimère tenant le glaive de sagesse. Kakémono papier. Non signé. Haut. 0,66 ; larg. 0.38.

1450. — *Inconnu*. Jizo tenant le sistre et la boule mani. Kakémono soie en camaïeu brun et or. Non signé. Haut. 0,98 ; larg. 0,39.

xvie siècle.

1451. — — Lutte symbolique de Honen avec Çakyamouni, assisté de Kwannon et de Seisi. Panneau papier. Haut. 1,50 ; larg. 0,91.

Idem.

1452. — *Jakouyo* [2] (attribué à). Çakyamouni assis sur le trône au lotus, dans l'attitude de la méditation. Kakémono soie, en or et couleurs. Haut. 0,74 ; larg. 0,34.

1453. — *Mitsuoki*[3]. Groupe de monstres dans un intérieur. Panneau soie. Haut. 0,32 ; larg. 0,55.

1454. — *Inconnu*. Le Bodhisatwa Kokouzo, sur un trône, tenant le glaive et le groupe des trois gemmes. Kakémono soie en or et couleurs, sur fond or. Non signé. Haut. 0,89 ; larg. 0,41.

xviie siècle.

1455. — *Foujiwara Mitzuzané*. Les attributs de la fête du jour de l'an, la souris blanche, la langouste, la branche de pin, etc. Panneau papier. Signé : « *Foujiwara Mitzuzané*, gouverneur de Tòça, noble de la cinquième classe, garde de l'atelier Yédokoro ». Haut. 1,34 ; larg. 0,56.

xviiie siècle.

[1] Fils de Mitsunobou. Yédokoro en 1532, mort en 1560.
[2] Tòça Jakouyó, fils de Mitsunori, connu aussi sous le nom de Kyoten Oshó, xviiie siècle.
[3] Fils de Mitsunori, mort en 1691.

Ecole chinoise.

1456. — *Josétsu*[1]. Paysage de montagnes. Kakémono soie. Non signé. Cachet illisible. Haut. 0,69 ; larg. 0,23.

1457. — *Sotan*[2]. Paire de kakémono représentant les deux Senninn femmes Kin-wo et Kin-sha, la première tenant un pic, l'autre portant un ballot sur son épaule. Sur papier. Non signé. Haut. 0,88 ; larg. 0,33 1/2.

1458. — *Kantei*[3]. Encre de Chine. Groupe de singes aux longs bras dans les rochers. Kakémono papier. Cachet : *Kantei*. Haut. 0,82; larg. 0,15 1/2.

1459. — *Yétcho*[4]. Çakyamouni dans la forme dite « Shoussan no Shaka » (Cakyamouni rentrant de la montagne). Kakémono papier. Cachet : *Yétcho*. Haut. 0,80 ; larg. 0,35.

1460. — *Sesshiu*[5]. Encre de Chine. Paysage de montagnes. Kakémono soie. Signé : *Sesshiu*. Haut. 0,29; larg. 0,39.

1461. —— Encre de Chine. Paysage. Kakémono papier. Cachet : *Toyo*. Haut. 0,25 ; larg. 0,35.

1462. —— Encre de Chine. Site au bord d'un lac. Kakémono papier. Signé : *Sesshiu*. Cachet : *Toyo*. Haut. : 0,28; larg. 0,49.

---

[1] Prêtre de Kioto, chef d'une académie célèbre et dont les œuvres sont de la plus grande rareté. (Commencement du xve siècle).
[2] Oguri Sôtan, élève de Shiuboun. (Première moitié du xve siècle).
[3] Elève de Shiuboun, connu également sous le nom de Bokkei ou de Nara Hoguen.
[4] Elève de Shiuboun.
[5] Elève de Josétsu, né en 1421, mort en 1507.

1463. — *Shiughetsu*[1]. Encre de Chine. Guenon avec son petit, se suspendant à une branche. Cachet : *Tokaï Shiughetsu*. Haut. 0,63 ; larg. 0,26 1/2.

1464. — *Sekkiu*[2]. Encre de Chine. Le saint personnage Kanzan. Kakémono papier. Signé : *Sekkiu*. Cachet illisible. Haut. 0,90 ; larg. 0,31 1/2.

1465. — *Sesson*. Encre de Chine. Torrent dans les rochers. Cachet : *Sesson*. Kakémono papier. Haut. 0,51 ; larg. 0,32.

1466. — — Encre de Chine. Hochequeue sur un brise-lames. Kakémono papier. Cachet : *Sesson*. Haut. 0,23 ; larg. 0,56 1/2.

1467. — *Dôan*[3]. Encre de Chine. Couple de hérons sous un saule. Kakémono papier. Cachet : *Yamada Doan*. Haut. 0,91 ; larg. 0,33.

1468. — *Tôyetsu*. Paire de grands paravents à six feuilles. Sur l'un, c'est un vaste paysage avec arbres au premier plan et deux bœufs devant un fond de montagnes ; l'autre représente un orage sur la route où passent un portefaix et un sage monté sur un âne et accompagné d'un serviteur. Encre de Chine sur papier. Signé : *Toyetsu Ountakou*. Haut. 1,61 ; larg. 3,64.

XVIe siècle.

1469. — *Shiseki*[4]. Deux oiseaux sur un nandia couvert de neige. Kakémono papier. Signé : *So Shiseki*. Cachet : *Shiseki*. Haut. 0,88 ; larg. 0,33.

1470. — *Tani Bountchô*[5]. Encre de Chine. Village, au pied d'une

---

[1] Disciple de Sesshiu, qu'il accompagna dans son voyage en Chine.
[2] Élève de Sesshiu, XVIe siècle.
[3] *Yamada Dôan*, mort en 1573.
[4] Élève de Nampin, chef de l'école chinoise du XVIIIe siècle (1676-1773).
[5] 1763-1840.

montagne. Kakémono soie. Signé : *Peint par Bountchô, automne Bounsei VIII* (1825). Haut. 1,28: larg. 0,42.

1471. — *Bounyô*[1]. Monju, sur la chimère, tenant le glaive et le rouleau. Kakémono grand format sur soie. Signé : *Bounyô a peint après avoir accompli la purification de l'eau et du parfum.* Daté 20ᵉ juin et 8ᵉ mois de Bounkwa VIII (1811). Cachet : *Bounyo...* Haut. 1,50; larg. 0,75.

1472. — *Tôrinn*[2]. Fleurs de réglisse. Panneau papier. Cachet illisible. Haut. 0,28; larg. 0,40.

1473. — *Tôrinn*. Oie sauvage. Panneau papier. Haut. 0,77 ; larg. 0,27.

1474. — *Baïgan*[3]. Magnolia et pivoine. Panneau soie. Haut. 0,58; larg. 0,72.

1475. — *Bounkei*. Feuille d'éventail, fond argent. Moineau et pavot. Panneau papier. A gauche, cachet de l'artiste. Haut. 0,16; larg. 0,46.

xixᵉ siècle.

1476. — *Suiran*. Coq de Siam, près d'un rocher. Kakémono papier. Signé : *Suiran* d'après un original de Kanrin, le 3ᵉ mois de Kiyu (1849). Haut. 1,25; larg. 0,60.

Idem.

Ecole de Kano.

1477. — *Kano Massanobou*[4]. Encre de Chine. Le philosophe Rinnacei dans un site montagneux. Cachet : *Yuzei*. Kakémono papier. Haut. 0,25 ; larg. 0,12.

[1] Élève de Tani Boutchô.
[2] Vécut à Yédo vers la fin du xviiiᵉ et commencement xixᵉ siècles.
[3] *Totoki Baïgan.* (1ʳᵉ moitié, xixᵉ siècle).
[4] De la famille de Foujiwara, élève de Shiuhoun et d'Oguri Sotan. Né vers 1424, mort vers 1520.

1478. — *Motonobou*[1]. Encre de Chine. Une route au bord de la mer. Kakémono papier, forme éventail. Cachet : *Motonobou*. Haut. 0,31 ; larg. 0,50.

1479. — *Outanosnké*[2]. La Sennin *Reishojo*, sous la figure d'une femme chinoise, tenant un panier et des sapèques. Kakémono papier. Cachet : *Mô-in*. Haut. 0,91 ; larg. 0,37.

1480. — — Moineau sur un arbrisseau, au pied duquel poussent des fleurs. Kakémono papier. Cachet : *Yukinobou*. Haut. 0,90; larg. 0,32.

1481. — *Yeitokou*[3]. Série de trois kakémono représentant la princesse chinoise Yokiki, assise dans un fauteuil, ayant à sa droite une dame regardant une pivoine dans un vase, à sa gauche, une joueuse de biwa. Sur papier. Non signé. Haut. 0,87 ; larg. 0,40[4].

1482. — — Mouju représenté en buste, drapé dans une natte de cordes qui laisse à nu la poitrine et le bras droit. Kakémono papier. Cachet : *Kouninobou*. Haut. 0,93 ; larg. 0,47.

1483. — *Soshiu*[5] (attribué à). Melon d'eau. Kakémono papier. Non signé. Haut. 0,29 ; larg. 0,45.

1484. — *Sanrakou*[6]. Paravent à deux feuilles, sur fond or, représentant des cèdres. Papier. Non signé. Haut. 1,39 ; long. 1,45.

[1] Kano Motonobou, fils de Massanobou, né en 1477, mort en 1559.
[2] Ou Yukinobou, frère cadet de Motonobou, né en 1513, mort en 1575.
[3] Yeitokou, fils de Shoyei, élève de son grand-père Motonobou, né en 1543, mort en 1590.
[4] On sait que les quelques spécimens de peinture à l'huile introduits au Japon par les Portugais, vers le milieu du xvɪᵉ siècle, frappèrent vivement plusieurs artistes de l'école de Kano. On peut voir dans la couleur et la technique des trois œuvres décrites ci-dessus une influence de l'art occidental, dont les deux paravents exposés en 1900 par le vicomte Matsudaira nous ont offert également un exemple.
[5] Ou *Munéhidé*, frère cadet de Yeitokou.
[6] Élève et gendre de Yeitokou, l'un des peintres favoris de Hidéyoshi (1559-1635).

1485. — *Sanrakou* (?). Suite de six aquarelles représentant chacune une feuille d'écran et une feuille d'éventail avec décor d'oiseaux sur fond or et noir. Panneaux papier. Haut. 0,36 ; larg. 0,54.

1486. — *Shokwado*[1]. Encre de Chine. L'apôtre Rokuço portant son pilon à battre le riz. Au-dessus, commentaire par le prêtre Koguetsou. Kakémono papier. Cachet : *Shojo*. Haut. 1,00 ; larg. 0,28.

1487. — — La poétesse Komatchi sous ses deux aspects de dame de la cour et de mendiante. Kakémono papier. Non signé. Haut. 1,14 ; larg. 0,53.

1488. — *Koï*[2]. Encre de Chine. Enfant monté sur un bœuf. Kakémono papier. Cachet : *Koï*. Haut. 1,17 ; larg. 0,49.

1489. — Deux panneaux :
    a. Yossunobou[3]. Panier de fleurs.
    b. Inconnu. Etude de héron.

1490. — *Tannyu*[4] (attribué à). Tige de chrysanthèmes. Kakémono soie. Signé : *Tanyu Hoïn*. Cachet : *Tanyu*. Haut. 0,37 ; larg. 0,46.

1491. — *Naonobou*[5]. Encre de Chine. Le poète Yakamoté, contemplant le clair de lune. Kakémono papier. Signé : *Naonobou*. Cachet : *Kano*. Haut. 0,23 ; larg. 0,53.

1492. — — Encre de Chine. Aubergine et racine de lotus.

---

[1] Elève de Sanrakou, vécut à Kioto (1582-1639).
[2] Elève de Mitsunobou, le maître de Tannyu, de Naonobou et de Yassunobou (mort en 1636).
[3] Frère cadet de Tannyu (1613-1685).
[4] Ou *Morinobou*, fils aîné de Takanobou (1602-1674).
[5] Frère de Tannyu (1603-1650).

Kakémono papier. Signé : *Naonobou*. Cachet : *Yobokou*. Haut. 0.18 ; larg. 0,28.

1493. — *Naonobou*. Mouju tenant un rouleau. Kakémono papier. Signé : *Naonobou*. Cachet : *Kano*. Haut. 0,72 ; larg. 0.40.

1494. — *Youkinobou*[1]. Komatchi sous un cerisier en fleurs. Kakémono soie. Signé : *Youkinobou, fille de la famille Kiyowara*. Cachets : *fille de Kiyowara* et *Kiyowara*. Haut. 0,95 ; larg. 0,40.

1495. — *Tanshin*[2]. Paysage de neige. Panneau soie. Signature et cachet : *Tanshin*. Haut. 0,51 ; larg. 1,81.

1496. — *Tsunénobou*[3] et *Tchikanobou*[4]. Trois panneaux provenant d'un même makémono. Hirondelles au vol. Signature sur deux panneaux : *Kano Oukon, Tsunénobou*, cachet : *Oukon*, et sur le troisième *Tchikanobou* avec cachet.

1497. — *Tsunénobou*. Encre de Chine. Pigeon sur une branche d'arbre. Signé : *Tsunénobou*. Cachet : *Kan-ounshi*. Haut. 0,93 ; larg. 0,29.

1498. — — Faucon sur son perchoir. Kakémono papier. Signature et cachet : *Tsunénobou*. Haut. 0,98 ; larg. 0,45.

1499. — *Tchikanobou*. Cerf au bord de l'eau. Kakémono papier, forme médaillon. Signé : *Tchikanobou*. Cachet : *Yocen*. Diam. 0,16.

1500. — *Tchikanobou*. Mouju sur la chimère. Kakémono soie. Signé *Tchikanobou*. Cachet : *Jocen*. Haut. 0,96 ; larg. 0,40.

[1] Fille de Tannyu.
[2] Fils de Tannyu (1653-1718).
[3] Fils de Naonobou (1636-1713).
[4] Fils de Tsunénobou (1659-1728).

1501. — *Ansen*. Vue du Fouji. Panneau soie. Signé : *Shôka Yend'Ansen à l'âge de soixante-quinze ans*. Haut. 0,57 ; larg. 0,87.

XIX⁰ siècle.

Ecoles indépendantes.

1502. — *Sôtatsu* [1]. Paravent à deux feuilles représentant un coq et une poule. Encre de Chine rehaussée de rouge, sur papier. Cachet : *Taïseiken*. Haut. 1,13 ; larg. 0,50.

1503. —— Plants d'aubergine. Kakémono papier. Cachet : *Inen*. Haut. 1,10 ; larg. 0,46.

1504. —— Encre de Chine. Héron dans les roseaux, en réserve blanche sur fond gris. Kakémono papier. Signé : *Hokkiô Sôtatsu*. Cachet : *Taïseiken*. Haut. 0,95 ; larg. 0,45.

1505. —— Fleurs et plantes grimpantes. Kakémono papier. Cachet : *Taïseiken*. Haut. 1,25 ; larg. 0,51.

1506. —— Poursuite dans les champs, d'après une scène de l'Icé Monogatari. Kakémono papier. Non signé. Cachet : *Inen*. Haut. 0,37 ; larg. 0,54.

1507. — *Kôrin* [2]. Encre de Chine, exécution cursive. « Les quatre dormeurs », le prêtre Boukan, son tigre et ses deux disciples Kanzan et Jittokou. Kakémono papier. Signé : *Hokkio Kôrin*. Cachet : *Hochikou*. Haut. 0,55 ; larg. 0,77.

---

[1] Élève de Tôya Hiromitchi ou selon une autre tradition, de Kano Yassunobou (2ᵉ moitié du XVIIᵉ siècle).

[2] Né en 1660, mort en 1716.

1508. — *Kôrin*. Encre de Chine. Branche de prunier fleurie. Kakémono papier. Cachets : *Hokkio Kôrin* et *Jakumio*. Haut. 0,91 ; larg. 0,33.

1509. — *Kôrin (École de)*. Plants d'aubergine. Kakémono papier. Signé : *Hokkio Kôrin*. Cachet : *Hôchikou*. Haut. 1,23 ; larg. 0,52.

1510. — *Kôrin (École de)*. Cerf et érable. Kakémono papier. Cachet : *Hokkio Kôrin*. Haut. 0,24 ; larg. 0,25.

1511. — *Kôrin* (d'après). Deux feuilles d'éventail, représentant chacun un chrysanthème dont les fleurs sont figurées en reliefs de pâte. Panneaux papier. Cachet : *Hochikou*. Haut. 0,20 ; larg. 0,66.

1512. — *Kaguei*[1]. Fleurs des champs. Panneau papier. Haut. 0,31 ; larg. 0,63.

1513. — *Kenzan*[2]. Motif d'un bol rakou noir à fleurs bleues. Kakémono papier. Signé : *Shisoui Shinshô, à l'âge de soixante-dix-neuf ans*. Cachet : *Shisoui*. Haut. 0,28 ; larg. 0,37.

1514. — *Ritsuo*[3]. Okamé avec une fillette. Panneau papier. Non signé. Haut. 0,35 ; larg. 0,27.

1515. —— Le héros Sukétsuné et Toragozen. Kakémono papier. Signé : *Bôkwanshi Ritsuo à l'âge de soixante-dix-neuf ans* et daté Kwampo Ier (1741). Haut. 0,31 ; larg. 0,33.

1516. — *Ittcho*[4]. Suite de huit aquarelles représentant des scènes

---

[1] Élève de Kôrin (XVIIIe siècle).
[2] Frère de Kôrin (1663-1743).
[3] Ogawa Ritsuo. Né en 1663, mort en 1747.
[4] Hanabousa Ittcho, élève de Kano Yassunobou (1651-1724).

N° 1507

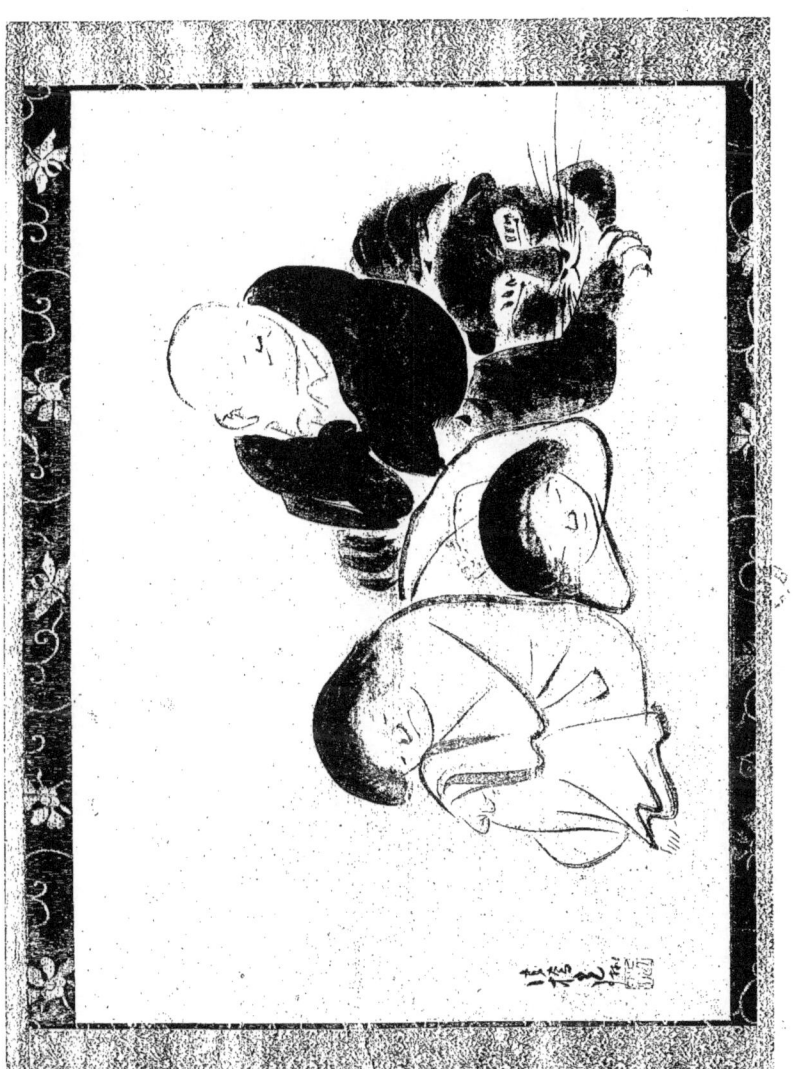

populaires. Panneaux papier. Signature sur l'une des feuilles : *Hana-boussa Itlcho*. Haut. 0,31 ; larg. 0,55.

1517. — *Boungio* [1]. Deux hommes portant un vieillard. Kakémono papier. Cachet illisible. Haut. 0,21 ; larg. 0,18.

1518. — *Hoïtsu* [2]. Deux petits panneaux représentant l'un des rouleaux de soie, l'autre un brasero en poterie de Kenzan.

1519. —— Estampe en couleurs gravée par *Kiitsu*. Feuille d'éventail. La procession de la fête du lion. Panneau. Haut. 0,15 ; larg. 0,49.

1520. —— Encre de Chine. Enfant sur un bœuf. Kakémono papier. Signé: *Ouguéan Hoïtsu*. Cachets *Ougué* et *Tchôbusshi*. Haut. 0,84 ; larg. 0,34.

1521. — *Hoïtsu* et *Massayoshi*. Deux oiseaux sous une branche de cerisier fleurie. Kakémono papier. Signature et cachet pour les oiseaux: *Joshin* (Massayoshi) pour le cerisier: *Hoïtsu*. Poésie également par Hoïtsu. Haut. 0,84 ; larg. 0,30.

1522. — *Okio* [3]. Carpe dans l'eau. Panneau papier. Non signé. Haut. 0,57 ; larg. 0,29.

1523. —— Taïkobo pêchant à la ligne. Kakémono soie. Signé : *Okio* et daté printemps 1789. Cachets: *Okio* et *Tchûsen*. Haut. 0,98 ; larg. 0,37.

1524. —— Encre de Chine. Prunier fleuri sous la neige. Kakémono soie. Signé: *Okio*. Cachets: *Okio no in* et *Tchusen*. Daté hiver de An-yei, année du sanglier (1779). Haut. 1,06 ; larg. 0,38.

---

[1] Célèbre amateur de Yédo, protecteur d'Ittcho, du ciseleur Sômin et des sculpteurs de netzuké les Miwa et les Démé (XVIIe siècle).
[2] Né en 1767, mort en 1828.
[3] *Maruyama Okio*, né en 1733, mort en 1795.

1525. — *Nantei* [1]. Deux bœufs dans un champ. Panneau papier. Signé : *Yocho*. Cachet : *Nantei*. Haut. 1,34 ; larg. 0,56.

1526. — *Nangakou* [2]. Femme debout en robe noire et ceinture verte. Kakémono soie grand format. Signé : *Nangakou*. Cachets : *Gan-in* et *Iceki*. Haut. 1,33 ; larg. 0,55.

1527. — *Gankou* [3]. Paravent à deux feuilles représentant l'archer légendaire Tchikakou Sur papier. Signé : *Tenkaïo Gankou*. Cachet : *Dôkô-kwan*. Haut. 1,59 ; larg. 1,86.

1528. — *Goshun* [4]. Encre de Chine. Paire de kakémono représentant Shoshiki jouant du koto devant un Sennin assis sur un rocher. Signés : *Goshun*. Cachets : *Goshun* et *Hakoubô*. Haut. 1,48 ; larg. 0,83.

1529. — Ofoukou écrivant une poésie. Signé : *Guekkei*. Cachet : *Goshun*. Haut. 0,28 ; larg. 0,43.

1530. — *Boumpô* [5]. Deux lapins. Panneau soie. Signé avec cachet : *Nanzan-Noju*. Haut. 0,80 ; larg. 0,56.

1531. — *Naïki*. Deux cailles dans les maïs. Kakémono soie. Cachet : *Soumiyoshi Naïki*. Haut. 0,30 ; larg. 0,36.

XVIIIe siècle.

1532. — *Kwakutei*. Encre de Chine. Bambou sous la neige. Kakémono soie. Signé : *Kwakutei de Keiho* (Nagasaki). Cachets : *Tennen Koji* et *Nansô Shujin*. Haut. 1,20 ; larg. 0,93.

Idem.

---

[1] Elève d'Okio.
[2] *Watanabé Nangaku*, élève d'Okio (1767-1813).
[3] *Kishi Dokô* ou *Gankou*, né en 1739, mort en 1838.
[4] Connu également sous le nom de *Guekkei* et de *Hakoubô* (1742-1811).
[5] *Kawamura Boumpô*, élève de Gankou.

1533. — *Jitchoçai*. Feuille d'éventail à l'encre de Chine. Scène caricaturale dans un bateau. Panneau papier. Non signé. Haut. 0,18 ; larg. 0,46.

xviii° siècle.

1534. — *Ariyoshi*. Singe sur un érable. Kakémono soie. Signé : *Miwa Ariyoshi*. Cachet : *Ariyoshi*. Haut. 0,44 ; larg. 0,65.

Idem.

1535. — *Kôzan*. Petit paravent bas, à deux feuilles, représentant des fleurs sur fond poudré d'or. Sur papier. Signé : *Kozan*. Cachet : *Kozan*. Haut. 0,41 ; larg. 1,64.

Idem.

Ecole Oukiyo-yé.

1536. — *Matahei*[1]. Samouraï appuyé sur un sabre. Kakémono papier. Non signé. Haut. 0,72 ; larg. 0,26.

1537. — *Ecole de Matahei*. Suite de six aquarelles représentant, sur un fond d'or, autant de figures de femmes, les unes assises, d'autres couchées, lisant ou écrivant. Panneaux papier. Non signées. Haut. 0,46 ; larg. 0,26.

xvii° siècle.

1538. — *Ecole de Matahei*. Jeune femme en costume de promenade. Kakémono soie. Non signé. Haut. 0,91 ; larg. 0,33.

Idem.

1539. — *Ecole de Matahei*. Portrait d'un samouraï en robe noire et blanche. Kakémono papier. Non signé. Haut. 0,60 ; larg. 0,27.

Idem.

---

[1] *Iwasa Matahei*, élève de Tôça Mitsushighé (xvi-xvii° siècles).

1540. — *Ecole de Matahei*. Femme assise, en robe noire à décor de fleurs. Kakémono papier. Non signé. Haut. 0,40; larg. 0,30.

XVII° siècle.

1541. — *Style de Matahei*. Femme accoudée, lisant. Kakémono soie. Non signé. Haut. 0,72; larg. 0,32.

Idem.

1542. — *Kôyenshi*[1]. Jeune femme debout. Kakémono soie. Signé : *Kôyenshi*. Cachet illisible. Haut. 0,79; larg. 0,32.

1543. — *Moronobou*[2]. Réunion de cinq dames autour d'un aveugle jouant du shamisen. Kakémono soie. Cachet : *Moronobou*. Haut. 0,29; larg. 0,47.

1544. — — Jeune dame debout, en robe claire à fleurettes. Kakémono soie. Signé : *Yamato Yeshi Hishigawa Moronobou*. Cachets : *Hishigawa* et *Moronobou*. Haut. 0,53; larg. 0,29.

1545. — — Jeune femme assise se faisant éventer par une suivante. Kakémono soie. Signé : *Yamatoyé Hishigawa, de la province Awa*. Cachets : *Hishigawa* et *Moronobou*. Haut. 0,36; larg. 0,50.

1546. — *Morofoussa*[3]. Jeune femme debout. Kakémono soie. Non signé. Haut. 0,83; larg. 0,29.

1547. — *Moromassa*[4] (?). Jeune femme marchant. Kakémono papier. Non signé. Haut. 0,72; larg. 0,29.

1548. — *Tchikamatsu*[5]. Jeune femme balayant des lettres d'amour. Kakémono soie. Cachets : *Mori* et *Tchikamatsu*. Haut. 0,87; larg. 0,39.

---

[1] Élève ou imitateur de Matahei.
[2] *Hichigawa Moronobou* (1638-1714).
[3] Fils de Moronobou.
[4] *Fourouyama Moromassa*, élève de Moronobou.
[5] *Tchikamatsu Monzayémon*, auteur dramatique célèbre et connu également comme artiste sous le nom de *Noboumori* (fin du XVII° siècle).

1549. — *Tchikamatsu*. Femme debout. Kakémono soie. Signé : *Heiandô Tchikamatsu*, à l'âge de soixante-douze ans. Cachet : *Fou-ishi*. Haut. 0,79 ; larg. 0,30.

1550. — *Tshôshun*[1]. Portrait de la courtisane Ouçougoumo debout près d'un cerisier en fleurs. Kakémono soie. Signé : *Yamatoyé Miyagawa Tshôshun*. Cachet : *Miyagawa*. Haut. 0,76 ; larg. 0,29.

1551. —— Promenade d'un enfant de prince, entouré de ses serviteurs. Kakémono soie. Haut. 0,31 ; larg. 0,46.

1552. —— Portrait de la courtisane Takao. Kakémono soie. Signé : *Yamatoyé Miyagawa Tshôshun*. Cachet illisible. Haut. 0,71 ; larg. 0,29.

1553. —— Spectacle de marionnettes. Kakémono soie. Non signé. Haut. 0,29 ; larg. 0,35.

1554. —— Femme assise sur un banc. Kakémono soie. Non signé. Haut. 0,32 ; larg. 0,43.

1555. — *Inconnu*. Jeune femme debout. Kakémono soie. Signé : *Miyagawa Tshôshun* (apocryphe). Haut. 0,67 ; larg. 0,24.

1556. — *Massanobou*[2]. Femme assise sous une moustiquaire. Kakémono papier. Signé : *Massanobou*. Cachet : *Okoumoura*. Haut. 0,41 ; larg. 0,51.

1557. — *Morotsugou*[3]. Couple sur une terrasse. Kakémono soie. Signé : *Hishigawa Morotsugou*. Cachet illisible. Haut. 0,41 ; larg. 0,51.

1558. — *Shighekatsu*. Jeune dame regardant un petit chien. Kakémono soie. Signé : « Sur demande de *Fouriouan Tokinari*, d'après des-

---

[1] *Miyagawa Tshôshun* (fin XVII°, commencement XVIII° siècles).
[2] *Okoumoura Massanobou* élève de Kiyonobou, (1685-1764).
[3] Élève de Moronobou (première moitié du XVIII° siècle).

sin de *Oukiyo Iwasa Matahei.* » Cachets : *Fouriouan* et *Shighekatsu*. Haut. 1,00 ; larg. 0,36.

1559. — *Soukénobou*[1]. Jeune femme lisant, couchée sous une moustiquaire. Kakémono soie. Signé : *Nichigawa Soukénobou*. Cachet : *Soukénobou*. Haut. 0,38 ; larg. 0,54.

1560. — — Dame de la noblesse debout en robe rouge et manteau bleu. Kakémono soie. Signé : *Nichigawa Oukio Soukénobou*. Cachets : *Nichigawa* et *Soukénobou*. Haut. 0,26 ; larg. 0,31.

1561. — — Jeune femme lisant une lettre. Kakémono soie. Non signé. Haut. 0,85 ; larg. 0,27.

1562. — *Kwaighetsudô*. Femme tenant le bout de son mouchoir entre ses dents. Kakémono soie. Non signé. Haut. 1,10 ; larg. 0,50.

1563. — — Femme se coiffant. Kakémono papier. Non signé. Haut. 1,00 ; larg. 0,41.

1564. — *Tsunéyuki*. Fillette dansant la danse du lion au milieu des pivoines. Kakémono papier. Cachet : *Tsunéyuki*. Haut. 0,95 ; larg. 0,27.

1565. — *Tsunémassa*. Jeune femme sur la terrasse d'une maison de campagne, jouant du koto. Kakémono papier. Signé : *Tsunémassa*. Cachet illisible. Haut. 0,37 ; larg. 0,57.

1566. — *Harunobou*[2]. Réunion de cinq femmes dans une maison, devant une vérandha ouverte sur la rivière. Kakémono soie. Signé : *Souzouki Harunobou*. Cachet : *Harunobou*. Haut. 0,45 ; larg. 0,49.

1567. — *Koriuçaï*[3]. Paire de kakémono. Jeune homme tenant une branche de pivoine et jeune fille tenant des chrysanthèmes. Exécution

---

[1] *Nichigawa Soukénobou* (première moitié du xviiie siècle).
[2] *Suzuki Harunobou* (1674-1754).
[3] Élève de Shighénaga, mort vers 1780.

cursive. Sur papier. Signé : *Koriuçaï*. Cachets : *Massakatsu* et *Içoda*. Haut. 0,89.

1568. — — Courtisane et ses deux kamouro en promenade près de la tour du guetteur. Kakémono papier. Signé : *Koriuçaï*. Cachet : *Massakatsu*. Haut. 0,83 ; larg. 0,27.

1569. — — Courtisane en promenade accompagnée de ses deux kamouro et d'un domestique. Kakémono soie. Signé : *Koriuçaï*. Cachet : *Massakatsu*. Haut. 0,83 ; larg. 0,29.

1570. — — Feuille d'éventail. Scène d'intérieur représentant Yuranoské, chef des Ronninn, avec deux femmes. Panneau papier. Signé : *Koriuçaï*. Haut. 0,19 ; larg. 0,46.

1571. — *Kiyonaga*[1]. Groupe de deux femmes, l'une debout tenant une poésie, l'autre assise jouant du koto. Kakémono soie. Signature et cachet : *Torii Kiyonaga*. Haut. 0,92 ; larg. 0,47.

1572. — — Feuille d'éventail. Encre de Chine. La poétesse Komatchi invoquant la pluie. A gauche poésie par Kiôkwayen. Panneau papier. Signé à droite : *Kiyonaga*. Haut. 0,18 ; larg. 0,48.

1573. — — Feuille d'éventail. Takao lisant. Panneau papier. Signé : *Kiyonaga d'après Torii Kiyonobou*. Haut. 0,18 ; larg. 0,52.

1574. — *Inconnu*. Danseur tenant un éventail. Kakémono soie. Haut. 0,75 ; larg. 0,29.

1575. — *Tsukioka Settei*[2]. Trois panneaux circulaires. Bustes de femmes, l'une tenant une navette, la seconde un rouleau, la troisième une boîte de poupées. Panneaux papier. Non signés. Diam. 0,64.

1576. — — Courtisane en promenade avec ses deux suivantes. Kakémono soie. Signé : *Shinten-ô*. Cachets : *Shinten-ô* et *Tsukioka Massonobou*. Haut. 0,86 ; larg. 0,32.

[1] *Torii Kiyonaga*, élève de Kiyomitsu (1742-1815).
[2] Ou *Tsukioka Tanghé* (1710-1786).

1577. — *Bountchô*[1]. Acteur. Panneau papier. Cachets : *Bountchô* et *Moriouji*. Haut. 0,44 ; larg. 0,22.

1578. — *Sekiyen*[2]. Bataille d'enfants. Kakémono papier. Signé : *Sekiyen Toyofoussa à soixante-dix-huit ans*. Cachet : *Sekiyen*. Haut. 0,46 ; larg. 0,82.

1579. — *Shunshô*[3]. Femme debout en manteau noir, robe blanche et ceinture jaune à décor rouge et bleu. Kakémono papier. Non signé. Haut. 1,16 ; larg. 0,44.

1580. —— Deux panneaux. Scènes de l'enfance de Shiba Onko. Signé : *Katsu Shunshô*. Haut. 0,26 ; larg. 0,73.

1581. —— Jeune femme à l'écran. Kakémono soie. Signé : *Katsu Shunsho*. Haut. 0,91 ; larg. 0,27.

1582. —— Femme debout, en robe noire à décor de fleurs et d'ornements, lisant un rouleau. Kakémono soie. Signé : *Shunsho*. Haut. 0,90.

1583. — *Outamaro*[4]. Peinture cursive à l'encre de Chine rehaussée de rouge. Buste de femme. Kakémono papier, portant deux cachets de collection. Dans le haut, poésie chinoise de Gakusan. Non signé. Haut. 0,96 ; larg. 0,28.

1584. —— Série de trois kakémono représentant deux dames à la promenade et un jeune homme tenant un chapeau en paille. Kakémono papier. Œuvre de la jeunesse de l'artiste, non signé. Haut. 0,93 ; larg. 0,27.

1585. — Très grand kakémono représentant l'intérieur d'une maison à Shinagawa. Dans une vérandha ouverte sur la perspective immense

---

[1] *Ippitsuçai Bountcho*, mort en 1796.
[2] *Toriyama Sekiyen* (deuxième moitié du XVIII° siècle), maître d'Outamaro.
[3] *Katsukawa Shunsho* (1726-1790).
[4] *Kitagawa Outamaro* (1753-1805).

N° 1585

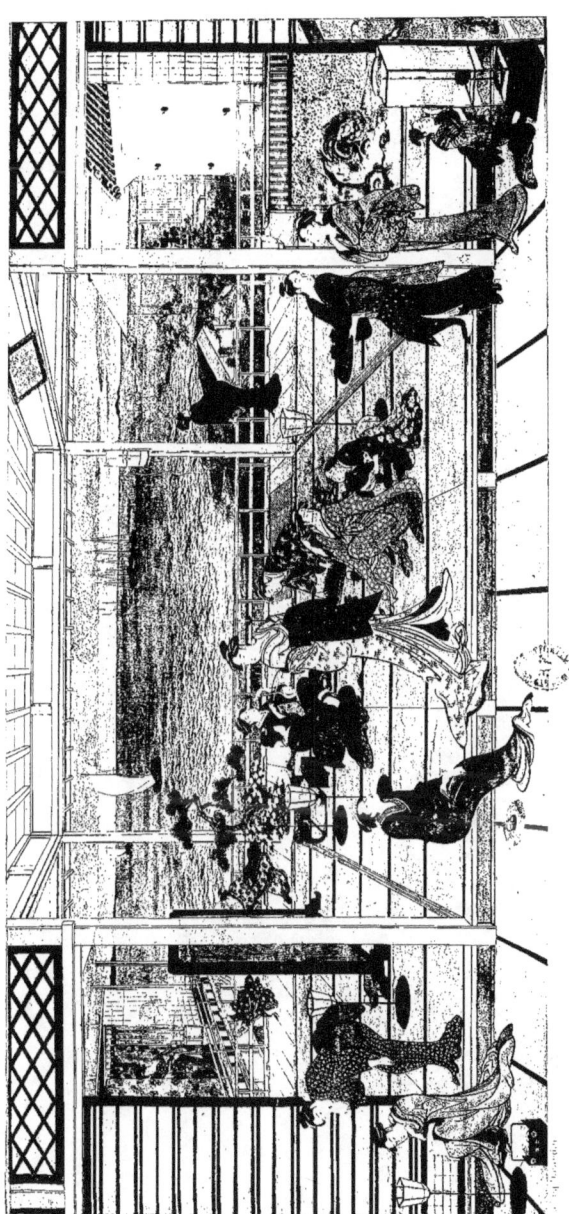

de la mer, apparaissent des groupes de femmes et d'enfants. Au premier plan, formant le centre de la composition, une dame debout cause à sa servante, tandis qu'à gauche et à droite se groupent d'autres femmes occupées à écrire, à porter des coupes de saké ou à causer. Plus loin, c'est un concert de fillettes et de femmes, et, plus loin encore, appuyée à la balustrade de la terrasse, une femme se penche et regarde par-dessus la cime des arbres. En arrière plan, à gauche, dans l'ombre portée qui se profile contre la cloison de papier se reconnaît la silhouette de l'artiste lui-même. En face, un groupe de femmes, toutes petites dans l'éloignement, apparaît sur une autre terrasse de l'habitation. Sur papier. Haut. 1,48 ; larg. 3,20.

1586. —— Peinture cursive à l'encre de Chine et couleurs. Jeune femme à l'éventail. Kakémono papier. Signé : *Outamaro*. Cachet illisible. Haut. 0,91 ; larg. 0,28.

Cité par Edm. de Goncourt.

1587. —— Dessin cursif à l'encre de Chine rehaussé de bleu et de rose. Groupe de deux femmes lisant une lettre[1]. Kakémono papier. Haut. 0,90 ; larg. 0,27.

1588. —— Feuille d'éventail. Deux courtisanes et fillette à la promenade. Panneau papier. Signé à droite : *Outamaro*. Haut. 0.15 ; larg. 0,41.

1589. — *École d'Outamaro*. Jeune femme debout sous un saule. Kakémono soie. Haut. 0,98 ; larg. 0,34.

1590. — *Tadatamé*. Yama ouwa donnant le sein à Kintoki. Kakémono soie. Cachets : *Tadatamé* et *Shisei*. Haut. 0,80 ; larg. 0,32.

---

[1] Sur la lettre, se lit l'inscription suivante : *Voici le dessin que, d'un pinceau malhabile j'ai exécuté pour répondre à votre demande. Ne le tournez pas en ridicule et ne vous demandez pas en riant s'il est au monde des dames aussi gracieuses. Comme mon dessin est en style cursif, les cheveux, en particulier, sont très grossièrement exécutés et les vêtements ont l'apparence de loques. Si cela doit vous étonner, sachez que je l'ai fait exprès, en pensant qu'un dessin très soigné ne serait pas nouveau pour vous et que de celui-ci vous ririez davantage. Outamaro à Madame Hiakou.*

1591. — *Santô Kioden*[1]. Encre de Chine. Dharma sous les traits d'une femme. Poésie de Toriu. Kakémono papier. Signé : *Kioden*. Cachet illisible. Haut. 1,05 ; larg. 0,23.

1592. — *Shumman*[2]. Deux femmes en promenade au bord de la mer. Kakémono soie. Signé : *Koubo Shumman*. Cachet : *Shumman*. Haut. 0,89 ; larg. 0,32.

1593. — — Femme montrant à un enfant une petite cage à luciole. Kakémono soie. Signé : *Shoçado Koubo Shumman*. Cachet : *Shumman*. Haut. 0,82 ; larg. 0,32.

1594. — — Encre de Chine en grisaille. Deux femmes dans la pluie, s'abritant sous un parapluie. Kakémono soie. Signé : *Ringuetsubo Koubo Shumman*. Haut. 0,97 ; larg. 0,29.

1595. — — Oïran et kamouro jouant avec un petit chat. Kakémono soie. Signé : *Shumman*. Cachet : *Shumman*. Haut. 0,92 ; larg. 0,35.

1596. — — Moineau dans les herbes. Kakémono soie. Signé : *Shumman*. Cachet : *Shumman*. Haut. 0,92 ; larg. 0,32.

1597. — *Shundo*[3]. Feuille d'éventail en hauteur. Acteur. Panneau papier. Signé : *Rantokuçai*. Haut. 0,44 ; larg. 0,17.

1598. — *Shunyei*[4] et *Tchikayoshi*. Un homme portant sur son dos une jeune femme ; par allusion à la légende d'Omori Hikoshité et de la Hannya. Kakémono papier. Signé, pour la figure de la femme : *Shunyei* ; pour l'homme : *Juçotei Tchikayoshi*. Haut. 0,61 ; larg. 0,25.

---

[1] Connu comme dessinateur pour gravures sous le nom de *Kitao Massanobou* (1735-1830).
[2] *Koubo Shumman* ou *Shôçado*, élève de Shighémassa et de Shunshô (mort au commencement du XIXᵉ siècle).
[3] *Rantokouçaï Shundo*, travailla vers 1780.
[4] Élève de Shunshô.

1599. — *Yeishi*[1]. Jeune femme lisant une lettre. Kakémono soie. Signé : *Tchôbounsaï Yeishi*. Cachet : *Yeishi*. Haut. 0,84 ; larg. 0,28.

1600. — *Yeishi*. Oïran suivie de sa kamouro. Kakémono soie. Signé : *Tchôbounsaï*. Haut. 0,82 ; larg. 0,23.

1601. —— Encre de Chine rehaussée de rose, exécution cursive. Courtisane, de profil. Au-dessus poésie par *Toguétsu*. Kakémono papier. Signé : *Tchôbounsaï Yeishi*. Cachet : *Yeishi*. Haut. 0.86 ; larg. 0,27.

1602. —— Portrait de courtisane. Kakémono soie. Signé : *Tchobounsaï Yeishi*. Cachet : *Yeishi*. Haut. 0,80 ; larg. 0,29.

1603. —— Panier de coquillages, sur lequel est posée une branche de cerisier. Une oïran et ses deux kamouro apparaissent dans le souffle qui s'exhale des coquillages. Kakémono soie. Signé : *Tchôbounsaï Yeishi*. Cachet : *Yeishi*. Haut. 0,88 ; larg. 0,31.

1604. —— Paire de kakémono, représentant chacun une courtisane en promenade ; l'une par une nuit de lune et l'autre sous l'orage. Kakémono soie. Signés : *Jiboukio Yeishi Foujiwara no Tokitomi*. Cachet : *Yeishi*. Haut. 0,94 ; larg. 0,34.

1605. —— Courtisane debout lisant une lettre. Kakémono soie. Signé : *Tchobounsaï Yeishi*. Cachet : *Yeishi*. Haut. 0,80 ; larg. 0,26.

1606. —— Ghesha, debout, en robe bleue, tenant une feuille de papier. Kakémono soie. Signature et cachet : *Yeishi*. Haut. 0,78 ; larg. 0,24.

1607. — *Yeishun*. Les trois beautés célèbres Yokiki, Komatchi et Takao, représentées en buste. Panneau circulaire papier. Diam. 0,36.

1608. — *Tchôki*[2]. Feuille d'éventail. Groupe de trois femmes sur fond argent. Panneau papier. Non signé. Haut. 0,19 ; larg. 0,50.

[1] *Tchôbounsaï Yeishi*.
[2] *Miyagawa Tchôki*, élève de Sékiyen.

1609. — *Tchôki*. Jeune femme suivie d'un serviteur portant sa malle. Kakémono soie, peint dans la manière d'Ittchô. Signé : *Yamatoyo Miyagawa Tchôki*. Haut. 0,62 ; larg. 0,40.

1610. —— Jeune femme sous une moustiquaire, fumant la pipe. Kakémono papier. Signé : *Miyagawa Tchôki*. Haut. 0,41 ; larg. 0,53.

1611. — *Yeiriu*. Dame assise, accoudée à une petite table en laque rouge. Kakémono soie, forme médaillon. Signé : *Yeiriu*. Cachet : *Katsudo*. Haut. 0,40 ; larg. 0,41.

1612. — *Rêkicenté Yeiri*[1]. Femme en promenade, la nuit, tenant son ombrelle couverte de neige. Kakémono soie. Non signé. Haut. 1,04 ; larg. 0,34.

1613. —— Deux femmes en promenade surprises par un orage. Kakémono soie. Signé : *Rêkicenté Yeiri*. Cachet : *Yeiri*. Haut. 1,09 ; larg. 0,30.

1613 *bis*. —— Deux danseuses costumées en manzaï. Kakémono soie. Non signé. Haut. 1,02 ; larg. 0,31.

1614. —— Jeunes femmes en promenade au bord de la Soumida. Kakémono papier. Signé : *Shikiurai Yeiri*. Cachet : *Foujiwara*. Haut. 1,19 ; larg. 0,45.

1615. — *Toyoharou*[2]. Deux femmes se promenant au bord de la Soumida. Kakémono soie. Signé : *Outagawa Toyoharou*. Cachet : *Itchiriuçai*. Haut. 0,81 ; larg. 0,33.

1616. —— Oïran en promenade sous les cerisiers en fleurs, suivie de sa kamouro. Kakémono soie. Signé : *Outagawa Toyoharou*. Haut. 0,95 ; larg. 0,32.

1617. — *Toyohiro*[3]. Jeune femme debout sur un balcon dominant la mer. Kakémono soie. Signé : *Outagawa Toyohiro*. Haut. 0,82 ; larg. 0,17.

[1] Élève de Yeichi.
[2] *Outagawa Toyoharou* (1733-1814).
[3] *Outagawa Toyohiro*, ou *Itchiriuçai* (1773-1828).

1618. — *Toyohiro*. Deux femmes se rendant au bain. Kakémono soie. Signature et cachet : *Toyohiro*. Haut. 0,79 ; larg. 0,39.

1619. —— Jeune femme disposant des chrysanthèmes dans un vase. Kakémono soie. Signé : *Toyohiro*. Cachet : *Itchiriuçaï*. Haut. 0,38 ; larg. 0,57.

1620. — *Massayoshi*[1]. Jeune femme debout, caressant un petit chat. Kakémono soie. Signé : *Jôshinn*. Haut. 0,96 ; larg. 0,36.

1621. —— Senzaï, personnage de la danse de Nô, vu de face, tenant un coffret de laque. Exécution cursive. Kakémono soie. Signé : *Keiçaï*. Cachet : *Joshinn*. Haut. 0,59 ; larg. 0,31.

1622. — *Toyokouni*[2]. Scène faisant allusion à l'histoire de Tchorio et de Kocékiko. Un jeune homme, présente à une jeune fille, accoudée sur un pont, sa chaussure qu'elle vient de laisser tomber dans l'eau. Kakémono soie. Signé : *Outagawa Toyokouni*. Cachet *Itchiyoçai*. Haut. 1,16 ; larg. 0,47.

1623. —— Courtisane en promenade, suivie de sa kamouro. Kakémono papier. Signé : *Outagawa Toyokouni*. Cachet : *Itchiyoçai Toyokouni*. Haut. 0,89 ; larg. 0,27.

1624. —— Estampe en couleurs. Feuille d'éventail en hauteur. Portrait d'acteur. Signé : *Toyokouni*. Haut. 0,35 ; larg. 0,21.

1625. —— Groupe de deux ghéshas, dont l'une, assise, joue du chamisen. Kakémono papier. Signé : *Outagawa Toyokouni*. Cachet : *Itchiyoçai*. Haut. 0,90 ; larg. 0,32.

1626. —— Jeune femme puisant de l'eau, le matin de la nouvelle année. Les ornements de la fête du jour de l'an sont disposés autour du

---

[1] *Kitao Keiçai Massayoshi*, mort en 1824.
[2] *Outagawa Toyokouni* (1772-1828).

puits. Kakémono papier. Signé : *Toyokouni*. Cachets : *Itchiyôçaï* et *Toyokouni*. Haut. 1,19 ; larg. 0,27.

1627. — *Isshô*[1]. Jeune femme devant une maison, tenant une boule de neige. Deux personnages la regardent par une fenêtre. Kakémono papier. Signé : *Yamatoyé Riusuidô Miyagawa Isshô*. Cachet : *Tô*. Haut. 0,74 ; larg. 0,26.

1628. —— Dame et fillette assises, regardant le vol des lucioles. Kakémono papier. Signé : *Yamatoyé Miyagawa Isshô*. Cachets illisibles. Haut. 0,61 ; larg. 0,31.

1629. — *Sôri*. Peinture cursive à l'encre de Chine. Homme portant sur son dos une plante marine attachée à un bâton. Au dessus, poésie de Yamano Magao. Kakémono papier. Signé : *Sôri*. Cachet : *Foudé*. Haut. 1,20 ; larg. 0,41.

1630. —— Série de trois kakémono formant tryptique. Au centre, une jeune femme apparaît dans l'encadrement d'une fenêtre ronde. Signé : *Hiakurin Sôri*. De chaque côté, un prunier fleuri et un arbre de kaki ; Signé : *Sôri*. Cachets : *Kwantchi* et *Hiakurin*. Encre de Chine et couleur d'une exécution cursive. Haut. 1,03 ; larg. 0,27.

1631. — *Roshiu*[2]. Encre de Chine. Halage d'une embarcation. Kakémono soie. Signé : *Roshiu*. Cachet : *Nagasawa Riu*. Haut. 0,93 ; larg. 0,34.

1632. — *Sanjurô*. Les huit enfers. Représentation des supplices des damnés, en quatre zones superposées. Kakémono soie. Non signé. Inscription au verso : Fait par *Kitamoura Sanjuro*. Haut. 1,00 ; larg. 0,89.

---

[1] Nommé aussi Yokokama Kwazan ou Shunro, élève de Gankou (1789-1837).
[2] Fils de Rosetsu (1767-1847).

1633. — *Kounimassa*[1]. Oïran sur un balcon, au-dessus des cerisiers qui bordent la rue du Yoshiwara. Kakémono soie. Signé : *Itchiyuçaï Outagawa Kounimassa*. Cachet : *Kounimassa*. Haut. 0,90 ; larg. 0,30.

1634. —— Trois panneaux. Bustes de femmes en médaillon. Signé : *Outagawa Kounimassa*. Diam. 0,41.

1635. — *Ozan*. Femme assise jouant du kokiou. Kakémono soie. Signé : *Ozan*. Cachet : *Raïmi Ozan*. Haut. 1,08 ; larg. 0,53.

1636. — *Ohôçaï*. Femme debout relevant sa manche. Kakémono soie. Signé : *Ohôçaï, âgé de plus de soixante-dix ans*. Cachet : *Ranrou*. Haut. 0,94 ; larg. 0,24.

1637. — *Sozan*. Guésha tenant son shamisen. Kakémono soie. Signé : *Sozan*. Cachet illisible. Haut. 1,14 ; larg. 0,10.

1638. — *Hiromaro*. Femme dans la neige. Kakémono papier. Signé : *Toba Hiromaro*. Cachet illisible. Haut. 1,03 ; larg. 0,28.

1639. — *Tchikouzan*. Femme debout. Kakémono papier. Signé : *Tchikouzan*. Haut. 21,04 ; larg. 0,26.

1640. — *Sensaï Yeitakou*. Apparition du cerf monstrueux au-dessus du palais Shishiden. Panneau soie. Haut. 0,63 ; larg. 0,31.

1641. — *Inconnu*. Fleurs et papillons. Panneau soie. Haut. 0,83 ; larg. 1,15.

1642. — Trois panneaux : *a. Sishin :* Panier de volubilis. *b. Inconnu*. Kwanon (d'après *Gôdoshi*). *c. Inconnu*. Pêche au cormoran.

[1] Élève de Toyokouni (1773-1810).

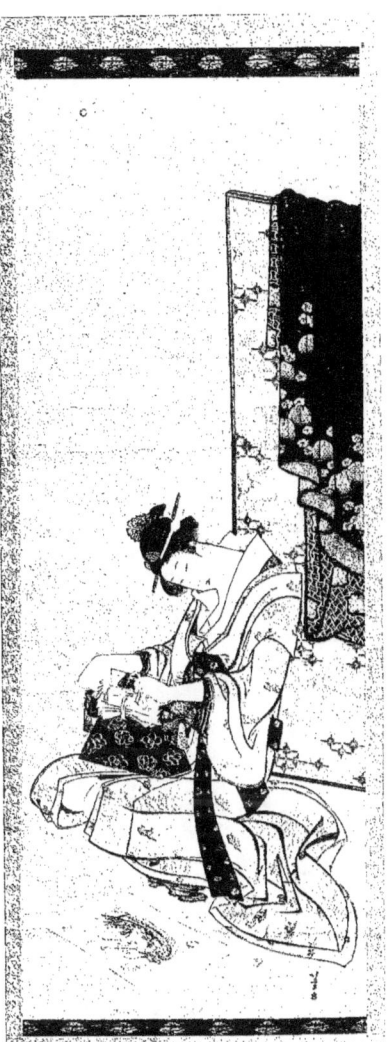
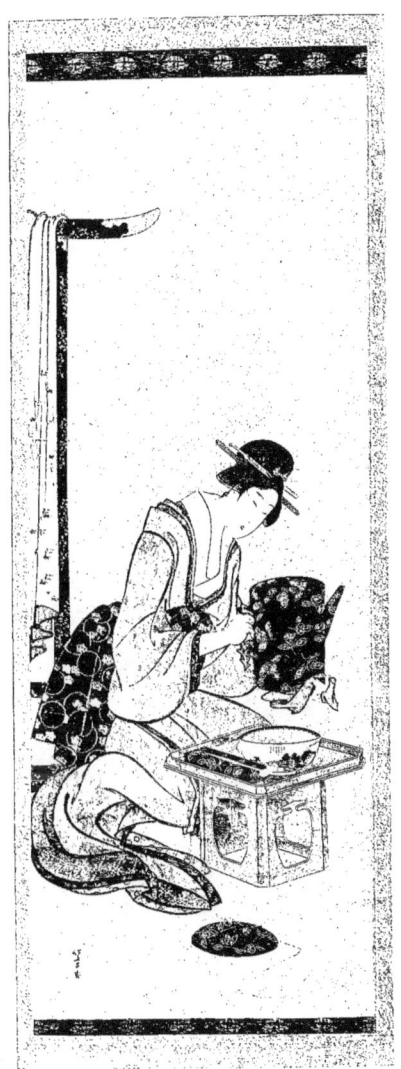

1652. — *Hok'saï*. Encre de Chine. Trois dessins d'oiseaux. Panneau papier. Haut. 0,29 ; larg. 0,69.

1653. —— Feuille d'éventail. Deux moineaux. Panneau papier. Signé : *Hok'saï*. Cachet : *Kibi-Kaksokou*. Haut. 0,17 ; larg. 0,49.

1654. —— Feuille d'éventail. Courtisane consultant le sort en jetant une épingle à terre. Panneau papier. Cachet illisible. Haut. 0,17 ; larg. 0,44.

1655. —— Aquarelle. Rossignol perché sur un pilon posé dans son mortier. Panneau papier. Haut. 0,28 ; larg. 0,45.

Cité par Edmond de Goncourt [1].

1656. —— Feuille d'éventail. Cigogne sur un pin. A gauche poésie de Yokei. Panneau papier. Signé : *Hok'saï*. Cachet : *Tokimassa*. Haut. 0,19 ; larg. 0,48.

1657. —— Tigre derrière un rocher. Panneau papier. Signé *Hok'saï*. Haut, 0,55 ; larg. 0,28.

Cité par Edmond de Goncourt [2].

1658. —— Feuille d'éventail. Le diable présentant des pièces d'or à Watanabé no Tsuna. Panneau papier. Haut. 0,19 ; larg. 0,30.

1659. —— Soleil levant sur les rochers. Panneau papier. Signé : *Gwakiojin Hok'saï*. Haut. 0,27 ; larg. 0,29.

Cité par Edmond de Goncourt [3].

1660. —— Feuille d'éventail. Langouste et morceaux de charbon. Panneau papier. Signé : *Katsuchika Hok'saï*. Cachet : *Tokimassa*. Haut. 0,18 ; larg. 0,31.

---

[1] *Hokousaï*, p. 312.
[2] Id. p. 311.
[3] Id. p. 311.

1661. — *Hok'saï*. Encre de Chine sur soie bleue. « Les trois autorités », le samouraï, le prêtre bouddhique et le prêtre shintoïste. Kakémono. Signé : *Sôri aratamé Hok'saï*, exécuté séance tenante. Cachet : *Tokimassa*. Haut. 0,39 ; larg. 0,54.

1662. —— Aquarelle en rouge et noir, d'une exécution cursive. Shojo soulevant un tonneau de saké au-dessus de sa tête. Kakémono papier. Signé : *Gwakiojin Hok'saï*. Cachet : *Kibi Kwaksokou*. Haut. 0.85 ; larg. 0,26.

Cité par Edmond de Goncourt[1].

1663. —— Promenade à marée basse. Deux femmes sont debout près d'un bateau échoué, tandis qu'à leurs pieds un petit garçon attrape une tortue. Kakémono soie. Signé : *Gwakiojin Hok'saï*. Cachet : *Tokimassa*. Haut. 0,32 ; larg. 0,48.

1664. —— La tortue de longévité, sur le rouleau de Juro, formant par son haleine le caractère longévité. Kakémono papier. Signé : *Gwakiojin Hok'saï*. Haut. 0,64 ; larg. 0,25.

1665. —— Encre de Chine. Oiseau volant dans la pluie. Au-dessus poésie par Tchikaghé. Kakémono papier. Signé : *Gwakiojin Hok'saï*. Cachet : *Kibi Kaksokou*. Haut. 0,94 ; larg. 0,28.

1666. —— Rossignol et prunier en fleurs. Kakémono papier. Signé : *Hok'saï en état d'ivresse*. Cachet illisible. Haut. 0,39 ; larg. 0,50.

1667. —— Paire de kakémono représentant deux scènes familières du premier jour de l'année. A gauche, c'est une jeune femme tenant une bouilloire dont elle verse le contenu dans un bol de porcelaine. A droite, sa compagne noue autour d'un oreiller une image du bateau de fortune. Kakémono soie. Signé : *Hok'saï*. Haut. 1,15 ; larg. 0,43.

Cité par Edmond de Goncourt[2].

---

[1] *Hokousaï*, p. 278.
[2] Id. p. 271-272.

1668. — *Hok'saï*. Femme assise lisant un livre. Au-dessus, poésie par Sensôan. Kakémono papier, grand format. Haut. 1,19; larg. 0,51.

Cité par Edm. de Goncourt[1].

1669. —— Série de six grands kakémono représentant les six poètes célèbres.

    a. Onono Komatchi en robe rouge et blanche, tenant un éventail.

    b. Ariwara no Narihira, en costume de cour, avec un carquois de flèches.

    c. Boun-Ya no Yasouhidé, sous les traits d'un prêtre en robe rouge.

    d. Sôjô Henjo, en robe grise à rosaces.

    e. Kieen Hoshi, vu de dos, appuyé sur un bâton.

    f. Otomono Kouronoushi, assis, tenant le *chiakou*. Sur papier. Signé sur le portrait de Kouronoushi : *Katsuchika Hok'saï*, cachet : *Kibi Kak'-sokou*. Haut. 1,13; larg. 0,53.

1670. —— Feuille d'éventail. Poisson et branche de cerisier fleurie. Kakémono papier. Signé : *Hok'saï Taïto*. Haut. 0,18; larg. 0,45.

1671. —— Le Rakan Pandakka. Kakémono papier. Signé : *Hok'saï Taïto*. Cachet : *Foumoto no Sato*. Haut. 1,00; larg. 0,43.

Cité par Edm. de Goncourt[2].

1672. —— Encre de Chine sur soie bleue. Dharma, couché par terre, se faisant masser la tête par une jeune femme. Kakémono. Signé : *Katsuchika Taïto*. Haut. 0,39; larg. 0,65.

1673. —— Paysage rocheux. Panneau papier. Haut. 0,29; larg. 0,39.

1674. —— Aquarelle. Une carpe dans la vague. Panneau papier. Haut. 0,26; larg. 0,57.

[1] *Hokousaï*, p. 274.
[2] Id. p. 275.

1675. — *Hok'saï.* Aquarelle. Tige de lotus avec sa fleur et sa large feuille ouverte au cœur de laquelle est tapie une grenouille. Panneau papier. Haut. 0,26 ; larg. 0,57.

Cité par Edm. de Goncourt[1].

1676. — Feuille d'éventail. Aquarelle. Marchand de battoirs à thé. Panneau papier. Signé : *Hok'saï Taïto.* Haut. 0,17 ; larg. 0,41.

Cité par Edm. de Goncourt[2].

1677. — — Feuille d'éventail. Tronc de prunier devant la lune. Panneau papier. Signé : *Hok'saï Taïto.* Cachet illisible. Haut. 0,17 ; larg. 0,49.

1678. — — Feuille d'éventail. Paysan sur un baquet. Panneau papier. Signé : *Hok'saï Taïto.* Haut. 0,20 ; larg. 0,45.

1679. — — Encre de Chine. L'empereur Kôso tuant le serpent monstrueux. Panneau papier. Haut. 0,38 ; larg. 0,67.

1680. — — Combat entre quatre marchands ambulants. Panneau papier. Haut. 0,47 ; larg. 0,31.

1681. — — Le héros Bouscho. Panneau papier. Haut. 0,55 ; larg. 0,27.

1682. — — Esquisse à l'encre de Chine. Enfant sur un bœuf passant un pont. Panneau papier. Haut. 0,59 ; larg. 0,34.

1683. — — Deux esquisses à l'encre de Chine formant une seule composition. Groupes de personnages infirmes ou difformes réunis autour d'un makémono. Panneau papier. Haut. 0,48 ; larg. 0,30, pour l'un, 0,23 sur 0,50, pour l'autre.

---

[1] *Hokousaï,* p. 312.
[2] Id. p. 322.

1684. — *Hok'saï.* Feuille d'éventail. Paysage. Panneau papier. Signé : *I-itsu.* Haut. 0,13 ; larg. 0,43.

1685. —— Feuille d'éventail. Maisonnette au bord d'une rivière. Panneau papier. Haut. 0,20 ; larg. 0,53.

1686. —— Bateaux dans les rochers. Panneau papier. Haut. 0,27 ; larg. 0,34.

1687. — *Hok'saï.* Dharma en méditation. Panneau papier. Haut. 0,28 ; larg. 0,39.

1688. —— Groupe d'enfants. Panneau papier. Haut. 0,21 ; larg. 0,26.

Cité par Edm. de Goncourt[1].

1689. —— Couple de canards dans l'eau. Kakémono soie. Signé : *Hok'saï I-itsu.* Cachet : *Koukoushinn.* Haut. 0,96 ; larg. 0,28.

1690. —— Poisson et œillets. Kakémono papier. Signé : *Hok'saï aratamé I-itsu.* Cachet : *Foujiyama.* Haut. 0,92 ; larg. 0,27.

1691. —— Feuille d'éventail. Plante fleurie. Panneau papier. Signé : *Hok'saï aratamé I-itsu.* Cachet : *Koukou.* Haut. 0,18 ; larg. 0,47.

1692. —— Etude de serpent. Panneau papier. Haut. 0,28 ; larg. 0,85.

1693. —— Aquarelle. Deux têtes coupées liées à une touffe de bambous. Panneau soie. Signé : *Manji à l'âge de quatre-vingt-huit ans.* Cachet : *Hiakou.* Haut. 0,33 ; larg. 0,54.

Cité par Edm. de Goncourt[2].

1694. —— Aquarelle représentant un serpent sortant de l'intérieur d'une grande lanterne de cimetière, accrochée à une branche d'érable ; à côté, la longue planchette appelée toba, où se lit une inscription funéraire. Panneau soie. Haut. 0,54 ; larg. 0,35.

Cité par Edm. de Goncourt[3].

[1] *Hokousaï,* p. 312.
[2] Id. p. 279.
[3] Id. p. 279.

1695. — *Hok'saï*. Paysage de neige. Panneau papier. Haut. 0,44; larg. 0,28.

1696. — — Aquarelle. Hotei et les enfants. Panneau papier. Haut. 0,28; larg. 0,40.

Cité par Edm. de Goncourt.

1697. — *Hok'saï*. Aquarelle. Pigeon sur un portique. Panneau papier. Cachet : *I-itsu*. Haut. 0,29 ; larg. 0,27.

Cité par Edm. de Goncourt [1].

1698. — — Feuille d'éventail. Rochers et barque. Panneau papier. Signé : *Gwakio-Rojin Man*. Cachet : *I-itsu*. Haut. 0,20; larg. 0,50.

1699. — — Deux carpes remontant une cascade. Kakémono soie. Signé : *Gwakio-Rojin Hok'saï*. Cachet : *Kibi Kwaksokou*. Haut. 1,09 ; larg. 0,48.

1700. — — Une oie au vol. Panneau papier. Signé à droite : *Gwakio Rojin Man à l'âge de quatre-vingts ans*. Cachet : *I-itsu*. Haut. 0,30 ; larg. 0,55.

Cité par Edm. de Goncourt [2].

1701. — — Aquarelle. Oiseaux sur la vague. Panneau papier. Signé : *Gwakio-Rojin à l'âge de quatre-vingts ans*. Haut. 0,30 ; larg. 0,54.

Cité par Edm. de Goncourt [3].

1702. — — Le héros Sishin tenant un bâton. Kakémono papier. Signé : *Gwakiojin Manji à l'âge de quatre-vingts ans*. Haut. 1,19 ; larg. 0,63.

1703. — — Poisson et navet. Kakémono papier. Signé : *Gwakio Rojin Manji fou*, à l'âge de quatre-vingt-un ans. Cachet illisible. Haut. 0,28 ; larg. 0,51.

[1] *Hokousaï*, p. 316.
[2] Id. p. 312.
[3] Id. p. 311.

1704. — *Hok'saï*. Aquarelle. Fabricant de jouets. Panneau papier. Signé : *Gwakio Rojin Man à l'âge de quatre-vingt-deux ans*. Cachet : *I-itsu*. Haut. 0,70 ; larg. 0,50.

1705. — — Paysage de neige. Panneau papier. Signé : *Gwakio Rojin Man, à l'âge de quatre-vingt-cinq ans*. Haut. 0,29 ; larg. 0,56.

1706. — *Hok'saï*. Aquarelle. Enfant assis sous un saule, appuyé sur son panier. Panneau papier. Signé : *Manji à l'âge de quatre-vingt-cinq ans*. Cachet : *I-itsu*. Haut. 0,31 ; larg. 0,53.

Cité par Edm. de Goncourt[1].

1707. — — Le héros Rotishin. Panneau papier. Signé : *Manji à l'âge de quatre-vingt-sept ans*. Haut. 0,30; larg. 0,55.

1708. — — Feuille d'éventail. Arc-en-ciel au-dessus du Fouji. Panneau papier. Signé : *Manji à l'âge de quatre-vingt-huit ans*. Cachet : *Hiakou*. Haut. 0,16 ; larg. 0,44.

1709. — — Le héros Chôki. Kakémono papier. Signé : *Manji à l'âge de quatre-vingt-huit ans*. Cachet : *Hiakou*. Haut. 0,67 ; larg. 0,26.

Cité par Edm. de Goncourt[2].

1710. — — Trois poissons. Kakémono soie. Signé : *Manji à l'âge de quatre-vingt-huit ans*. Cachet : illisible. Haut. 0,30 ; larg. 0,46.

1711. — — Le prêtre contemplant sa bouilloire transformée en blaireau. Kakémono soie. Signé : *Manji, à l'âge de quatre-vingt-huit ans*. Cachet : *Hiakou*. Haut. 0,93 ; larg. 0,30.

1712. — — Chimère au pied d'un pin. Kakémono papier très grand format. Signé : *Manji à l'âge de quatre-vingt-neuf ans*. Cachet : *Hiakou*. Haut. 1,75 ; larg. 0,96.

[1] *Hokousaï*, p. 314.
[2] Id. p. 281.

1713. — *Hok'saï*. Le Rakan Pandakka. Panneau papier. Haut. 0,79 ; larg. 0,51.

1714. —— Le diable se couvrant du chapeau de Chòki pour se protéger contre les pois. Panneau papier. Haut. 0,64 ; larg. 0,47.

Cité par Edm. de Goncourt [1].

École de Hok'saï.

1715. — Oïran en promenade, vue de dos. Exécution cursive. Kakémono papier. Haut. 0,79. Larg. 0,27.

1716. —— Un coq. Panneau papier. Haut. 0,25 ; larg 0,38.

1717. —— Bateleur et enfant. Panneau papier. Cachet illisible.

1718. — *Taïju*. Oïran en promenade. Dans le haut une poésie chinoise de Tchiksaï. Kakémono papier. Signé : *Taïju*. Cachet : *Somaï*. Haut. 0,56 ; larg. 0,27.

1719. — *Hok'kei*. Nature morte. Poissons, près d'un plat en porcelaine et d'un plateau en laque noir, au-dessus poésie par Shunkin. Kakémono soie. Cachet : *Hok'kei*. Haut. 1,08 ; larg. 0,55.

1720. —— Paire de kakémono représentant l'un une carpe sautant hors d'un baquet, l'autre un faucon guettant un moineau. Poésies par *Zentei* et *Shimémassou*. Soie. Haut. 1,34.

1721. —— Feuille d'éventail. Marchand de fleurs. Panneau papier. Signé. Haut. 0,19 ; larg. 0,49.

1722. —— Feuille d'éventail. Scène caricaturale : le voleur attrapé. Panneau papier. Signé : *Hok'kei*. Haut. 0,17 ; larg. 0,48.

[1] *Hokousaï*, p. 310.

1723. — *Hokouba*. Bac sur la Soumida. Kakémono soie. Signé : *Teïçaï*. Cachet : *Hokouba*. Haut. 0,92 ; largeur 0,35.

1724. —— Jeune femme jouant au jeu des signes. Signé : *Teïçaï Hokouba*. Haut. 0,88 ; larg. 0,26.

1725. — *Hokouga*. Le repas du diable. Panneau papier. Signé : *Hokouga, automne* 1852. Haut. 0,33 ; larg. 0,29.

1726. —— *Hokouga*. Trois aquarelles en rouge et gris représentant Dharma en six attitudes caricaturales. Panneau papier. Non signés. Haut. 0,28 ; larg. 0,46.

1727. — *Hokourei*. Coq, poule et poussin. Panneau soie. Signé : *Koukoushin Hokourei*. Cachet illisible. Haut. 0,49 ; larg. 0,64.

1728. — *Hok'oun*. Porteuse de bûches. Dans le haut, poème par *Yukimaro*. Kakémono soie. Signé : *Tomacé Hok'oun élève de Hok'saï de Yédo*. Haut. 0,14 ; larg. 0,30.

1729. — *Hiroshighé*. Paire de kakémono représentant une vue de la rivière Ayacé, avec, au premier plan, un paysan lavant son cheval et une vue de la rivière Soumida, au bord de laquelle pêchent des enfants, tandis qu'une fillette, dans une barque, contemple la silhouette du Fouji. Signé : *Hiroshighé*. Cachet illisible. Haut. 1,17 ; larg. 0,42.

1730. —— Encre de Chine. Paire de kakémono représentant des vues du Tamagawa et de Sarouhashi. Signés : *Hiroshighé*, *fait séance tenante*. Cachets illisibles. Haut. 0,98 ; larg. 0,28

1731. — *Hiroshighé*. Feuille d'éventail. Nékomata transformé en Hannia. Kakémono papier. Signé : *Hiroshighé*. Cachet : *Riuçai*. Haut. 0,13 ; larg. 0,38.

1732. —— Douze panneaux représentant des vues célèbres du Japon. Panneaux soie. 0,36 sur 0,54.

1733. · —— Sept panneaux forme médaillon, représentant une vue du Fouji, un danseur de Nò, l'acteur Danjurò, etc. Diam. 0,43.

1734. —— Trois panneaux, paysages, sur soie.

1735. — *Keiçaï Yeïcén*[1]. Portrait de la guesha Kounemoto Katsu, sous un cerisier. Kakémono soie. Signé : *Keiçaï Yeïcén*. Haut. 0,91 ; larg. 0,31.

1736. — *Keiçaï Yeïcén*. Femme dans la neige. Kakémono soie. Signé : *Keiçaï Yeïcén*. Cachet : *Keiçaï*. Haut. 0,91 ; larg. 0,31.

1737. — *Kounisada*[2]. Feuille d'éventail. Deux hommes battant la toile. Panneau en papier. Signé. Haut. 0,18 ; larg. 0,48.

1738. — Feuille d'éventail. L'acteur Shiabakou. Panneau papier. Signé : *Kounisada, sur commande*. Larg. 0,48 ; haut. 0,20.

1739. — *Sadakaghé*. Femme allumant une lanterne. Kakémono soie. Signé : *Gakotei Sadakaghé*. Cachet : *Sada*. Haut. 0,83 ; larg. 0,36.

1740. — *Kioçaï*[3]. Encre de Chine. Deux corbeaux sur un prunier. Kakémono papier. Signé : *Jokou Kioçaï Zou*. Cachet : *Seçuitsou Jizaï*. Haut. 1,04 ; larg. 0,30.

[1] 1790-1848.
[2] 1797-1865.
[3] *Shofu Kioçaï* (1831-1889).

1741. — *Yoçaï*. Encre de Chine. Deux corbeaux au vol. Kakémono papier. Signé : *Yoçaï à l'âge de quatre-vingt-dix ans*, daté Meiji 10 (1877). Cachet : *Takeyatsu*. Haut. 0,91 ; larg. 0,26.

1742. —— Reflet de la lune dans l'eau. Kakémono soie. Signé : *Yôçaï Rojin*. Cachet : *Takëyatsu*. Haut. 1,00 ; larg. 0,36.

1743. — *Watanabé*. Encre de Chine. Deux grues. Exécution cursive. Kakémono soie. Signé : *Seitei Watanabé Mata, peintre du peuple, au pied du Kiuriuzan, automne de Kitchu* (1889). Haut. 1,03 ; larg. 0,40.

DÉTAIL

DES

GARNITURES DE SABRE

CATALOGUÉES SOUS LES Nos 1148 A 1161

DÉTAIL DES GARNITURES DE SABRE

CATALOGUÉES SOUS LES Nos 1148 A 1161

N° 1148. — Gardes de sabre en fer du XII° au XV° siècle.

a.	Fer ajouré. Silhouettes de pins. Avant Kamakoura.		XII° s.
b.	— et ciselé. Forme quadrilobée. Libellule et motifs de nuages et de flots. Époque de Kamakoura.		idem.
c.	— — Semis de fleurettes héraldiques. Époque de Kamakoura.		idem.
d.	— Quatre motifs de nuages. Époque des Hojo.		XIII° s.
e.	— Motif de deux selles. Époque de l'invasion des Mongols.		idem.
f.	— Motif de ramages. Époque des deux trônes.		XIV° s.
g.	— Motif de rinceaux. Époque des deux trônes.		idem.
h.	— Motif de nuages et d'étoiles découpés en très minces lamelles. C'est une des plus anciennes gardes de sabre aussi largement évidées. Époque des premiers Achikaga.		idem.
i.	— Motif de nuages découpé en fer léger. Même observation que pour la garde précédente. Même époque.		idem.
j.	— Armoirie du Kiri (paulownia).		idem.
k.	— Fleurs de cerisier derrière une haie.		XV° s.
l.	— Rinceaux de chrysanthèmes.		idem.
m.	— Forme dentelée, offrant, en découpage, le motif d'une fleur de chrysanthème stylisée.		idem.
n.	— Six fleurs de chrysanthème disposées en cercle.		idem.
o.	— et incrusté d'or. Roue hydraulique sous le pont d'Yodo.		idem.
p.	— ciselé et incrusté d'or et d'argent. Motif d'un paysage, au milieu duquel se voit un paysan monté sur un bœuf. — Signé : *Kané-iyé*.		idem.
q.	— Buste de Dharma. — Signé : *Kané-iyé, habitant Fouchimi de la province Yamachiro*.		idem.

N° 1149. — Gardes de sabre en fer du XVIᵉ siècle.

a. Fer plein. Bords quadrilobés, retroussés et contournés d'une série de boursoufflures à l'imitation des rehauts de coquillage. Signé : *Nobou-iyé*.

b. — — Forme d'une tête de mort dont quatre grands ajourages simulent les yeux et les narines. Signé : *Nobou-iyé*.

c. — — Motifs vermiculés et ravinés, dans le creux desquels se trouvent coulés des alliages d'un métal différent, nommés Tembô.

d. — — Forme lobée en fer incrusté et ciselé de paysages où des temples s'étagent dans la montagne.

e. — incrusté et ciselé de paysages arrosés de rivières.

f. — ajouré, dont le motif représente Kanzan et Jittokou sous les bambous.

g. — — à motif de dragon et de chimère.

h. — — offrant un poisson dressé au milieu des vagues. Type de Fouchimi.

i. — repercé d'un semis de fleurs héraldiques. Style du XIIIᵉ siècle.

k. — — d'un motif de conque, de fleurs de cerisier et de radeaux symbolisant les sujets renommés de Yamachiro. Type Kizukachi.

l. — — d'un motif de Toriï sous des pins, représentant l'entrée du temple de Miwa. Type Kizukachi.

m. — — figurant des branches de saule dans un vase en bambou. Type Kizukachi.

n. — plein à surface rugueuse et cabossée, imitant un terrain raviné et défoncé sur lequel courent des fourmis, ces dernières incrustées en or, fer et chakoudo. Signature très effacée : *Oumétada Miôjû*.

o. — repercé et damasquiné, à deux dragons affrontés au milieu de rinceaux. Genre Namban.

p. — ciselé. Deux pièces à motif d'ornements.

q. — ajouré. Deux pièces, l'une ornée d'un motif de hérons et l'autre d'un paysage.

r. — — Trois pièces : Prunier. — Epée de Foudo dans les flammes. — Vagues. Style de l'époque de l'invasion des Mongols.

s. — — Quatre pièces : Sauterelles. — Vol d'oies. — Fleurs de chrysanthème. — Fleur de courge. Style de l'époque des deux trônes.

t. — — Tige de chrysanthème. Style d'Achikaga.

u. — — Deux pièces : Aiguilles de pin et oiseaux. — Armoirie du Kiri (Paulownia). Style d'Achikaga.

v. — — Deux pièces : Branche de glycines. — Prunier et héron. Types de Yamachiro.

N° 1150. — Gardes en bronze du XVIe siècle.

Bronze. Quatre pièces style Namban.

N° 1151. — Gardes diverses du XVIe siècle.

a. Fer incrusté de cuivre. Motif de bambous. *Incrustations de Fushimi.*
b. — — Deux pièces. Chrysanthème. — Rizière et pins. *Incrustations de Fushimi.*
c. — — Trois pièces à motifs floraux. *Incrustations de Joshiro.*
d. — — Cinq pièces. Dragon. — Cerisier en fleurs. — Prunier en fleurs. — Bambous. — Deux courges. *Incrustations de Fushimi et de Joshiro.*

N° 1152. — Gardes en fer du XVIIe siècle.

a. Fer ciselé. Trois pièces. Dharma. — Lapin. — Poissons.
b. — — et évidé. Ecureuils dans la vigne.
c. — — et incrusté. Dharma. *Ecole de Nara.*
d. — — Deux lapins au bord d'un ruisseau. *Ecole de Nara,*
e. — — Bambous. *Ecole de Nara.*
f. — — Aigle sur un pin. *Ecole de Nara.*
g. — — et incrusté. Deux hérons posés sur une barque. *Ecole de Nara.*
h. — — Bambous. *Ecole de Nara.*
i. — — incrusté et ajouré. Motif d'une ancre et de coquillages. Par *Shôami.*
j. — — Foudô devant la cascade. Par *Yokoya.*
k. — — Chouette sur un arbre. Par *Yokoya.*
l. — — et incrusté. Groupe de tortues. Par *Yokoya.*
m. — — incrusté d'émaux translucides. Par *Hirata.*
n. — — et incrusté. Inro, blague à tabac et éventail. Par *Yassutchika.*

N° 1153. — Garde en bronze du XVIIe siècle.

Bronze fondu. Shoki et un diable. Par *Nakoshi.*

N° 1154. — Gardes diverses du XVIIe siècle.

a. Cuivre et chibuitchi incrusté. Coquillages. Par *Shôami.*
b. Cuivre jaune incrusté. Couple de hérons. Par *Shôami.*
c. — — Cigogne. Prunier. Branche fleurie. Par *Shôami.*

d. Chakoudo incrusté. Motif de vagues et de coquillages. Par *Goto*.
e. — Trois pièces : Dragon dans les flots. Fleurs des champs. Chrysanthèmes. Par *Goto*.

N° 1155. — Gardes en fer du XVIII° siècle.

a. Fer incrusté d'un masque de Kintoki et d'une hache. Par *Yassutchika*.
b. — — d'une cigogne volant au-dessus d'un ruisseau. Par *Yassutchika*.
c. — — Vase d'applique avec anémone. Par *Yassutchika*.
d. — ciselé et incrusté. Coucou volant au-dessus d'un tronc de pin derrière lequel apparaît le croissant de la lune. Signée Taïgakuken Massanaga.
e. — — — Cerf bramant à la lune. Par *Otsuki*.
f. — — — Lys et guêpe. Par *Nara*.
g. — — — Libellule. Par *Nara*.
h. — — — Crabes dans les rochers.
i. — — Six pièces : le Sennin Tekkaï. — Cigale sur tronc de pin. — Juro déroulant un makémono. — Enfants sur la plage. — Le Sennin Gama. — Vue du Fouji.

N° 1156. — Gardes diverses du XVIII° siècle.

a. Cuivre rouge incrusté d'une figure de Dharma. Signé *Shozui*.
b. — — — Cakyamouni. École de *Hamano*.
c. — jaune ciselé d'un Rakan jouant de la flûte. Signé *Tsunéshighé*.
d. — — — Lao-Tzeu sur son bœuf. Signé *Miboku*.
e. — — — Le poète Toba déroulant un makémono. Par *Hamano*.
f. — — — Dragon dans les nuages. Par *Shoami*.
g. — — — Motif de nuages et de vagues. Par *Shoami*.
h. Chibuitchi ciselé. Tigre auprès d'un torrent. Signé *Itchiriu Motoyoshi*.
i. — et incrusté. Taïkobo pêchant à la ligne. Par *Hamano*.

N° 1157. Collection de kodzuka.

a. Dix-sept kodzuka fer.
b. Seize — bronze.
c. Treize — chakoudo et chibuitchi.
d. Quatorze — divers métaux.

N° 1158. — Anneaux et bouts de sabre.

a. Seize anneaux et bouts en fer.
b. Vingt-quatre anneaux et bouts en divers métaux.

N° 1159. — Bouts de sabre.

Treize bouts de sabre en divers métaux.

N° 1160. — Poignées et garnitures.

a. Neuf bouts de fourreau en métaux divers.
b. Huit garnitures de poignées.

N° 1161. — Menouki.

a. Sept Menouki argent.
b. Huit   —   chakoudo.
c. Onze   —   bronze.
d. Treize —   fer.
e. Onze   —   divers métaux.

TABLE DES NOMS D'ARTISTES

FIGURANT AU PRÉSENT CATALOGUE

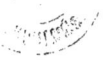

Akahada.	N° 971.	Fouishi.		N° 1549.
Anchinn.	N° 875.	Foujiwara.		N°ˢ 1614, 1691.
Anrakou.	N° 1380.	—	Mitsuzano.	N° 1455.
Ansen.	N° 1501.	Foukan.		N° 359.
Ariyoshi.	N° 1534.	Fouki Tchochûn.		N° 531.
Baïgan.	N° 1474.	Foukou.		N° 542.
Baïyen.	N° 866.	Foumi-o.		N° 352.
Binn.	N° 844.	Foumoto no Sato.		N° 1671.
Bokwanshi Ritsuo.	N° 1515.	Fouriouan.		N° 1558.
Boumpo.	N° 1530.	Fouroukawa Jotén.		N° 1393.
Boungio. 1517.	N° 1517.	Foussatérou.		N° 351.
Bounkei.	N° 1475.	Fuyuhiro.		N° 1117.
Bounko.	N° 1422.	Gakotei Sadakaghé.		N° 1749.
Bountcho.	N°ˢ 1470, 1377.	Gamboun.		N° 1141.
Bounyo.	N° 1471.	Gamo Hoçén.		N° 490.
Chibata Chighétomo.	N° 1171.	Ganki.		N° 1421.
Choçaï.	N° 869.	Gankou.		N° 1527.
Chokinçaï.	N° 1369.	Gan-in.		N° 1526.
Chogan.	N° 695.	Ghenjurô.		N° 686.
Choghiokou.	N°ˢ 1226, 1370.	Ghensaï.		N° 817.
Chû Tôho.	N° 234.	Ghijou.		N° 1687.
Daïnen.	N° 968.	Ghiokouren.		N° 996.
Déné.	N°ˢ 1237, 1265, 1333.	Ghiokouzan		N° 1348.
— Joman.	N°ˢ 1193, 1199.	Godoshi.		N° 1642.
— Ouman.	N°ˢ 1193, 1195, 1196 à 1198, 1200.	Gombei.		N° 840.
— Saman.	N° 1345.	Gono Mitsutsugou.		N° 357.
Doan.	N° 1467.	Gorakou.		N° 868.
Dôhatchi.	N° 901.	Gorakouyen.		N°ˢ 868.
Dokokwan.	N° 1527.	Gorokouyen.		N° 167.
Dômû.	N° 851.	Goshun.		N°ˢ 1528, 1529.
Dontchô,	N° 1432.	Goto.		N° 207.
Dôyu.	N° 684.	Guekkei.		N° 1529.
"Foudé.	N° 1629.	Gwakiojinn Hok'saï.		N°ˢ 1659, 1662 à 1665.
		— Rojinn Man.		N°ˢ 1699 à 1706.

TABLE DES NOMS D'ARTISTES

Hacégawa Shighéyochi.	N° 428.	Inagawa.	N°s 290, 337.
Hakoubô.	N° 1528.	Inen.	N° 1503, 1506.
Hakousen.	N° 342.	Inconnus.	N°s 1430, 1441, 1448, 1450, 1454, 1555, 1571, 1641 à 1643.
Hakouyeicaï.	N° 356.		
Hakuan.	N° 989.	Inouyama.	N° 962.
Hanaboussa Ittchô.	N° 1516.	Inouyé Hakuçaï.	N° 392.
Hanakawa Massayuki.	N° 397.	— Tadakoré.	N° 1135.
Hanchitchi.	N° 684.	Ippoçaï.	N° 280.
Harunobou.	N° 1566.	Isshô.	N°s 1627, 1628.
Hiakou.	N°s 1694, 1709, 1710, 1712, 1713.	Itchi.	N° 416.
Hiakourin Sôri.	N° 1630.	Itchinin.	N°s 852, 871.
Hidémassa.	N° 1210.	Itchiriuçaï.	N° 1619.
Hideyochi.	N° 89.	Itchiyoçaï.	N°s 1622, 1623.
Hiondô Tchikamatsu.	N° 1549.	Itchiyuçaï Outagawa Kunimassa.	N° 1633.
Hira.	N° 975.	Itlan.	N° 1222.
Hiratu.	N° 404.	Ittchô.	N°s 1417, 1516.
Hiromaro.	N° 1630.	Jakouyo.	N° 1452.
Hiroshighé.	N°s 1730 à 1732.	Jiboukio Yeishi Foujiwara no Tokitomi.	
Hishigawa Moronobou.	N°s 1544, 1545.		N° 1604.
— Morotsugou.	N° 1557.	Jikio.	N° 1165.
Hochikou.	N°s 1507, 1509, 1511.	Jitchosaï.	N° 1593.
Hoghen Massanobou.	N° 1319.	Jitokou Assahi.	N°s 507, 1398.
— Takouchou.	N° 294.	Jocei.	N° 408.
— Tansô.	N° 283.	Johatchi.	N°s 684, 696, 711.
— Yuz'éi.	N° 326.	— Sôhan.	N° 684.
Hoitsu.	N°s 1518, 1520, 1521.	Joka.	N° 346.
Hoké.	N° 1331.	— Yamada.	N° 347.
Hok'kei.	N°s 1722, 1723.	Jokaçaï.	N°s 284, 420 à 422.
Hok'oun.	N° 1729.	Jokou Kioçaï Zou.	N° 1744.
Hok'saï.	N°s 1647 à 1715.	Joshin.	N°s 1521, 1620, 1621.
— Aratamé I-itsu.	N°s 1691, 1692.	Jôzen.	N° 1439.
— I-itsu.	N° 1690.	Jû.	N° 1033.
— Taïto.	N°s 1670 à 1672, 1677 à 1679.	Jubokou.	N° 407.
— (École de).	N°s 1715 à 1735.	Juçotei Tchikayoshi.	N° 1598.
Hoké.	N° 1331.	Jughiokon.	N°s 1262, 1371.
Hokkio Kakouju.	N° 294.	Juminn.	N° 1385.
— Kôrin.	N°s 281, 360, 1507 à 1510.	Juniô.	N° 1142.
— Sôtatsu.	N° 1504.	Jurakou.	N° 1370.
Hokouba.	N° 1724.	Jurindo.	N° 1083.
Hokouga.	N°s 1726, 1727.	Jurio Mitsumori.	N° 1123.
Houkourei.	N° 1728.	Jusanken.	N° 970.
Hokouyeiçaï.	N° 356.	Kadjiki.	N° 950.
Horakou.	N° 963.	Kaga.	N° 262.
Ieéki.	N° 1526.	Kahei.	N° 358.
Ieen-in Hô-in.	N° 429.	Kaho.	N° 1421.
Içoda.	N° 1567.	Kahuei.	N° 1512.
Ichigoura Koretsuné.	N° 1131.	Kajikawa.	N°s 228, 325, 326, 333 à 336.
Igarachi.	N°s 116, 117.	— F°.	N°s 108 à 111.
Ikkoçaï.	N° 1375.	— Akinobou.	N° 331.

TABLE DES NOMS D'ARTISTES

Kajikawa. Bounrinçaï.	Nos 285, 332.	Kiukoku Nomoura.	No 386.
— Hissataka.	No 327.	Kiyohara.	No 1494.
— Mototsugou.	No 329.	Kiyonaga.	Nos 1571 à 1573.
— Térutaka.	No 328.	Kiyonobou.	No 1573.
Kakoçaï.	No 503.	Kiyowara.	No 1494.
Kamachighé.	No 832.	Kōami.	No 96 à 100, 145, 306.
Kanamori Ousouké.	No 816.	— Nagaharou.	No 305.
Kanchoçaï.	Nos 368, 359.	— Nagataka.	No 308.
Kanjiro.	No 684.	— Tadamitsu.	No 307.
Kano.	Nos 77 à 1503.	Kobo-Daïshi.	No 1425.
Kantei.	No 1438.	Kocé Daïnagon Kanaoka.	No 1646.
Kassouga.	No 1441.	— Mounéyochi.	No 1433.
— Motomitzou.	No 1429.	Koçobé.	No 968.
— no Yédokoro.	Nos 1435, 1436.	Kohoçaï.	No 424.
— Takayoshi.	No 1428.	Koï.	No 1488.
Katchi-ikousa Mokouan.	No 209.	Kokan.	No 2 0.
Kato.	No 860.	Kokei.	Nos 385, 1296, 1297, 1307.
Katsuchika Hok'saï.	Nos 1660, 1669.	Koksensaï.	No 1130.
Katsudo.	No 1611.	Koma.	Nos 120, 123, 172, 211, 262, 272, 309.
Katsushighé.	No 1104.		313.
Katsu Shunsho.	Nos 1580, 1581.	— Ankok'saï.	No 312.
Katsuzo.	No 1074.	— Kiuhakou.	Nos 179, 314.
Kawakami Shakou.	No 861.	— Kioriu.	Nos 320, 321.
Kayochi.	No 1431.	— Kiu-i.	No 311.
Keiçaï Yeicén.	Nos 1736, 1737.	— Yassuakira.	No 324.
Ken.	No 234.	— Yassuatsu.	No 322.
Kenya.	No 903.	— Yassutada.	Nos 315 à 319.
Kenzan.	Nos 897, 898, 932, 936, 1513.	— Yassutochi.	No 323.
Kenzan-cho.	Nos 897, 936.	Kominn.	No 393.
Kibi Kaksokou.	Nos 1653, 1662, 1669, 1700.	Kondara no Kawanari.	No 1426.
Kigo.	No 396.	Ko-oun.	No 18.
Kiitsu.	No 1519.	Koraïzayémon.	No 794.
Kimei.	No 1139.	Koren.	Nos 977 à 996.
Kimoura Schichitchiro.	No 808.	Korin.	Nos 127 à 129, 281, 360, 1380, 1508 à
— Tchozayémon.	No 815.		1510.
Kinkouro.	No 686.	— (Atelier de).	Nos 142, 236, 237.
Kinkozan.	No 934.	Koriuçaï.	Nos 417, 1567, 1568 à 1570.
Kioçaï.	No 1741.	Koson.	Nos 685, 687.
Kioden.	No 1591.	Koubo Shumman.	No 1592.
Kiossi.	No 394.	Koujiskin de Shinnang.	No 90.
Kioghiokou.	No 401.	Koukoushinn.	No 1690.
Kiyohara.		Koukoushinn Hokoureï.	No 1728.
Kiokokou.	No 387.	Kounihissa Juta.	No 1428.
Kiokouzan.	No 383.	Kounimassa.	Nos 1633, 1634.
Kiō-ou.	No 860.	Kouninobou.	No 1482.
Kiossi.	No 395.	Kounisada.	Nos 1738, 1739.
Kitamoura Sanjuro.	No 1632.	Kouniyashi.	No 1116.
Kitchibei.	No 688.	Koyenshi.	No 1542.
Kitchiyémon.	No 684.	Kozan.	No 1535.

TABLE DES NOMS D'ARTISTES

Kurihara Teijo.	N° 1094.	Mitsunaki.	N° 1410.
Kwacei.	N° 409.	Mitsunobou.	N° 1447.
Kwachinn.	N° 1256.	Mitsuoki.	N° 1453.
Kwaighetsudo.	N° 1562.	Mitsu-bighé.	N° 1449.
Kwakutei.	N° 1532.	Mitsutochi.	N° 402.
Kwan.	N°s 233. 1408.	Mitsuyouki.	N° 353.
Kwantchi.	N° 1630.	Miwa.	N°s 1223, 1252, 1253, 1315.
Kwanyoçaï.	N° 391.	— Ariyoshi.	N° 1531.
Kwanzan.	N° 309.	Miyagawa.	N°s 1550, 1555.
Kwatéhiça.	N° 275.	— Tchōki	N° 1610.
Maïko.	N° 835.	Mo-in.	N° 1479.
Man.	N° 811.	Mokou-Mok'saï.	N° 862.
Manji.	N°s 1694. 1707 à 1713.	Monzabouro.	N° 812.
Manyémon.	N° 885.	Morikawa.	N° 344.
Massachighé.	N° 418.	Moriouji.	N° 1577.
Massaharou.	N° 1095.	Moritaka.	N° 1143.
Massaiyo.	N° 1332.	Morofoussa.	N° 1546
Massakatsu.	N°s 1567 à 1569, 1324.	Moromassa.	N° 1547.
Massakazu.	N°s 1321, 1373.	Moronobou.	N°s 1543 à 1545.
Massakazou.	N°s 1227, 1373.	Morotsugou.	N° 1557.
Massakitchi.	N° 846.	Motonobou.	N° 1478.
Massanaga.	N° 1311.	Mototada.	N° 354.
Massanao.	N°s 400, 1277, 1291, 1293, 1297, 1320, 1328, 1332, 1383.	Motozo.	N° 684.
		Moucén.	N° 406.
Massanobou.	N° 1556.	Moumei-i.	N° 870.
Massatchika.	N° 1287.	Moyémon.	N°s 685, 787.
Massatochi.	N°s 1279, 1360.	Naïki.	N° 1531.
Massatomo.	N° 1234.	Nagaakira.	N° 1446.
Massatsugou.	N°s 403, 1317, 1321, 1324	Nagasawa Roi.	N° 1631.
Massaya.	N° 1213.	Nagoçone Saï-itshi Mototoshi.	N° 1084.
Massayassu.	N° 1312.	Nangakou.	N° 1526.
Massayochi.	N°s 1272, 1303, 1521, 1629, 1621.	Nanso Shujinn.	N° 1532.
Massayuki.	N° 1641.	Nantei.	N° 1528.
Matahei.	N° 1536.	Nanzan-Noju.	N° 1530.
— (école de).	N°s 1537 à 1541.	Naonobou.	N°s 1491, 1493.
Meitcho	N° 1445.	Naotaka.	N° 315.
Mimpei.	N° 972.	Nichigawa Oukiyo Soukénobou.	N° 1560.
Minkei.	N° 1261.	Nichigawa Soukénobou.	N° 1559
Minko.	N°s 1227, 1231, 1251, 1303, 1308, 1396.	Ninsei.	N°s 892, 893, 895, 933.
Minkokou.	N° 1258.	Nishimoura Izoumo Kami.	N° 1053.
Miotchinn (ateliers).	N°s 1111 à 1116, 1118 à 1126.	Nobouterou.	N° 1295.
		Noboutoura.	N°s 684, 847.
Monnétaka.	N° 1105.	Noboutsura.	N° 1169.
Monétsuké.	N° 1122.	Nomoura Kiukokou.	N° 386.
— Nobouiyé.	N° 1115	Nouko.	N° 854.
— Svetsugu.	N° 1116.	Ohi.	N°s 843, 845.
— Tadayoshi.	N° 1124.	Ohoçaï.	N° 1633.
Mitsuhiro.	N° 1370.	Okatomo.	N° 1382
Mitsumo Miyako.	N° 966.	Okkio.	N°s 111, 1522, 1523, 1524.

TABLE DES NOMS D'ARTISTES

Okkio noin.	N° 1524.	Seikin Koji.	N° 1421.
Okoumoura Massanobou.	N°ˢ 266, 1556.	Sekkiu.	N° 1464.
Ota Massakata.	N° 355.	Seitei Watanabé Mata.	N° 1744.
Oúgué.	N° 1520.	Seki Naotaka.	N° 345.
Oŭgnéan Hoïtsu.	N° 1520.	Sékiyen Toyofoussa.	N° 1578.
Oŭkiyo Iwasa Matahei.	N° 1558.	Senchi.	N° 867.
Oumétada.	N° 1105.	Sengan.	N° 230.
Oumké.	N°ˢ 26, 33, 39.	Sensaï Yeitakou.	N° 1640.
Ouroko-itchi.	N° 823.	Sénsén.	N° 867.
Ousetsu-an.	N° 804.	Sesshiu.	N°ˢ 1460, 1462.
Outamaro.	N°ˢ 1583, à 1589.	Sesson.	N°ˢ 1465, 1466.
Outagawa Kounimassa.	N° 1634.	Shiba Kwanshin.	N° 1443.
— Toyoharou.	N°ˢ 1615, 1616.	Shigaraki.	N° 783.
— Toyohiro.	N° 1617.	Shighekatsu.	N° 1558.
— Toyokouni.	N°ˢ 1622, 1623, 1625.	Shighénaga.	N°ˢ 413, 414.
Outanosuké.	N° 1479.	Shighétsugsu.	N° 382.
Oyé Shunzo.	N° 49.	Shikiuçaï Yeiri.	N° 1614.
Ozan.	N° 1635.	Shimbé.	N°ˢ 635, 636.
Itaïmi Ozan.	N° 1635.	Shimei.	N° 271.
Rakouçaï.	N° 884.	Shinbei.	N° 685.
Rakouchitéi.	N° 931.	Shinsaï.	N°ˢ 1644, 1645.
Rakouminn.	N° 1367.	Shinzaï.	N° 1427.
Rakou-o.	N° 880.	Shiomi Massatsugou.	N° 394.
Ranitchi.	N° 1390.	— Massazané.	N°ˢ 301 à 303.
Rankuçaï.	N° 1597.	Shiséi.	N° 1590.
Ranrou.	N° 1636.	Shiséki.	N° 1469.
Rantéi.	N°ˢ 1260, 1378, 1391.	Shiten-o.	N° 1576.
Rékicenté Yeiri.	N°ˢ 1612, 1613.	Shinghetsu.	N° 1463.
Ren.	N°ˢ 988, 994, 995.	Shóami.	N° 98.
Rikin.	N°ˢ 792, 891	Shóçado Koubo Shumman.	N° 1593.
Ringuetsubo Koubo Shumman.	N°ˢ 1594.	Shókousanjinn.	N° 488.
Rioniu.	N°ˢ 857, 873, 874.	Shókwaçaï.	N° 379, 380.
Ririomin.	N° 1419.	Shókwadô.	N° 1486.
Ritsuo.	N° 233, 1408, 1514.	Shorinsaï	N° 419.
Riuçaï.	N° 1732.	Shoubinomatsu Shozan.	N° 294.
Riugokou.	N° 1365.	Shóyei.	N° 381.
Riuminn.	N° 1255.	Shózui.	N° 382.
Riuriukio Shinsaï.	N°ˢ 1644, 1645.	Shu-i.	N° 313.
Rokoubei.	N°ˢ 684, 900.	Shumin.	N° 1232.
Roshiu.	N° 1631.	Shumman.	N°ˢ 1592 à 1596.
Sada.	N° 1740.	Shumpakou.	N°ˢ 685, 713.
Sadakaghé.	N° 1740.	Shundô.	N° 1597.
Sadatochi.	N° 1344.	Shunin.	N° 1232.
Sadayémon.	N° 822.	Shunkei.	N°ˢ 629, 654.
Saniu.	N° 854.	Shunkoçaï.	N° 425.
Sanjuro.	N° 1632.	Shunnan.	N° 428.
Sanrakou.	N°ˢ 1484, 1485.	Shunsho.	N°ˢ 148, 164, 300, 1579 à 1582.
Santo Kioden.	N° 1594.	Shunsho Iᵉʳ.	N°ˢ 103 à 105, 149, 164, 214.
Sasouki.	N° 684.	Shuntaï.	N°ˢ 677, 683.

328   TABLE DES NOMS D'ARTISTES

Shunyei.	N° 1598.	Tanrakou.	N° 863.
Shuzan.	N°s 1201 à 1208.	Tanshin.	N° 1495.
— (Style de).	N°s 1173 à 1175, 1201 à 1206, 1208.	Tanyu.	N° 1490.
		Tanyu Hoïn.	N° 1490.
Sishin.	N° 1642.	Tatchibana Ghiokouzan.	N° 389.
Sôbokwaï.	N° 965.	— Tomochitchi.	N° 235.
Soça.	N° 865.	Tatsuké.	N°s 125, 284.
Sochitsu.	N° 872.	— Kokoçaï.	N° 349.
Sohakou.	N°s 859, 1445.	Tchaoju.	N° 685.
Sohan.	N° 686.	Tchikahidé.	N° 426.
Soharou.	N° 686.	Tchikamatsu.	N°s 1348, 1349.
Soken.	N° 196.	Tchikanobou.	N°s 1499, 1500.
Sômaï.	N° 1719.	Thikayoshi.	N° 1598.
Somada.	N° 156.	Tchikouzan.	N° 1639.
Somu.	N° 853.	Tchiukei.	N° 405.
Sori.	N°s 1629, 1630.	Tchinkiou.	N° 404.
Sori aratamé Hok'saï.	N° 1661.	Tchobounsaï Yeishi.	N°s 1599 à 1603, 1605.
So Shiseki.	N° 1469.	Tchobusshi.	N° 1520.
Soshiu.	N° 1483.	Tchohei.	N°s 364, 365.
Sotan.	N° 1457.	Tchoju.	N° 683.
Sotatsu.	N° 1502.	Tchoki.	N°s 1608 à 1610.
Sotetsu.	N° 246.	Tchoniu.	N° 855.
Soukénobou.	N°s 1559, 1560.	Tchoshun.	N°s 1550, 1552, 1555.
Soumiyoshi Naïki.	N° 1531.	Tchoson.	N° 684.
Souyéhiroyama.	N° 964.	Tho-sugo.	N° 1423.
Soyo.	N° 1393.	Tchuseu.	N°s 1523, 1524.
Soyo Réchi.	N° 62.	Teiçaï.	N° 1725.
Sozan.	N° 1637.	Ten.	N° 876.
Suiran.	N° 1476.	Tenka-itchi.	N° 1192.
Suitchikouken Tsunéyochi.	N°s 338, 339.	Tennen Koji.	N° 1532.
Suiyoçaï.	N° 390.	Térami.	N° 825.
Sukenaga.	N°s 399, 1294, 1322, 1330, 1331.	Térumitsu.	N° 348.
Suzuki Kanéchighé.	N° 429.	Tessaï.	N° 1168.
— Harunobou.	N° 1566.	Tô.	N° 1627.
Tadakazu.	N° 1326.	Toba Hiromaro.	N° 1638.
Tadatamé.	N° 1590.	Tobigousouri.	N° 681.
Tadatochi.	N° 1242.	Tòça (École de).	N°s 1446 à 1456.
Taïghio.	N° 427.	Toça.	N° 930.
Taïju.	N° 1719.	Tocén.	N° 343.
Taïhei.	N° 686.	Tochi.	N°s 340, 341.
Taïseiken.	N°s 1504, 1505.	Tochiçaï.	N° 377.
Takafussa.	N° 330.	Tochihidé.	N°s 430 à 432.
Takamitsu.	N° 350.	Tochihiro.	N° 619.
Takéyatsu.	N° 1743.	Tochinobou.	N° 325.
Takouma (École de).	N°s 1418, 1437, 1438, 1440 à 1442.	Tochitoyo.	N° 412.
		Toju.	N°s 373 à 375.
Tamétaka.	N° 1296.	Tojuçaï.	N° 376.
Tani Bountcho.	N° 1470.	Tokei Tochidé.	N° 411.
Taniu.	N° 858.	Tokimassa.	N°s 1636, 1650.

TABLE DES NOMS D'ARTISTES

Tokouniù.	N° 856.	Yamatoyé Issho.	N° 1627.
Tokwaçaï.	N° 378.	— Miyagawa Tchoki	N° 1609.
Tomacé Hok'oun.	N° 1729.	— — Tshoshun	N°s 1550, 1552.
Tomei.	N° 1241.	Yassoutchika.	N° 1134.
Tomoju.	N°s 684, 715.	Yassunobou.	N° 1489.
Tomokazu.	N°s 1297, 1306, 1310, 1320.	Yavata Mutsuno-Kami.	N° 1123.
Tomosada.	N° 1305.	Yéghiokou.	N° 1292.
Tomotada.	N°s 1372, 1378.	Yeicho.	N° 395.
Tomotchika.	N°s 1233, 1381, 1383.	Yeiga.	N° 935.
To-oun.	N° 1101.	Yeihaku.	N° 1409.
Tori (atelier).	N°s 2, 7, 8.	Yeiri.	N°s 1612 à 1614
Tori Boussi.	N° 1, 2.	Yeirin.	N° 1611.
— (style des).	N°s 7, 8. 10, 11.	Yeisei.	N° 398.
Torii Kiyonoga.	N° 1571.	Yeitokou.	N° 1481.
— Kiyonobou.	N° 1573.	Yesetsu.	N° 1456.
Torinn.	N° 1473.	Yeishi.	N°s 1599 à 1606.
Toshi.	N° 445.	Yeishin Sodzou.	N° 1431.
Toyetsu Ountakou.	N° 1468.	Yeishun.	N° 1607.
Toyo.	N°s 366 à 372, 375. 1461.	Yeitokou.	N° 1481.
Toyoharou.	N°s 1615, 1616.	Yemoura Youri.	N° 294.
Toyohiro.	N°s 1617 à 1619.	Yenchu.	N° 773.
Toyokouni.	N°s 1622. 1626.	Yetcho.	N° 1459.
Toyosouké.		Yetsuyen.	N° 384.
Tsukioka Massanobou.	N° 1576.	Yoçaï.	N°s 1742, 1743.
— Settei.	N° 1575.	— Rojin	N° 1743.
Tsukisha Shinténno.	N° 275.	Yochimitchi.	N° 241.
Tsunémassa.	N° 1565.	Yochinaga.	N° 1104.
Tsunénobou.	N°s 329, 1496 à 1498.	Yocho.	N° 1523.
Tsunésada.	N° 329.	Yono Tochimitsu.	N° 1099.
Tsunéyuki.	N° 1564.	Yoshifoussa de Satsoume.	N° 1129.
Tsutchida Soyetsu.	N° 203.	Yoshimassa.	N° 196.
Tsutida Soyetsu.	N°s 361 à 363.	Yoshiro de Kaga.	N° 1128.
Tsutuya Yassoutchika.	N° 1136.	Yoyouçaï.	N°s 257, 268, 291, 423, 1137.
Watanabé.	N° 1744.	Yukinobou.	N° 1480, 1493, 1494.
Yahei.	N° 859.	Yukitchi.	N° 252.
Yamada Doan.		Zaïtchu.	N° 430.
— Joka.	347.	Zeshin.	N° 433.
Yamato Shunsho Ier	N° 104	Zonsei.	N°s 194, 200.
Yamato Yeshi Hishigawa Moronobou	N°s 1344. 1345.	Zoun.	N° 742.

ÉVREUX, IMPRIMERIE DE CHARLES HÉRISSEY

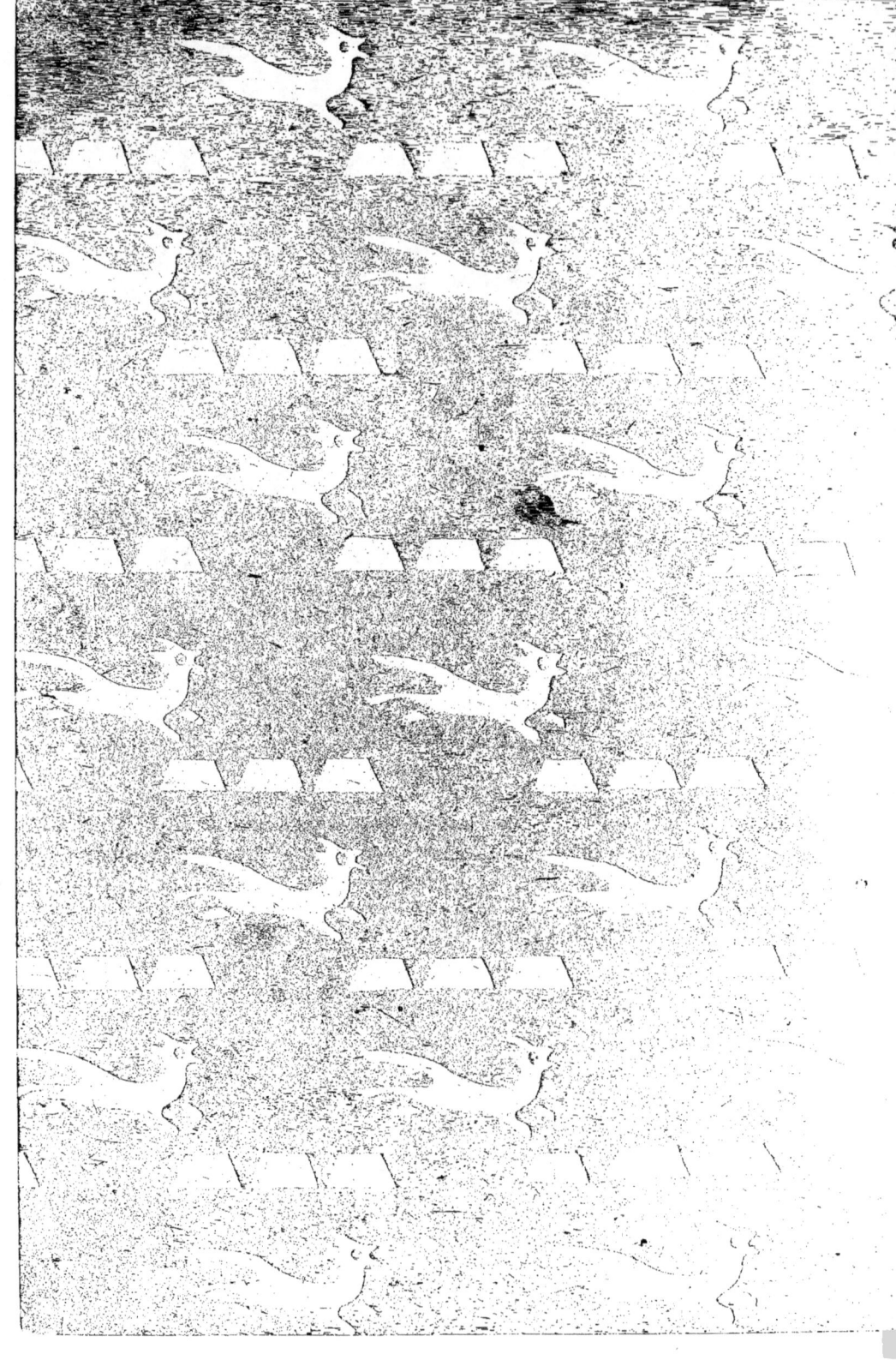

www.ingramcontent.com/pod-product-compliance
Lightning Source LLC
Chambersburg PA
CBHW050150230526
45470CB00001B/38